AF607547

Autonomía Progresiva

y

Responsabilidad Civil del Menor

JUAN CARLOS VELASCO PERDIGONES
Profesor Ayudante Doctor de Derecho Civil
Universidad de Cádiz

AUTONOMÍA PROGRESIVA
Y
RESPONSABILIDAD CIVIL DEL MENOR

Prólogo
Enrico del Prato
Profesor Ordinario de Derecho Civil
Universidad La Sapienza de Roma

Colección "Monografías de Derecho Civil"
Dirección de D. Mariano Yzquierdo Tolsada

En parte, este trabajo es fruto de una estancia de investigación desarrollada en la *Biblioteca Interdipartimentale di Scienze Giuridiche* de la Universidad *La Sapienza* de Roma (Italia) (2022), habiéndose obtenido financiación a través de una Ayuda del Plan Propio de Estímulo y Apoyo a la Investigación y Transferencia (EST2022-002), en su modalidad «Estancias Breves en Centros Extranjeros» por parte de la Universidad de Cádiz.

Este libro ha sido sometido a evaluación por parte de nuestro Consejo Editorial
Para mayor información, véase www.dykinson.com/quienes_somos

Editorial DYKINSON, S.L. Meléndez Valdés, 61 - 28015 Madrid
Teléfono (+34) 91 544 28 46 - (+34) 91 544 28 69
e-mail: info@dykinson.com
http://www.dykinson.es
http://www.dykinson.com

ISBN: 978-84-1070-120-5
Depósito Legal: M-7207-2024
DOI: 10.14679/3074

Maquetación:
german.balaguer@gmail.com

A mis hijas, María y Helena

«La familia es la base de la sociedad y el lugar donde las personas aprenden por vez primera los valores que les guían durante toda su vida»

San Juan Pablo II

ÍNDICE

III
REFLEXIONES FINALES

ABREVIATURAS

AC	*Actualidad Civil.*
Ar. Civ.	*Aranzadi Civil.*
ADC	*Anuario de Derecho Civil.*
AJA	*Actualidad Jurídica Aranzadi.*
BGB	*Bürgerliches Gesetzbuch.*
CCJC	*Cuadernos Civitas de Jurisprudencia Civil.*
InDret	*Revista para el Análisis del Derecho.*
LA LEY	*Revista jurídica LA LEY.*
RCDI	*Revista Crítica de Derecho Inmobiliario.*
RDC	*Revista de Derecho Civil.*
RDP	*Revista de Derecho Privado.*
RGLJ	*Revista General de Legislación y Jurisprudencia.*
CC	Código Civil.
CC (it)	Código Civil italiano.
CE	Constitución Española.
ET	Real Decreto Legislativo 2/2015, de 23 de octubre, por el que se aprueba el texto refundido de la Ley del Estatuto de los Trabajadores.
LOPDGDD	Ley Orgánica 3/2018, de 5 de diciembre, de Protección de Datos Personales y garantía de los derechos digitales.
PECL	*Principles of European Contract Law.*

OTRAS ABREVIATURAS

apdo. / apdos.	Apartado/s.
art. / arts.	artículo/s.
ATS	Auto del Tribunal Supremo.

AA.VV.	Autores Varios.
BOE	Boletín Oficial del Estado.
Cap.	Capítulo.
CENDOJ	Centro de Documentación Judicial.
CGPJ	Consejo General del Poder Judicial.
Cit.	Citado.
Cfr.	Confróntese.
Coord. / Coords.	Coordinador/es.
Dir. / Dirs.	Director/es.
DOUE	Diario Oficial de la Unión Europea.
DRAE	Diccionario de la Real Academia Española de la Lengua.
ed.	Edición.
eds.	Editores.
E.M	Exposición de Motivos.
ex.	Más allá.
p. / pp.	Página/s.
RAE	Real Academia Española de la Lengua.
SAP / SSAP	Sentencia/s de la Audiencia Provincial.
STS / SSTS	Sentencia/s del Tribunal Supremo.
T./t.	Tomo.
TS	Tribunal Supremo.
UE	Unión Europea.
Vid.	Véase.
V.gr.	Por ejemplo.
Vol.	Volumen.

PRÓLOGO

Enrico del Prato
Profesor Ordinario de Derecho Civil
Universidad La Sapienza de Roma

Esta obra brinda la oportunidad de reflexionar sobre el estatuto jurídico de los menores desde la perspectiva de la responsabilidad extracontractual. Desde hace algún tiempo, el tema ha llamado la atención de los juristas, esencialmente en relación con el aumento de la autonomía de los llamados «grandes menores», que, aunque formalmente incapaces de actuar, en virtud de su capacidad de comprensión y voluntad, son capaces de dominar muchas esferas trascendentales para su persona, especialmente en el ámbito informático y tecnológico.

Si bien ello ha llevado a poner el foco de atención en la capacidad de discernimiento en el ámbito de las actividades negociales, ordinariamente referibles a un menor, no se ha correspondido con una evolución similar en el ámbito de la responsabilidad civil. El ordenamiento español, en particular, el modelo indemnizatorio extraído del artículo 1903 del Código Civil, se ha mantenido inalterado en el tiempo, pese a que la realidad social actual contempla a los «grandes menores» como sujetos autónomos incluso en ámbitos, en los que, de antaño, estaban reservados a la decisión paternal. El tiempo en que se dicta el art. 1903 no resulta equiparable a la compleja realidad actual. La responsabilidad civil extracontractual derivada de los daños causados por los hijos menores no emancipados recae exclusivamente sobre los padres, sin tener en cuenta (como se hace en otros ámbitos) las circunstancias de edad y madurez del sujeto causante para hacerle responsable de sus actos. Los progenitores no sólo están llamados a indemnizar los daños de los hijos menores –aunque tengan suficiente capacidad de juicio y madurez– sino que, en la práctica, la jurisprudencia española veta la posibilidad de eximirse de la obligación de indemnizar con la acreditación de una extraordinaria diligencia para evitar el hecho dañoso, supuesto permitido por la propia ley.

En la experiencia italiana resulta habitual definir la responsabilidad de los padres por el hecho ilícito de los hijos menores no emancipados que convivan con ellos (artículo 2048 del Código Civil) como una responsabilidad «agravada». En dicho sentido, se prescinde de la prueba de la culpa o del dolo y se basa esta responsabilidad en la acreditación de la imputabilidad del hecho dañoso al menor, el nexo causal y el daño injusto. Así, los progenitores quedarían exentos sólo «si prueban que no podían haber evitado el hecho». En la jurisprudencia italiana, la prueba liberatoria no es fácil y no se reduce a la mera ausencia de culpabilidad; no se satisface con la demostración de no haber podido evitar el hecho –por ejemplo, por lo repentino e imprevisible de la acción– sino que se logra demostrando la adopción de una educación dirigida a prevenir comportamientos potencialmente dañosos. Por su parte, el requisito de la convivencia circunscribe la responsabilidad de los padres en la medida en que la conmina por la capacidad objetiva de supervisión y educación, cuyo incumplimiento es el fundamento del sistema.

El Dr. Velasco Perdigones, recurriendo puntualmente a algunas fuentes internacionales –como el ordenamiento italiano–, ha cumplido excelentemente la tarea de reconstruir el régimen español de responsabilidad civil del menor, en relación a su autonomía y capacidad de decisión, y, consecuentemente, formular propuestas para una adaptación al estado actual de la sociedad. Todo ello, se efectúa a través de un análisis de la realidad histórica, social, jurídica y jurisprudencial de la responsabilidad civil y del menor. El investigador concluye con la propuesta de hacer del menor el centro de gravedad de la responsabilidad, en relación con la evolución de su capacidad de discernimiento y autonomía. En este plano, como conclusión de la investigación, el autor identifica los criterios para la configuración de la responsabilidad de los progenitores, centrándose en las hipótesis configuradoras del grado de madurez y juicio del menor. El libro es una profunda reflexión –de un tema que suscita debate e interés– sobre la interpretación que la jurisprudencia da al régimen de responsabilidad civil parental, discutiendo si los postulados y criterios de esta responsabilidad deben mantenerse respecto de menores con un amplio grado de autonomía y madurez, teniendo muy presente la progresiva autonomía concedida por el ordenamiento y las limitaciones impuestas a los progenitores sobre sus facultades de vigilancia y educación.

Es, por tanto, un placer para mí presentar esta obra, en recuerdo de la fructífera y comprometida estancia de investigación que desarrolló el autor en el año 2022 en la Biblioteca de Derecho Privado de la Universidad *La Sapienza* de Roma. El resultado de esta investigación demuestra una sólida sistematización y una propuesta útil sobre un tema en el que el Derecho está llamado a adaptarse a los cambios de la sociedad.

PARTE INTRODUCTORIA

Nadie pone en duda la evolución social y jurídica que ambienta al concepto de menor de edad. Sin embargo, no parece ocurrir lo mismo cuando se trata de sus deberes y responsabilidades. La sociedad, a través de sus normas, ha logrado transmitir a los menores sus derechos, y una habilitación progresiva para su ejercicio conforme a la evolución de su grado de madurez, esto es, capacidad intelectual y emocional de comprender y evaluar las consecuencias de un asunto concreto[1]. En el lado opuesto, los progenitores, que observan cómo sus hijos menores van obteniendo cada vez más protagonismo en la toma de decisiones de cuestiones de importante interés, a cambio de limitar la capacidad de intervención de los responsables de su cuidado y educación. Este reconocimiento progresivo de autonomía para el ejercicio de la capacidad jurídica, conforme evoluciona su madurez, no se ha visto reflejado en la asunción de responsabilidad por parte del menor de edad como consecuencia de los daños causados por su acción u omisión.

La responsabilidad civil extracontractual es considerada una de las instituciones arcaicas de nuestro Derecho y, de la que acapara buena parte de los procedimientos judiciales que se tramitan en los tribunales. En la materia objeto de estudio, la responsabilidad civil extracontractual por los hechos causados por los hijos menores está íntimamente ligada a la relación paterno-filial y a la patria potestad. El art. 1903 CC hace responsables a los progenitores de los daños causados por los hijos que se encuentren bajo su guarda, sin atender a ninguna circunstancia del sujeto causante directo del perjuicio. La cuestión que se plantea sobre dicha norma es determinar quién deberá abonar la indemnización si se tiene en cuenta dos aspectos importantes: *i)* la situación del menor, la familia y la sociedad en la que nace el art. 1903 CC; y, *ii)* la aplicación de la citada norma teniendo presente que mantiene la estructura y esencia de cuando se promulgó y, naturalmente, no atiende a la realidad social, familiar, personal y jurídica del menor actual. El

---

1 *Vid.* Observación General nº 12 (2009) del Comité de Derechos del Niño de la ONU.

problema estriba en que se está aplicando un precepto decimonónico que se fundamenta en un concepto de menor de edad sin derechos, sometido a la disciplina y autoridad paterna. ¿Por qué han de seguir respondiendo los progenitores por los daños de sus hijos, principalmente de aquellos cercanos a la mayoría de edad o con madurez suficiente para conocer el alcance de sus actos?

El único motivo de mantener este sistema es la garantía que se ofrece al perjudicado, en la que, en principio, se entiende que los padres dispondrán de mayor solvencia que sus hijos menores. La indemnidad de la víctima podría verse afectada si sólo han de responder los menores, pero no siempre esto es así. Además, debe recordarse que la responsabilidad universal con los bienes presentes y futuros (art. 19011 CC) pesa sobre cualquier deudor y los menores dispondrán de toda una vida para hacer frente a la carga indemnizatoria.

Este trabajo se centra en reflexionar y debatir acerca de la imputabilidad civil del menor de edad cuando dispone de un mayor grado de autonomía y madurez como para comprender las consecuencias de sus actos lesivos, teniendo en cuenta que sigue vigente, y se viene aplicando por los agentes jurídicos, un precepto fundado en otra estructura social y familiar. Y es que, hoy día, el ordenamiento emite varios mensajes respecto a la idea de menor de edad:

i) a este se le dota de una autonomía progresiva para tomar decisiones con transcendencia jurídica, al compás que evoluciona su edad y madurez;

ii) en esas esferas competenciales, los progenitores están vetados para intervenir;

iii) los padres, al no poder intervenir en determinados aspectos, se encuentran limitados para vigilar, controlar y educar a sus hijos;

iv) el menor va adquiriendo progresivamente capacidad natural para determinados negocios jurídicos con trascendencia personal; y,

v) el menor, conforme evoluciona su edad y madurez, puede comprender la ilicitud de su conducta y su lesividad, por lo que podría responder civilmente. De hecho, existe la posibilidad de aplicar –y así lo han hecho algunas sentencias asiladas– el art. 1902 CC, haciéndoles responsables de sus actos lesivos si el menor es capaz de discernir lo que significa dañar los intereses de otro; pero el perjudicado siempre se encontrará con los beneficios que deriva la aplicación del art. 1903 CC al hacer responsables a los progenitores sin excepción, aunque el precepto contenga una vía legal para la exoneración.

La jurisprudencia ha venido a complicar aun más la situación de los padres, convirtiéndose la paternidad y la maternidad en una situación de riesgo y de peligro, equiparándose la difícil tarea de ser padres con actividades industriales y empresariales. No sólo es suficiente la compleja realidad en la que se desenvuelve el menor y la dificultad de los padres de hoy para procurarles una correcta educación, sino que, además, van a responder prácticamente por el hecho de ser padres. Nos referimos a la tendente objetivación de la responsabilidad de los progenitores, a pesar de que el fundamento de origen del art. 1903 CC sea la culpa presunta y existan causas legítimas de exoneración amparadas por el citado precepto. La evidencia jurisprudencial demuestra que, aunque los progenitores tengan la posibilidad de acreditar que emplearon toda la diligencia en la evitación del daño, difícil ha sido la adopción de tal posibilidad exoneratoria por los tribunales. De hecho, ninguna resolución acoge este mecanismo de exclusión de responsabilidad a través la aportación de prueba suficiente relativa al empleo de toda diligencia en la evitación del resultado dañoso. Ilustrativa resulta la STS de 4 de marzo de 2009 que exonera a unos padres, no por la acreditación de los elementos necesarios para la exclusión de la responsabilidad, sino porque la conducta del menor no les era imputable culposa ni objetivamente.

A todas estas circunstancias hay que añadir otra no menos importante: el paulatino debilitamiento de todo lo que rodea al concepto de autoridad; no sólo la autoridad de los padres, sino la autoridad en general. La sociedad ha ido despegándose progresivamente de este concepto y las implicaciones que conlleva, poniéndose en duda todas aquellas instituciones y personas de las que emana. Esta situación ha traspasado las paredes de la institución familiar, pues la misión encargada a los progenitores se desarrolla sin el empleo de facultades o herramientas de las que pueda extraerse el ejercicio de la autoridad. Así, la corrección razonada y moderadamente, para mantener a los hijos en el cumplimiento de sus deberes, y necesaria para hacer valer la labor educativa encomendada a la función parental, fue suprimida del CC, confundiéndose –por un legislador de lo políticamente correcto– con un maltrato. Esto ha traído como consecuencia que los padres se encuentren limitados para el ejercicio de un eficaz control, vigilancia y educación de sus hijos, deberes exigidos por la jurisprudencia al tomarse como fundamento que los progenitores responden por culpa *in vigilando* o *in educando*. Por otro lado, cada vez más, las posibilidades de educación de los padres se ven limitadas con normas educativas que vetan su libertad. La participación en la tarea educativa se ve reducida en favor del intervencionismo público, guiando buena parte de la socialización de los menores.

Los deberes de vigilancia y educación impuestos por la interpretación jurisprudencial también se encuentran limitados por muchos de los derechos de los que es partícipe el menor, tal es el caso de la intimidad personal y la propia imagen. Los progenitores, en la encomienda de velar por sus hijos menores, han de controlar esferas de peligro a las que se expone el menor, sin embargo, esa vigilancia puede contravenir derechos fundamentales como la intimidad. Pero, claro está, el progenitor responde en caso de daño a tercero por un defectuoso control o deficiente educación. Resulta razonable que los progenitores deban responder de los hechos causados por aquellos individuos de corta edad, pero ya hoy no es comprensible que el menor causante del daño cercano a la mayoría de edad, que dispone de suficiente juicio y madurez, no participe en la carga indemnizatoria, cuando ha sido el propio ordenamiento el que se ha ido encargando de ampliar progresivamente esferas de actuación que son trascendentales para su ámbito personal. Una muestra de la hipótesis anterior, que ofrece el ordenamiento patrio, es la responsabilidad civil del menor mayor de catorce años cuando deriva de un hecho delictivo. El menor a partir de dicha edad responde penalmente y tiene la obligación de indemnizar si del hecho delictivo se deriva una responsabilidad de naturaleza civil, si bien, esta responsabilidad no recae exclusivamente en el propio sujeto pasivo del delito, sino que están llamados a responder solidaria y sucesivamente los progenitores, tutores, acogedores y guardadores legales o de hecho (*ex* art. 61.3 LORPM).

En cuanto a la metodología a emplear, al fin esbozado sirven los medios tradicionales de las Ciencias Jurídicas, esto es, el estudio de las normas, la jurisprudencia y la doctrina, en conjunción con la realidad social y familiar actual. Como bien se ha dicho, en los últimos tiempos, el concepto de menor de edad ha evolucionado y, para analizar la responsabilidad de los progenitores por los actos de sus hijos menores, resulta obligado integrar el decimonónico art. 1903 CC con las actuales concepciones sociales sobre el rol de los menores, su ámbito de actuación individual y el moderno concepto de familia. Para ello, cobra especial interés varios de los criterios hermenéuticos que ofrece el art. 3.1 CC: la interpretación de las normas conforme a la realidad social del tiempo en que han de ser aplicadas y la evolución histórico-legislativa de las instituciones involucradas.

La labor exegética se efectúa sobre el contenido del art. 1903 CC en lo que respecta a la responsabilidad civil de los progenitores por los daños producidos por los hijos que se encuentren bajo su guarda, en integración con el ordenamiento de menores y los postulados de la jurisprudencia. Las decisiones de los tribunales que interpretan el citado precepto son abundantes y, en ocasiones, dispares (por la mezcla de conceptos), mostrándose la relevancia del tema que se trata por esa riqueza de fallos. En cuanto a la doctrina, no son pocas las obras generales que sobre la responsabilidad civil de los progenitores se han editado, si bien, no se ha abordado con suficiente profundidad la realidad actual que envuelve al menor de edad y la familia en la que se inserta. Hasta la fecha, ninguna monografía ha sido publicada en el sentido de profundizar sobre la hipótesis de la responsabilidad civil del menor de edad con suficiente juicio y madurez, atendiendo a su realidad social y jurídica, sino que la cuestión se plantea de forma referencial. Existen algunos trabajos aislados que tratan de poner de relieve la materia, debatiéndose el rumbo de nuestros tribunales hacia la objetivación.

El objeto propuesto con esta investigación procura ser resuelto con una exégesis del ordenamiento, en integración con la doctrina y la jurisprudencia patria. No obstante, con ocasión de una estancia de investigación disfrutada en la *Biblioteca Interdipartimentale di Scienze Giuridiche* de la Universidad *La Sapienza* de Roma durante el 2022, a cargo del profesor Del Prato, de forma referencial se muestra la realidad jurídica que concierne al tema propuesto en el ordenamiento italiano. Así, aunque el trabajo pretenda buscar solución a través de las fuentes normativas, doctrinales y jurisprudenciales españolas, se recurre puntualmente a las fuentes extranjeras para conocer otras opciones jurídicas de interés y reflexionar sobre eventuales propuestas de *lege ferenda* en vista de lo acontecido en foráneos ordenamientos.

Éste pretende ser un trabajo de discusión y reflexión jurídica sobre cuestiones muy concretas, de ahí que lo primordial sea, en lo que a responsabilidad civil se refiere, identificar básicamente los elementos de mayor interés, mostrar la realidad jurisprudencial, y profundizar sobre la evolución de la autonomía del menor a lo largo del ordenamiento, para posteriormente someter a reflexión el vigente sistema de responsabilidad civil parental.

La disposición lógica del trabajo distingue tres unidades. Una primera, compuesta por dos capítulos, que ofrece cómo se encuentra en la doctrina y en la realidad jurisprudencial la responsabilidad civil de los progenitores por los daños causados por sus hijos; la siguiente aspira a exponer la realidad social y jurídica que envuelve al menor actual y a sus padres, a diferencia de aquella en la que se ambienta la promulgación del CC; y, la tercera sección, a modo de capítulo conclusivo, reflexiona sobre la imputabilidad del menor con suficiente madurez y juicio al compás de la evolución de su grado de autonomía, proponiéndose algunas alternativas jurídicas.

El primer capítulo, como no puede ser de otra forma, analiza los elementos más significativos de la responsabilidad de los progenitores, recurriendo a los postulados de los autores patrios y, en algunas ocasiones extranjeros, con la pretensión de ofrecer al lector cómo se encuentra actualmente la institución en el debate de doctrinal[2]. El capítulo segundo, una vez mostrado el estado de la

---

2 *Vid. infra* Capítulo I.

cuestión en general, destaca aquellas evidencias de mayor interés a través de pasajes textuales de las decisiones judiciales adoptadas por el Tribunal Supremo[3] y las Audiencias Provinciales[4], con la finalidad de conocer cómo se ha ido apostando por la objetivación de la responsabilidad a pesar del fundamento culpabilístico de origen y la posición en la que se encuentran los progenitores en cuanto a los deberes de vigilancia, control y educación de sus hijos menores. El tercero se dedica a efectuar un recorrido por la realidad jurídica que envuelve al menor de edad[5] y a sus progenitores[6], no sin antes ofrecer unas breves notas de la realidad social y familiar en la que se desarrolla el menor del siglo XIX[7] –período en el se que se gesta el vigente art. 1903 CC. Por último, el cuarto capítulo aspira a cuestionar la situación jurídica vigente[8], reflexionándose en torno a la necesidad o no de reformular la responsabilidad civil de los progenitores, un sistema que transite hacia otro modelo en el que se apueste por la responsabilidad de los menores de edad en consonancia a la evolución de su discernimiento; de ahí que se ofrezcan algunas breves propuestas[9].

El menor no sólo ha de disponer de derechos y de capacidad para su ejercicio –en consonancia, esto último, a su evolución madurativa– sino que, además, ha de conocer y cumplir sus deberes y responsabilidades, para poder así desarrollar un completo ejercicio de su capacidad jurídica, la cual incluye *per se* la titularidad de obligaciones.

«Primero se llevaron a los negros,
pero a mí no me importó porque yo no lo era.
Enseguida se llevaron a los judíos,
pero a mí no me importó porque yo tampoco lo era.
Después detuvieron a los curas,
pero como yo no soy religioso tampoco me importó.
Luego apresaron a unos comunistas,
pero como yo no soy comunista tampoco me importó.

Ahora me llevan a mí,
pero ya es tarde»

BERTOLD BRECHT

---

3 *Vid. infra* Capítulo II.1.
4 *Vid. infra* Capítulo II.2.
5 *Vid. infra* Capítulo III.2.2.
6 *Vid. infra* Capítulo III.3.
7 *Vid. infra* Capítulo III.2.1.
8 *Vid. infra* Capítulo IV. 2.
9 *Vid. infra* Capítulo IV. 3.2.

I

RESPONSABILIDAD CIVIL DE LOS PROGENITORES: ESTADO DE LA CUESTIÓN EN LA DOCTRINA Y EN LA JURISPRUDENCIA*

* Para esta sección se ha contado con la inestimable colaboración de JOSÉ FERNÁNDEZ DELGADO, Profesor colaborador honorario de la Universidad de Cádiz y Magistrado del Juzgado de Primera Instancia nº 5 de Jerez de la Frontera (Cádiz).

CAPÍTULO I

LA RESPONSABILIDAD CIVIL DE LOS PROGENITORES: NOTAS ESENCIALES

1. PRELIMINAR

Para tener una visión de conjunto del presente trabajo, resulta imprescindible hacer referencia a los elementos más significativos de la responsabilidad civil de los progenitores. Con esta sección se pretende incidir en aquellas cuestiones que van a condicionar el discurso posterior de la investigación, realizando un barrido por la materia a modo de estado de la cuestión.

2. ALGUNOS PRECEDENTES

En la época romana, la responsabilidad extracontractual tenía un marcado carácter objetivo, apreciada exclusivamente con la existencia de un daño patrimonial, independiente de la intervención culposa del agente[1]. De ahí que muchos sujetos carentes de discernimiento o madurez –según la concepción de la época– fueran responsables por el mero hecho de causar un resultado dañoso (*v.gr.* infantes y dementes) (LÓPEZ SÁNCHEZ, 2001, p. 36).

La responsabilidad civil de los padres se fue construyendo a partir de la labor de los jurisconsultos romanos, mediante la solución a los problemas que se planteaban en la vida corriente. El *pater familias* disponía de una importante potestad sobre los *alieni iuris* de su casa, especialmente sobre los hijos (no emancipados). La causación de daño por éstos a un tercero traía como consecuencia la obligación resarcitoria del *pater familias*, fundamentado en vista de una hipotética insuficiencia de recursos del hijo. Ese carácter patrimonial de la responsabilidad del *pater familias* se plasmaba, principalmente, en la

---

[1] Para mayor profundidad, *vid.* CASTRESANA, A. (2001). *Nuevas lecturas de la responsabilidad aquiliana.* Universidad de Salamanca.

denominada responsabilidad noxal (propia de las acciones penales). El padre, al objeto de reparar el daño causado por su hijo, tenía la opción de satisfacer la oportuna indemnización (*noxiam sarcire*), o bien poner en manos de la víctima al autor del daño (*noxae deditio*) (López Sánchez, 2001, p. 43). El abandono paulatino de esta responsabilidad se fundó en el progresivo reconocimiento de capacidad patrimonial y económica de los hijos, quienes podrían responder con sus bienes frente al perjudicado.

Naturalmente, el derecho medieval patrio recibió –en esta y otras materias– una clara influencia del derecho romano, considerándose el ambiente jurídico más directo del actual art. 1903 CC la Ley III, Título XV, Partida VII[2] y la Ley V, Título XV, Partida VII[3], si bien, con un contenido dispar a lo que posteriormente se engendró durante el proceso codificador.

En *Las Partidas* se encuentran diversas exclusiones de responsabilidad. Concretamente, la citada Ley III excluía la responsabilidad de los «locos», «desmemoriados» o «menores de diez años y medio». La Ley IX, Título I, Partida VII[4] especifica que no pueden ser responsables: *i)* los menores de

---

2 *[A quáles et ante quién puede ser demandada emienda del daño.*

Emendar et pechar debe el daño aquel que lo fizo al que lo recibió: et esto le puede seer demandado, quier lo hobiese fecho por sus manos, ó aviniese por su culpa, ó fuese fecho por su mandado ó por su consejo, fueras ende si aquel que fizo el daño fuese loco, ó desmemoeriado ó menor de diez años et medio, ó si alguno lo hobiese fecho amparando á sí mismo ó á sus cosas; ca estonce nol puede seer demandada emienda del daño que desta guisa ficiese].

3 *[De los daños que facen los que están en poder de otro por mandado de sus mayorales, que non son ellos temidos de lo que pechar, mas aquellos que gelo mandaron facer.*

Fijo que estudiese en poder de su padre [...] ó el que fuese menor de veinte et cinco años que hobiese guardador [...] cada uno destos que ficiese daño en cosas dotro por mandanto de aquel en cuyo poder estudiese, non serie él tenudo de facer emienda del daño que asi hobiese fecho, mas aquel lo debe pechar por cuyo mandato lo fizo. Pero si alguno de estos deshonrase, ó ficiere ó matase á otro por mandado de aquel en cuyo poder estudiese, non se podrie excusar de la pena, porque non es tenudo de obedescer su mandado en tales cosas como estas; et si lo obedesciere, et matare ó ficiere alguno de los otros yerros sobredichos, debe por ende haber pena tambien como el otro que lo mandó facer. [...] Pero si alguno destos sobredichos que están en poder dotri, ficiese tuerto ó daño a alguno sin mandado de aquel en cuyo poder estudiese, tonce cada uno de los que lo ficiesen serien tenudos de facer la enmienda, et non aquel en cuyo poder estudiese].

4 *[De quáles yerros pueden ser acusados los menores et de quáles non.*

Mozo menor de catorce años non puede seer acusado de ningunt yerro quel posiesen que hobiese fecho en razón de luxuria; ca maguer ficiese adama de se trabajar de facer tal yerro como este, non debe home asmar que lo podrie cumplir: et si por aventura acaesciese que lo cumpliese, non habrie entendimiento complido para entender nin saber lo que facia: et por ende non puede seer acusado nin le deben dar pena por ende. Pero si acaesciese que este atal ficiese otro yerro, asi como si firiese, ó matase, ó furtase ó alguno otro yerro le fuese probado, nol deben dar tan grant pena en el cuerpo nin en el haber, como farien á otro que fuese de mayor edat, ante gela deben dar muy mas lieve; pero si fuese menor de diez años et medio, estonce nol podrien acusar de ningunt yerro que ficiese. Esto mismo decimos que serie del loco, et del furioso et del desmemoriado, que

catorce años por los hechos cometidos «en razón de lujuria»; *ii)* los menores de diez años y medio; y, *iii)* los menores cuya edad oscilara entre los diez años y medio y los catorce. En citada norma se preveía que los «locos», «furiosos» y «desmemoriados» debían ser equiparados a los menores, no pudiéndose acusar del daño efectuado mientras durara su afección, quedando así sus parientes exonerados cuando no hubieran podido evitar el efecto lesivo a través de su cuidado.

Esta responsabilidad quedó configurada por los glosadores napoleónicos en el *Code Civil* francés de 1804, estableciéndose la responsabilidad del padre (y, en caso de defunción del marido, subsidiariamente, de la madre) por los actos de los hijos que cohabitaran con éstos[5].

En España, el Proyecto de Código Civil 1821 no establecía previsión alguna sobre la responsabilidad de los guardadores del menor, fue el Proyecto de 1836 y el de 1851 los que imprimieron el carácter y estructura del precedente francés, acogiéndose la responsabilidad de los progenitores en un tono similar[6]. Los comentaristas de la época entendían que la responsabilidad declarada en los preceptos [especialmente el art. 1901 CC (1851)] es de naturaleza culposa, en la que se responde por los ilícitos cometidos por aquellos que están sujetos a otros (García Goyena, 1852, p. 255). Algunos autores fueron más allá y buscaron la génesis de alguno de los fundamentos de la responsabilidad de los padres, indicando que éstos debían responder por los actos dañosos de sus hijos porque el ordenamiento le concedía el deber de cuidado y vigilancia de su conducta con sumo celo (Bertrand de Greuille y Tarrible cit. Rogel

nol pueden acusar de cosa que ficiese en quantol durase la locura: pero non sin culpa los parientes dellos, quando non facen guardar de guisa que non puedan facer mal á otri].

5 Dispone el art. 1384 *Code Civil* (1804) expresamente: «[s]e responde no solo del daño que se causa por los propios hechos, sino también de aquel que haya sido causado por los hechos de las personas de las que se deba responder [...] El padre, y la madre después del fallecimiento del marido, son responsables de los daños causados por sus hijos menores que habiten con ellos».

6 La estructura de los arts. 1859 CC (1836) y 1901 CC (1851) era muy similar al *Code Civil* francés (1804). En el Proyecto de 1836 se añade, como diferencia de su homónimo francés, el estar bajo la potestad de los padres: «Que el padre, o por su muerte o ausencia, la madre, son responsables de los perjuicios causados por sus hijos que están bajo su potestad y viven en su compañía». Por su parte, será el art. 1901 CC (1851) el que sirva de proyección a la posterior redacción, el art. 1903 CC (1889). El citado art. 1901 señalaba las ideas de dependencia y potestad de los progenitores: «La obligación expresada en el artículo precedente no se limita a la reparación de los perjuicios ocasionados por un hecho propio, sino que se extiende a la de los causados por el hecho de las personas que uno tiene bajo su dependencia [...] En su consecuencia, el padre y la madre viuda son responsables de los perjuicios causados por los hijos que están bajo su potestad y viven en su compañía». *Vid.* Lasso Gaite, J.F. (1970). *Crónica de la codificación española, vol. II.* Ministerio de Justicia, Madrid.

Vide, 2018, p. 13). Por su parte, será el art. 1901 CC (del Proyecto de 1851) el que sirva de base para la posterior redacción del actual art. 1903 CC (1889)[7], vigente –prácticamente sin alteración sustancial[8]– hasta nuestros días.

3. CONCEPTO

La responsabilidad civil de los padres por los daños causados por los hijos menores es la primera de las reglas que aparece en el art. 1903 CC («los padres son responsables de los daños causados por los hijos que se encuentren bajo su guarda»), una responsabilidad derivada de las obligaciones que la patria potestad impone *ex* art. 154 CC (Roca Trías y Navarro Michel, 2020, p. 176). La patria potestad es una institución cuyo ejercicio conlleva una serie de obligaciones para sus titulares con respecto a los hijos, que van desde: velar por ellos, prestarles alimentos y educación, representarlos, administrar sus bienes y procurarles una formación integral, llevando implícito el deber vigilancia y custodia (Concepción Rodríguez, 1997, p. 123); de ahí que los progenitores estén llamados a responder.

El sentido gramatical del precepto confirma que el autor material del daño no es el obligado a su reparación, sino que por éste responde un tercero con quien le une una estrecha relación (Gómez Calle, 2013, p. 151) (en el caso objeto de estudio el vínculo parental) –en consonancia con la parte previa del precepto[9]– comúnmente denominada responsabilidad por hecho ajeno[10]. En principio, del tenor literal, parece establecerse una responsabilidad por acto

---

[7] El citado art. 1901 señalaba las ideas de dependencia y potestad de los progenitores: «La obligación expresada en el artículo precedente no se limita a la reparación de los perjuicios ocasionados por un hecho propio, sino que se extiende a la de los causados por el hecho de las personas que uno tiene bajo su dependencia [...] En su consecuencia, el padre y la madre viuda son responsables de los perjuicios causados por los hijos que están bajo su potestad y viven en su compañía».

[8] El art. 1903 CC ha sufrido tres modificaciones. Sólo una de ellas afectó a la responsabilidad de los progenitores. La Ley 11/1981, de 13 de mayo, vino a sustituir los vocablos «vivan en compañía de sus padres» por «que se encuentran bajo su guarda», además, se suprime que el hijo sea menor de edad. La razón de la primera fue ampliar la responsabilidad. Mientras que reducirlo a la convivencia puede dar lugar a situaciones de no sujeción a la responsabilidad civil cuando los menores no convivan con sus padres. Así, con esta nueva redacción podrá exigirse responsabilidad a los progenitores aún en los supuestos en que no hubiera convivencia entre ellos y sus hijos menores. La segunda, la supresión de toda referencia a la minoría de edad, tuvo su sentido cuando estaba vigente la patria potestad prorrogada o rehabilitada.

[9] «La obligación que impone el artículo anterior es exigible no sólo por los actos u omisiones propios, sino por los de aquellas personas de quienes se debe responder» (art. 1903.I CC).

[10] Algunos autores han definido la responsabilidad por hecho ajeno como «la atribución de la obligación de reparar el daño a una persona distinta de al que lo causó [...] una "disociación"

ilícito ajeno, ejecutado materialmente por un hijo menor, del que responden sus progenitores (Santos Briz, 1977, p. 357). A pesar de ello, el fundamento de la responsabilidad de los padres se encuentra (como más adelante se verá) en la actitud culposa o poco diligente de éstos, lo que hace discutir si realmente se está ante una responsabilidad por hecho ajeno o, más bien, ante una responsabilidad propia, vinculada a otra persona (Gómez Calle, 2006, p. 509).

Así, entre la acción lesiva del menor y su progenitor existe un vínculo que le hace presumir (*iuris tantum*) (Santamaría, 1958, p. 959) que, si hubo daño, éste ha de ser atribuido, más que al autor material, al descuido o defecto en la vigilancia o educación de su guardador (Castán Tobeñas, 1952, pp. 790-791), afirmándose la existencia de una clara conexión entre la relación paternofilial, la autoridad conferida a los progenitores y su responsabilidad, ya que el art. 1903 CC presupone una relación dominada por la tradicional autoridad paternal que, encuentra como inconveniente, las limitadas posibilidades de control que se atribuyen a los guardadores hoy día.

4. FUNDAMENTOS

4.1. De origen: la culpa

La literatura científica del momento en el que entra en vigor del CC sostenía que el art. 1903 CC se fundamentaba en la razón del incumplimiento de los deberes que imponen las relaciones especiales de autoridad o superioridad que media entre los que tienen la obligación de reparar el daño y el que dio motivo a él con su acción u omisión (Manresa Navarro, 1911, p. 625), especialmente cuando la negligencia es achacable a una relación de dependencia[11]. La jurisprudencia de los primeros años de aplicación del decimonónico texto también advertía que el art. 1903 CC regula los actos u omisiones ajenos, imponiendo la obligación de reparación a los que mantengan determinadas relaciones de autoridad o superioridad con los autores del daño «porque la ley presume que, por consecuencia de tales relaciones, les es imputable el mal causado por su propia culpa o negligencia, presunción legal que cede a la prueba en contrario»[12]. Según el pensamiento imperante en la fecha, el progenitor debía

entre el agente o causante material del daño y el responsable del mismo» (Navarro Michel, 1998, p. 22).

[11] STS de 27 de junio de 1894 [en Sánchez Román, F. (1899). *Estudios de Derecho Civil, t. IV,* Madrid, p. 1017].

[12] STS de 18 de mayo de 1804 [en García Ormaechea, R. (1928). *Jurisprudencia del Código Civil recopilada y articulada al mismo (1889-1926),* Madrid, p. 863].

responder porque había un defecto en su autoridad o superioridad, más aún cuando el ordenamiento le dispensaba los mecanismos de vigilancia y control. Sin embargo, hoy día resulta anacrónico atribuir responsabilidad al progenitor por una carencia en el ejercicio de su autoridad o relación de superioridad, en vista del ordenamiento de protección de menores y la eliminación del ejercicio del poder corrector que existía a favor de los padres como facultad derivada de la patria potestad.

El fundamento de origen de la responsabilidad civil de los progenitores, por mucho que el TS divague a lo contrario[13], es la culpa *in vigilando* e *in educando* (Santos Briz, 1984, p. 563) que, además, se presume por mor del último apartado del art. 1903 CC. Esto es, si el acto lesivo de un menor de edad se ha consumado es porque presumiblemente los obligados han actuado culposamente al no haber vigilado o educado al menor correctamente, es decir, con la diligencia que un buen padre de familia requiere, adecuadas a la edad y las circunstancias de personas, tiempo y lugar (*ex* art. 1104 CC). En definitiva, los padres han de responder en concepto de culpa porque, debiendo evitar el daño conforme a los cánones exigibles, no lo hicieron (Pothier, 1827, p. 278), más aún si en aquella época disponían de facultades para corregir y educar.

El dato revelador de una responsabilidad de carácter subjetivo lo encontramos en el último inciso del art. 1903 CC («la responsabilidad cesará [...] cuando las personas [...] mencionadas prueben que emplearon toda la diligencia de un buen padre de familia») al permitir la exoneración si se prueba la actuación con la diligencia que es requerida, atendiendo a las circunstancias concurrentes. De ahí que, a pesar de revelarse lo contrario en la jurisprudencia mayoritaria, la doctrina más autorizada considere que la responsabilidad de los padres prevista en el art. 1903 CC es de naturaleza subjetiva o culposa[14].

La culpa *in vigilando* encontraría su apoyo lógico en el deber de los progenitores de velar por sus hijos menores y tenerles en su compañía, en relación con el resto de facultades y deberes que impone la patria potestad (*ex* art. 154 CC). Resulta razonable que el menor de edad sea sometido a supervisión, principalmente en las primeras etapas de su vida y, no siempre es esto posible. Esta

---

[13] Como se verá en el Capítulo II apdo. 2., la jurisprudencia del TS ha adoptado una tendencia objetivadora de la responsabilidad de los padres, llegando a cuestionar que en el art. 1903 CC se incluya referencia alguna a la culpa. Se desmarca así del fundamento originario que habían observado los autores y jurisprudencia decimonónicos.

[14] *V.gr. vid.* Díaz Alabart, S. (1987). «La responsabilidad por los actos ilícitos dañosos de los sometidos a patria potestad o tutela», *ADC*, p. 803; Martín Casals, Ribot y Solé Feliú. (2006). «Children as Tortfeasors under Spanich Law», *Children in Tort Law, Part I: Children as Tortfeasors. Tort and Insurance Law, vol. 17,* Viena, Springer-Verlag, p. 388, entre otros.

necesidad de supervisión y control será más palpable en situaciones dotadas de una peligrosidad inherente, como el desarrollo de actividades potencialmente susceptibles de generar daño a terceros.

En algunos supuestos, la omisión de cualquier medida de control y vigilancia por parte de los progenitores podría determinar la responsabilidad directa de éstos *ex* art. 1902 CC, en tanto que la actitud de los progenitores se entendería como el desencadenante directo del curso causal de los acontecimientos que finalmente ha conducido al hecho dañoso. Imaginemos así el caso del padre que deja sin vigilancia un arma de fuego al alcance de un niño de corta edad y produce un hecho dañoso a un tercero. En esta hipótesis podría hablarse sin duda de culpa *in vigilando* del progenitor que no prevé el peligro, pero también podría manejarse la tesis de una responsabilidad propia conforme al art. 1902 CC por el simple hecho de desencadenar de modo negligente un curso causal finalmente conducente al resultado dañoso. La vigilancia y control de los menores, con el objeto de evitar daños a terceros, en muchas ocasiones, va a necesitar de una actitud prohibitiva del progenitor sobre determinados comportamientos del hijo, lo que resulta un tanto complejo cuanto mayor autonomía, libertad y madurez dispone el sujeto (Rogel Vide, 2018, p. 21).

La culpa *in educando* se fundamenta en el deber que recae sobre los padres de procurar una formación integral a sus hijos, no sólo en el plano académico, sino también en el moral y cívico. Con relación a esta culpa, podría argüirse que las posibilidades educativas de los progenitores dependerán de sus propios recursos económicos, culturales o intervencionismo público, de modo que el resultado de ese proceso educador podrá depender de circunstancias ajenas a la mera voluntad o buen empeño de los interesados. Pero, la defectuosa educación no tiene porqué ser sólo atribuible a los progenitores, pues también puede deberse a los docentes que intervienen en el proceso, teniendo en cuenta, además, que ha quedado muy vetada la libertad de los padres de elegir la educación que desean para sus hijos con las sucesivas reformas educativas. Por ello, en puridad, los padres no son los únicos responsables de la educación de sus hijos, sino que, el proceso socializador que se le atribuye a la educación es, en buena medida, compartido por toda la comunidad a través del sistema educativo establecido (Rogel Vide, 2018, pp. 17 y 18).

El fundamento culpabilístico de origen de la responsabilidad de los progenitores tenía sentido cuando el padre disponía de un poder ilimitado, absoluto, autoritario y legitimado por el ordenamiento jurídico, propio de otras épocas pretéritas. Pero hoy día, el ordenamiento ha ido evolucionando hacia otro concepto distinto de familia y de menor de edad, concibiéndose la patria potestad con unas ideas distintas a la inspirada en su momento. Y es que, si se tiene en cuenta el ambiente en el que se inspira el art. 1903, en el que la patria potestad incluía mecanismos de autoridad y control de los hijos que se encuentran bajo la guarda paterna, más probable será que se que eviten daños a terceros. El debilitamiento de las facultades de los progenitores sobre los hijos –considerándose cada vez más autónomos, con una legislación proclive a dotarles de madurez para todas las facetas de su actuar– ha trascendido en el poder de control y posibilidad de evitar o aminorar las consecuencias dañosas, poderes que vienen impuestos sin vacilación por la jurisprudencia patria. Puede resultar lógico que se mantenga la culpa *in vigilando* de un menor pequeño, pero excede de toda lógica jurídica que se mantenga en los menores maduros o cercanos a la mayoría de edad («grandes menores» o «grandes adolescentes»), cuando el ordenamiento le ha venido reconociendo progresivamente un mayor ámbito de actuación en la vida jurídica, y las escasas posibilidades que tienen los padres de controlar y vigilar lo que el menor hace[15].

La cuestión relativa a la imputabilidad de los progenitores resulta más compleja de lo que parece, ya que hay que tener muy presente variables como la edad, el carácter del menor, los déficits en el proceso educativo o el juego o actividad desempeñada desencadenante del daño.

La edad del menor resulta decisiva a la hora de imputar la responsabilidad a los padres, pues parece claro que, en circunstancias normales, cuanto más corta sea la edad del menor, mayor será el deber de vigilancia que el progenitor ha de desplegar. En cambio, cuando se está ante un menor con autonomía y madurez suficiente, el poder de vigilancia y control de los progenitores queda muy reducido, en muchas ocasiones, incentivado por la rigidez de las propias normas (*v.gr.* la imposibilidad de controlar el uso de los terminales móviles por atentar contra su intimidad, a pesar de ser un medio idóneo para dañar).

El carácter del sujeto cobra especial relevancia en tanto en cuanto la vigilancia deberá adaptarse a las circunstancias personales del menor y a la posible existencia de trastornos en su comportamiento, cada día más frecuentes por el uso de la tecnología. Los déficits en el proceso educativo han de ser tenidos en cuenta a la hora de extremar la vigilancia, ya que si el menor presenta retraso o carencia en su educación, que afecte a su socialización básica, será muy probable un necesario plus de control por parte de sus progenitores.

---

[15] *Vid.* Capítulo III apdo. 3.

Por último, deberá prestarse especial atención al tipo de actividad (distinguiéndose entre inocuas o de riesgo), la peligrosidad del objeto usado –cuando éste sea el caso– y la hora a la que tienen lugar los hechos, pudiendo apreciarse con nitidez la culpa cuando éstos ocurren a horas intempestivas (De la Rosa Cortina, 2012, p. 107) o entran dentro de la esfera de control de sus progenitores.

El desarrollo del menor, consustancial a su edad, determinará que en cada momento prime la culpa *in vigilando* (característica de los daños causados por niños de corta edad) o la culpa *in educando* (más propia de los grandes menores o grandes adolescentes) (De la Rosa Cortina, 2012, pp. 94-95). Y es que, la influencia que en la conducta del menor pueda tener una educación deficiente o inadecuada, o en general un proceso de socialización insuficiente, será de ordinario más palpable en aquellos menores que estén ya próximos a la mayoría de edad, los cuáles difícilmente podrían ser controlados personalmente por sus progenitores, impidiéndose a éstos cierto poder de control por el ordenamiento. A diferencia de lo anterior, en los hechos dañosos causados por menores de corta edad podrá resultar complejo hallar rastro de la culpa *in educando*, toda vez que el menor apenas habrá podido ser educado en atención a su edad, y sí de la culpa *in vigilando,* pues el escaso grado de desarrollo del niño dará lugar a la necesidad de una atención constante por parte de sus progenitores.

Desde hace algún tiempo, muchos autores[16] critican la llamativa tendencia a la objetivación de la responsabilidad civil de los progenitores propiciada por la jurisprudencia –como ocurrió en Francia[17]–, en ocasiones bajo una disparidad

[16] Por la mayoría de la doctrina se ha considerado que de la jurisprudencia que interpreta el art. 1903 CC se deduce una presunción de culpa objetivada (Paños Pérez, 2010, p. 43). Yzquierdo Tolsada (2016, pp. 37-38) con acierto afirma que poner a un hijo en manos de la sociedad supone la introducción en ella de un elemento de riesgo; presuponiéndose la responsabilidad de los padres por ser negligentes, descuidados, ligeros e imprudentes en la educación o vigilancia de sus hijos, en definitiva, por el mero hecho de ser padres.

[17] El fundamento culposo de origen de la responsabilidad civil de los progenitores se ha ido transformando por la jurisprudencia francesa en una responsabilidad de fundamento objetivo. En un primer momento, los tribunales franceses admitían una responsabilidad subjetiva basada en la culpa *in vigilando* o *in educando* presunta de los progenitores, posteriormente, el sistema queda alterado sobre la base de los siguientes factores: *i)* la culpa presunta no debía ser fundamento de tal responsabilidad por la imposibilidad de los padres en probar el cumplimiento de la diligencia en la educación de los hijos; *ii)* la similitud de la responsabilidad civil de los padres con la de los amos o dependientes, debiendo encargarse los padres de los riesgos de sus hijos por una cuestión de solidaridad familiar; *iii)* la influencia del principio general de responsabilidad por hecho ajeno acuñado por la jurisprudencia, en la que las personas (naturales o jurídicas) encargadas de organizar y controlar de una manera permanente la vida o la actividad de otras personas han de responder del daño causado por estas personas; y, *iv)* la paulatina desaparición de la responsabilidad civil del hijo, argumentándose que la inadmisión de una responsabilidad de los padres basada en la

e incongruente terminología[18]; y que hoy, parece que se sigue manteniendo. El fundamento culpabilístico de origen se ha ido diluyendo por la interpretación jurisprudencial de los últimos tiempos, al exigirse una presunción *iuris tantum* de culpa, en la que difícilmente se ha podido acreditar por los progenitores el empleo de toda diligencia en la evitación del daño. De hecho, del estudio jurisprudencial realizado a nuestros días, ninguna sentencia ha venido a acoger la exoneración de responsabilidad por la acreditación del empleo de toda diligencia de los progenitores[19]. Por su parte, la doctrina civilista mayoritaria es proclive a entender lo contrario, esto es, que cabría la exoneración de responsabilidad de los progenitores por los actos de sus hijos menores, por así quedar habilitado en el inciso final del art. 1903 CC. Algunos autores afirman que la prueba liberatoria consiste en demostrar que el hecho dañoso provocado por el menor es un acontecimiento atípico o anormal, que escapa del ámbito de control de los progenitores (León González, 1969, p. 288). La acreditación del empleo de toda diligencia en la evitación del mal va destinada a enervar la responsabilidad del progenitor, quien debe probar que el daño se ha producido por una causa extraña y no previsible en los límites normales dentro de los que opera una garantía de resarcimiento vinculada a la patria potestad (De Ángel Yagüe, 1990).

Los padres, a pesar de intentar acreditar la diligencia empleada *ex* art. 1903 *in fine* CC, ven cómo los tribunales rechazan sus posiciones con argumentos equiparables a los empleados en los casos de responsabilidad de actividades de riesgo (nucleares, hechos de la circulación, aeronaves, máquinas, empresarios, etc.), convirtiéndose en responsables –que no culpables– por el mero hecho de ser padres. Y es que, cada vez más, la jurisprudencia prescinde de la culpa para imputar la responsabilidad, empleándose en las resoluciones de la última década expresiones como «carácter cuasiobjetivo de la responsabilidad», responsabilidad «por semi-riesgo» o, en ocasiones, responsabilidad de «matiz objetivo», cuando no, todas éstas son mezcladas con el criterio culpabilístico. Como se verá más adelante, los casos en los que no se imputa la responsabilidad a los progenitores, no es debido a que éstos no acreditasen el empleo de toda diligencia en la evitación del resultado, sino que realmente los menores no causaron materialmente el daño. Esto, unido a la recurrente fundamentación

---

culpa presunta cuando es la culpa del hijo la que permitía presumir la culpa de los progenitores (Larroumet, 2012, pp. 243-244).

[18] Conclusión a la que también llega Yzquierdo Tolsada, M. (2020). *Responsabilidad civil extracontractual. Parte general. Delimitación y especies. Elementos. Efectos o consecuencias, 6ª ed.* Dykinson. Madrid, pp. 315 y ss.

[19] *Vid.* Capítulo II.

de la objetivación de esta responsabilidad, confirmaría que la jurisprudencia prescinde absolutamente del criterio de la culpa –ni siquiera presunta– para establecer una obligación resarcitoria.

4.2. De la relación de filiación: la patria potestad

La *potestas* ha sido originariamente «la jefatura doméstica o soberanía que el jefe del grupo, el *paterfamilias*, ejerce sobre todos los miembros» (Díez-Picazo y Gullón, 1997, p. 288), un poder absoluto y despótico ejercido sobre los sometidos, bajo el amparo del ordenamiento jurídico. Actualmente, esta estructura no cabe en nuestro ordenamiento, ya que la evolución social y jurídica de los tiempos ha cambiado por completo la concepción sobre la familia y sus integrantes. La patria potestad queda hoy día configurada como una potestad «en sentido técnico», y «en absoluto un derecho subjetivo que corresponda al patriarca familiar, ni siquiera a ambos progenitores», en el que el ordenamiento reconoce a éstos una suerte de facultades o deberes relacionados con la educación, crianza y formación de la prole (Lasarte Álvarez, 2017, p. 344). En nuestros días, no se entiende que el menor de edad se encuentre sometido a la extrema potestad del padre y a su indiscutible obediencia, sino que la patria potestad se conceptúa como el ejercicio de un derecho-deber en beneficio de los hijos, con el objeto de promover y atender al libre desarrollo de su personalidad y dignidad (Abril Campoy, 2003, p. 13). El sometimiento a la estructura patriarcal no encajaría con el ordenamiento desplegado en favor del niño, atentaría contra su dignidad y libertad y se pondría en tela de juicio los derechos del menor desarrollados en los últimos años.

Si se descarta la tesis de que la jurisprudencia fundamente la responsabilidad civil de los padres en la culpa, en favor de la objetivación, hace preguntarnos si realmente existe otro fundamento de fondo. De un estudio profundo y sosegado de la jurisprudencia, parece más bien que la razón de la responsabilidad de los progenitores se encuentra en la patria potestad[20]. La responsabilidad civil de los padres se relaciona en cierta medida con ésta, derivada del fenómeno de la filiación (O'Callaghan, 1991, p. 259). Esto es así debido a la relación que puede ponerse de manifiesto entre la actitud dañosa de la prole y la desempeñada por los padres a través de un erróneo o defectuoso ejercicio los deberes y

[20] Conclusión a la que llega Yzquierdo Tolsada, M. (2016). «¿Por fin menores civilmente responsables? Reflexiones a propósito de las reformas de 2015». *Foro, Nueva época,* vol. 19, núm. 2. p. 37.

facultades que el ordenamiento impone a los primeros sobre la persona y bienes de los segundos (para el mejor desarrollo de su personalidad).

El vigente art. 154 CC, adaptado a nuestros tiempos, establece que la patria potestad, como responsabilidad parental[21], ha de ejercerse siempre en interés y beneficio de los hijos e hijas, de acuerdo con su personalidad, y con respeto a sus derechos, su integridad física y mental. El primer bloque de deberes y facultades que se les reconoce a los progenitores es el de velar[22] por sus hijos, tenerlos en su compañía, alimentarlos, educarlos y procurarles una formación integral. Esto es, que deben procurar la protección, cuidado, educación y asistencia material y psicológica de sus hijos (*ex* art. 154 CC), cuya finalidad radica en la construcción de una persona bien formada y criada (Lasarte Álvarez, 2017, p. 344). La consecuencia derivada de estos deberes es que sean los propios progenitores los principales responsables en la vigilancia («velar por sus hijos» y «tenerlos en su compañía») y educación («educarlos y procurarles una formación integral»). Por lo tanto, si se produce un daño a tercero, es porque los progenitores no han velado, vigilado o educado correctamente a sus hijos menores y, por ello, en principio, tendría sentido que deban responder.

5. CARACTERES

5.1. Responsabilidad directa y no subsidiaria

El art. 1903 CC no reconoce una responsabilidad subsidiaria (en defecto del principal obligado), sino que es posible exigir directa y únicamente el resarcimiento a los progenitores (Santos Briz, 1977, p. 363), sin necesidad de actuar antes o al mismo tiempo contra el autor material del daño (Gómez Calle, 2006, p. 363), todo ello sin perjuicio de que las personas por las que respondan puedan ser condenadas conjuntamente de forma solidaria (tomando como base el art. 1902 CC). Así, el ordenamiento ofrece al perjudicado una doble garantía, ya que puede dirigirse contra dos patrimonios distintos (Navarro Michel, 1998, p. 25).

La razón de la responsabilidad directa viene establecida por el deber que imponen las relaciones de convivencia social, de vigilar a las personas y a las

---

21 El art. 154 II CC hace referencia a la patria potestad como «responsabilidad parental», basada en la idea de «función social» que han de hacer los progenitores.

22 La RAE define «velar», entre otras acepciones carentes de relación, como «hacer centinela o guardia por la noche», «observar atentamente algo» o «cuidar solícitamente de algo».

cosas que están bajo la dependencia de determinados sujetos (STS de 16 de abril de 1963).

5.2. Responsabilidad por hecho ajeno *vs* responsabilidad por hecho propio

La doctrina mayoritaria sostiene que la responsabilidad que impone el art. 1903 CC es «por hecho propio», considerándose que la causa del daño es la carencia de toda diligencia en la vigilancia, dirección y custodia de la persona sometida a su guarda, por lo que el daño debe imputarse, no al autor material, sino al que con su conducta negligente ha promovido que el menor actuara de tal manera (Navarro Michel, 1998, p. 23).

Los progenitores responden de los actos ilícitos de sus hijos *ex* art. 1903 CC, en virtud de su culpa *in vigilando, in custodiando* y con base en la culpa *in educando* (de la Rosa Cortina, 2012, p. 94). Este criterio de atribución se convierte en una premisa necesaria en el plano subjetivo del progenitor, llevando a la consideración de encontrarnos ante una auténtica responsabilidad por actos propios, basada en el descuido o falta de diligencia por parte de los padres en lo concerniente a la supervisión de la conducta de sus guardados (Rogel Vide, 2018, pp. 15-16), es decir, la culpa va directamente relacionada con los progenitores, que debieron de tomar las precauciones correspondientes y no lo hicieron, desencadenándose así el resultado lesivo. La catalogación como responsabilidad por hecho propio va ligada al concepto de culpa ya que, si la obligación de reparar viniese impuesta por criterios estrictamente objetivos, independientemente de la culpa, no habría ningún hecho propio por el que debieran responder los progenitores (Navarro Michel, 1998, p. 23). En tales casos, el propio progenitor desencadena el curso causal de los hechos de modo negligente, siendo la intervención de su hijo menor de carácter sobrevenido o accesorio.

La calificación de una responsabilidad por hecho propio o ajeno vendrá determinada por la posibilidad efectiva de exoneración del responsable, pues si el progenitor acredita el empleo de toda diligencia para prevenir el daño, no será responsable y carecería de sentido denominarla «por hecho ajeno».

5.3. Relación de dependencia o subordinación

Todos los supuestos que recoge el art. 1903 CC comparten una nota característica: la relación de dependencia o subordinación entre el eventual causante material del daño y su responsable. Tal es la relación de dependencia que se prevé una inversión de la carga de la prueba de la culpa (*in vigilando* o *in educando*) que se presupone (art. 1903 *in fine*) (Yzquierdo Tolsada, 2020, p. 314). La dependencia conlleva en estos casos a una labor de vigilancia, educación o control del eventual causante material, estimándose su contribución al evento dañoso si no se acredita el empleo de toda diligencia para prevenir el resultado. De esto deriva también la catalogación, más que una culpa por hecho ajeno, sea una culpa por hecho propio.

5.4. Numerus clausus

La mayoría de la doctrina mantiene que los supuestos enumerados en el art. 1903 CC quedan configurados como una lista cerrada, es decir, no hay más supuestos de responsabilidad que los expresamente contenidos en la ley (Yzquierdo Tolsada, 2020, p. 316). Se utiliza como argumento la prohibición de la aplicación analógica del art. 1903 CC por ser una norma excepcional, sin embargo, no debe considerarse una excepción al art. 1902 CC puesto que son dos regímenes con fundamentos y supuestos distintos y, por tanto, decaería la prohibición de la aplicación analógica de las normas excepcionales (*ex* art. 4 CC) siempre que haya una relación de subordinación entre el agente causante y el sujeto al que se quiere responsabilizar (Navarro Michel, 1998, p. 32).

En el ámbito de la relación de subordinación o dependencia entre padres e hijos, esta cuestión se convierte trascendental en el sentido de poder hacer responsable a otra persona que se encarga circunstancial, permanente o esporádicamente de la guarda y cuidado del menor. La dependencia entre la persona guardadora no progenitora y el menor causante del daño no parece responder al esquema del precepto, principalmente porque la relación no es idéntica al vínculo paternofilial. Además, la dicción literal del precepto nos lleva a considerar que, en cuanto a lo que respecta a la responsabilidad civil de los progenitores, sólo son los progenitores los que están obligados a reparar el daño causado por sus hijos. Podrá fundarse la demanda en el art. 1902 CC, pero no con fundamento en el 1903 CC, a excepción de aquellos supuestos que específicamente invoca la norma bajo otras instituciones (*v.gr.* la responsabilidad en caso de tutela del menor).

6. PRESUPUESTOS

6.1. Comportamiento antijurídico y negligente de la prole

La actividad humana y su comportamiento, en su sentido activo (hacer) u omisivo (no hacer) (Bordon, 2006, p. 15), puede generar perjuicios a las personas (Espín Cánovas, 1978, p. 483) y a sus bienes, pero no toda conducta es resarcible, ya que se requiere la causación de un daño real y efectivo, además del resto de elementos que componen la responsabilidad civil. La citada acción u omisión va unida a la capacidad de actuación del sujeto, quien mediante su obrar controlable puede originar un daño que le resulte imputable (Santos Briz, 1977, p.24). Así, dos son las conductas generadoras de daños: *i)* la acción y, *ii)* la omisión[23].

La acción está compuesta por un comportamiento positivo, por la actuación humana capaz de modificar el estado de las cosas. Por su parte, la omisión abarca dos tipos de situaciones: *i)* no llevar a cabo una conducta exigible con motivo de la realización de una actividad previa; y, *ii)* la no actuación, teniendo la posibilidad de hacerlo, al margen de toda actividad previa del agente (Llamas Pombo, 2021, p. 55).

La mayoría de la doctrina, en lo que a responsabilidad extracontractual respecta, entiende que el comportamiento del causante ha de tener el calificativo de antijurídico o ilícito, producto de la violación de una norma[24]. La antijuridicidad deriva de una regla general abstracta impuesta por el ordenamiento y, también, por el contrato: «actuar con diligencia, cuidado y consideración hacia los demás en todo momento y en todo sector de la actividad humana» (De Ángel Yagüe, 1993, p. 330). Así, la ilicitud o antijuridicidad de la conducta activa u omisiva de un sujeto (el menor) comportaría la lesión del derecho subjetivo de otro, un interés merecedor de tutela (De Ángel Yagüe, 1993b, p. 260).

En cuanto a los sujetos por los que se ha de responder, la genérica redacción del art. 1903 CC indica sin distinción que se ha de reparar por «los daños causados por los hijos». Naturalmente, el precepto se refiere a los hijos menores

[23] En términos generales, estos comportamientos podrán consistir en: *i)* el incumplimiento, tardío o defectuoso, o cualquier modo de contravención de una obligación (art. 1101 CC); *ii)* la ejecución de un hecho tipificado como delito, en el que se obligue al autor a reparar los daños y perjuicios; y, *iii)* la agresión o infracción del principio *alterum non laedere*, (Llamas Pombo, 2021, p. 54).

[24] Por todos, De Ángel Yágüez, R. (1991). Tratado de responsabilidad civil, 3ª ed., Civitas. Madrid, p. 259; Trigo Represas, F.A. (1991). *Responsabilidad civil del abogado*. Hammurabi. Buenos Aires, p. 152.

de edad no emancipados ya que, al extinguirse la relación jurídica de la patria potestad, que une a los llamados a responder con los ejecutores materiales del acto lesivo, cesan las obligaciones derivadas y, por consiguiente, la de resarcimiento *ex* art. 1903 CC.

La conducta del menor susceptible de responsabilidad ha de ser objetivamente negligente y, en tal medida, previsible y evitable por los que tienen el deber de vigilancia y educación. La culpabilidad del menor no es *condictio sine qua non* para la aplicación del art. 1903 CC y la consecuente obligación de resarcimiento de los padres, pero sí lo es que el acto sea culposo para cualquier persona con capacidad de entendimiento de la situación, ya que por su limitado discernimiento no puede reprocharse a título de culpa (se podrá atribuir ésta a la conducta del menor en relación a una mayor edad y madurez y, por tanto, discernimiento) (Yzquierdo Tolsada, 2020, p. 323).

6.2. Guarda

La dicción literal del precepto (art. 1903 CC) sólo establece como requisito[25] para atribuir la responsabilidad a los progenitores, a aparte de la necesaria existencia de una relación paterno-filial, que los hijos se encuentren bajo su guarda, una de las variables o vertientes del ejercicio (en lo personal) de la patria potestad (Díez-Picazo, 2011, p. 381). De lo anterior se extrae que la relación jurídica que se tiene que dar entre los progenitores llamados a responder y el causante del daño es la patria potestad, unida a través de la «guarda» (Yzquierdo Tolsada, 2020, p. 323).

Delimitar el concepto de «guarda» resulta importante, al objeto de poder establecer el alcance de la responsabilidad civil de los padres. El Código Civil utiliza el término en diferentes vertientes, pero ninguna precisa a qué se refiere, es más, no siempre se hace referencia a lo mismo (*v.gr.* la guarda y

[25] El art. 1903 CC en su redacción originaria y, antes de la reforma operada por la Ley 11/1981, de 13 de mayo, establecía como requisitos para hacer responsables a los progenitores que: *i)* el perjuicio fuera causado por un hijo menor de edad; y, *ii)* que éste viviese en su compañía. Hasta la entrada en vigor de la Ley 8/2021, de 2 de junio, por la que se reforma la legislación civil y procesal para el apoyo a las personas con discapacidad en el ejercicio de su capacidad jurídica, ha tenido sentido suprimir que el perjuicio fuera causado por un menor de edad, pues se encontraba vigente la patria potestad prorrogada o rehabilitada. Actualmente, sólo es posible para que los progenitores respondan (con fundamento en el art. 1903.II CC), que el daño sea provocado por un menor de edad sometido a la patria potestad. Por tanto, la vigencia de la patria potestad será la que determine el cese o no de la obligación de responder de los padres, extinguiéndose la obligación resarcitoria (*ex* art. 169 CC) por: *i)* la muerte o la declaración de fallecimiento de los padres o del hijo; *ii)* la emancipación; o, *iii)* la adopción.

custodia o la guarda de menores). Lo que sí parece claro es que «guarda» no es equivalente de «convivencia», sino que implica un deber más amplio (López Beltrán de Heredia, 1988 p. 73). De hecho, la Ley 11/1981, de 13 de mayo, vino a sustituir la «convivencia» por la idea de «guarda», con el afán de abarcar normativamente eventuales situaciones de exclusión de responsabilidad por la inexistencia de convivencia (*v.gr.* durante el régimen de visitas del progenitor no custodio)[26]. La guarda no presupone necesariamente la cohabitación, por lo que llevaría aparejada la posibilidad de exigir responsabilidad a los progenitores por los daños de sus hijos cuando no convivan y se encuentren bajo su guarda (Abril Campoy, 2003, p. 30). Por su parte, la jurisprudencia declara que el concepto de guarda, a los efectos de la responsabilidad civil de los progenitores, hay que entenderlo de la forma más flexible, admitiéndose la responsabilidad del progenitor no custodio en situaciones transitorias como las derivadas del derecho de visita o las impuestas por un convenio regulador. La STS de 11 de octubre de 1990 advirtió[27]:

> «no se puede ignorar el carácter flexible del concepto "bajo su guarda", que admite situaciones transitorias derivadas del derecho de visita o del propio convenio, pues en el presente, dada la edad del menor, 17 años, se la autorizaba a acudir y permanecer, según su voluntad, en las esferas de relación paterna y materna. Y la sentencia recurrida ha declarado hecho probado que el accidente se produjo cuando el hijo estaba bajo custodia del padre».

En la jurisprudencia menor, la SAP (Ourense) de 28 de febrero de 2005 indicaba:

> «la expresión "guarda" que emplea el citado precepto del Código Civil en los supuestos de la responsabilidad cuasiobjetiva de los padres por los actos culposos de los hijos, ha de ser interpretada con amplitud y flexibilidad, pues de lo contrario resultaría que el progenitor que presta más directamente sus cuidados y compañía al menor, en definitiva el que aporta más sacrificio, resultaría ser el más responsable, apoyando la interpretación

---

[26] *Vid.* STS de 11 de octubre de 1990; SSAP (Zaragoza) de 31 de marzo de 2003; (Castellón) de 26 de enero de 1999; (Barcelona) de 29 de octubre de 1999, entre otras.

[27] La palabra «guarda» empleada por el artículo 1903.2 CC ha sido interpretada con flexibilidad por la jurisprudencia, referidos a la separación conyugal, de manera que tan referido término admite situaciones transitorias derivadas del contenido del convenio regulador de la separación, puesto que si de acuerdo con el mismo se autoriza al menor a acudir y permanecer según su voluntad en las esferas de relación paterna o materna y el hecho dañoso se produce cuando el hijo se halla en compañía de aquel de sus padres que no tiene atribuida la guarda, no obstante, será este progenitor responsable civil del daño causado por su hijo (STS de 11 octubre de 1990).

extensiva el propio artº 1.903 que diferencia entre "bajo su guarda" del supuesto del párrafo siguiente de "que habitan en su compañía"».

Realmente, cuando el menor ocasiona un daño mientras se encuentra en compañía del progenitor no conviviente, el primero se encuentra bajo la guarda del segundo a los efectos del art. 1903. II CC, ya que este último puede vigilarlo y prevenir los eventuales daños que el menor produzca. Tampoco parece razonable que quien ostenta la guarda y custodia tenga que responder en exclusividad, ya que es el que más sacrificio hace, con mayores cargas y responsabilidades que el progenitor que sólo disfruta del menor a través del derecho de visitas[28]. Así, no debe incurrirse en el automatismo de exigir responsabilidad siempre y, en todo caso, al progenitor custodio en los supuestos de divorcio o ruptura de su relación, con exclusión del otro, pues si así se hiciese se cargaría al progenitor que más cuida y acompaña al menor y, el que menos sacrificio soporta se beneficiaría de la exoneración de toda responsabilidad.

En la doctrina científica encontramos posiciones contrapuestas. La mayoría de los autores son proclives a la exoneración de responsabilidad a aquel progenitor que no estaba en compañía de su hijo en el momento del suceso (De la Rosa Cortina, 2012, pp. 121 y 122). Otros, en cambio, entienden que, en los casos de ruptura de la convivencia entre los progenitores, no se produce transferencia de responsabilidad alguna. En los supuestos de custodia compartida la regla general debería ser también la responsabilidad compartida por los actos del menor, lo que cabría esperar que tan sólo uno de los progenitores pudiera demostrar que actuó con toda la diligencia exigible en la evitación del daño y no el otro.

Evidentemente, cuando la patria potestad es ejercida conjuntamente por ambos progenitores, la responsabilidad por los daños ocasionados por sus hijos ha de ser directa y solidaria de ambos, salvo que alguno de ellos pueda demostrar por su parte el empleo de toda diligencia para evitar el daño *ex* art. 1903 CC *in fine* (Gómez Calle, 2006, p. 1243).

Cuando un progenitor sea declarado ausente o esté imposibilitado para el ejercicio de la patria potestad (*ex* art. 156.IV CC), ésta será ejercida por el otro progenitor, y no parece razonable que haya que hacer partícipe de la responsabilidad a quien carece materialmente de poder de vigilancia y control. Por tanto, la responsabilidad ha de recaer exclusivamente sobre aquel progenitor que dispone del ejercicio exclusivo de la patria potestad. De igual suerte corren

[28] *Vid.* STS de 11 de octubre de 1990.

aquellos casos en los que los progenitores viven separados, ejerciéndose la patria potestad por el que convive con sus hijos, salvo que el juez la atribuya conjuntamente a ambos. Tampoco tiene sentido que se responsabilicen a los padres que hubieran sido privados de la patria potestad, pues no tienen realmente la guarda de su hijo.

El condicionar la responsabilidad civil a la guarda conlleva a que la obligación resarcitoria cese cuando finalice dicha guarda, esto es, cuando se extinga la patria potestad *ex* art. 169 CC. De entre las causas de extinción de la patria potestad y, por ende, de la obligación resarcitoria, la que mayor problema práctico puede plantear es la emancipación. A este respecto, hay que indicar que el menor emancipado responderá por los ilícitos producidos como si de una persona mayor de edad se tratase, ya que al decaer la patria potestad se rompe el vínculo jurídico y fundamento que sostiene la responsabilidad de los padres. Sin embargo, el perjudicado puede plantear (*ex* art. 1902 CC) la responsabilidad de los progenitores si se demuestra (prueba difícil) que hubo culpa al momento de emancipar a quien no estaba preparado para ello (NAVARRO MICHEL, 1998, p. 81).

A los efectos de determinar qué progenitor debe responder por los actos de los hijos menores en los casos en que no haya convivencia, parece razonable atender qué fundamento encuentra, en cada supuesto, dicha responsabilidad. Con relación a los actos de los menores de corta edad debe primar la culpa *in vigilando*; los niños de corta edad precisan, de ordinario, de una atención y supervisión constantes, obligadas por su escaso grado de desarrollo. Estos menores deberán ser, pues, controlados de manera continua por quienes ostenten dicha responsabilidad, siendo así que resulte razonable exigir responsabilidad por sus actos al progenitor que en el momento concreto estuviera al cuidado de los mismos, con exclusión del otro. Imaginamos el caso de un niño de corta edad que comete un hecho dañoso durante la visita de fin de semana con el progenitor no custodio. La escasa edad del menor convierte en ilusorio, o cuando menos, muy difícil, fundamentar la responsabilidad de sus progenitores en su culpa *in educando*, pues nos hallaríamos ante una tesis incompatible con la inmadurez del hijo menor. Más bien parece que la responsabilidad de los progenitores se basaría en su culpa *in vigilando*, en la medida en que los sujetos responsables de custodiar al menor habrían fallado en su empeño. En este orden de cosas, resulta lógico y prudente limitar la responsabilidad al progenitor encargado de la guarda (en sentido flexible –conforme a la doctrina antes comentada–) en el momento concreto en que el hijo produjo el daño, con exclusión pues del otro progenitor (aún cuando éste tuviera atribuida la custodia exclusiva), en la medida en que no habría podido evitar el daño de ningún modo.

El problema se acentúa cuando el daño es causado por los actos de los hijos de cierta edad, los cuales gozan ya de autonomía y madurez personal, y que no pueden ser directamente controlados en cada momento por sus progenitores. En estos supuestos resulta dudosa la posibilidad de atribuir responsabilidad exclusiva conforme al art. 1903 CC, ya al progenitor que tuviera asumida la custodia exclusiva, ya al progenitor con quien el menor pernoctara puntualmente en virtud de un régimen de visitas[29]. Con independencia de estas cuestiones, la educación del menor correspondía a ambos progenitores (art. 154 CC) (hasta cierto punto), y si la responsabilidad por hecho ajeno se basa aquí en la culpa *in educando* (en la medida en que el menor no ha ajustado su conducta a lo que sería propio conforme a un correcto proceso educativo y socializador), dicha culpa y, por ende, la consecuente responsabilidad, recae sobre ambos progenitores. Podría incluso analizarse qué progenitor ha asumido el protagonismo en ese proceso educador para determinar la responsabilidad.

En cualquier caso, nos hallamos ante una materia complicada en la que se presentará una casuística muy variada. Parece así prudente evitar cualquier automatismo en la atribución exclusiva de responsabilidad a quien tenga atribuida la custodia exclusiva del menor (lo que podría originar colateralmente, incluso, el descuido en el desempeño de las funciones inherentes a la patria potestad por parte del otro progenitor), y analizar las circunstancias del caso a fin de determinar quién debe responder por los actos de aquél[30]. No obstante, existen resoluciones dispares, unas, que manejan un criterio restrictivo, excluyendo la responsabilidad de quien no estaba en compañía del menor cuando el hecho dañoso ocurrió[31] y, otras, que atribuyen responsabilidad a ambos progenitores

---

[29] *Vid.* SAP (Huelva) de 16 de mayo de 2005.

[30] *Vid.* SAP (Asturias) de 23 de octubre de 2001. [«En el momento de los hechos, Rodolfo contaba con diecisiete años, de manera tal que se encontraba ya en la situación de lo que en derecho francés –que sin aparecer en el español, exige una determinada valoración como la que se hace– se configura como la antesala de la mayoría de edad, con las consecuencias jurídicas adecuadas. Pues bien, ante esta situación, el control de aquel de los padres que tiene atribuida la guarda y custodia es cuando menos muy relativo, exigiéndose la imputación a que se refiere el art. 1903 CC. a cualquiera de los dos. Y las circunstancias que conducen a determinar la legitimación pasiva del padre se centran en que el instrumento con el que se causaron los daños fue una motocicleta titularidad de D. Augusto, que se encontraba en taller de su propiedad, sin seguro obligatorio contratado»].

[31] *Vid.* SAP (Barcelona) de 29 de octubre de 1999. [«la disolución del vínculo conyugal de los padres de... y la correspondiente atribución de la guarda y custodia sobre el dicho menor a su madre..., supone que en el momento en que ocurrió el suceso, el menor se hallara bajo la exclusiva guarda y custodia de su madre»]. En parecido sentido, SAP (Palma de Mallorca) de 25 de marzo de 2009.

con base en el carácter conjunto de la patria potestad, por más que la custodia fuera asumida exclusivamente por alguno de ellos[32].

Las soluciones señaladas anteriormente encuentran su fundamento en la culpa *in vigilando*, en el sentido de exigir la responsabilidad a quien, con su falta de diligencia en la vigilancia ha contribuido a que el menor acometa el resultado dañoso. Sin embargo, puede adoptarse, como criterio justificativo de la responsabilidad, la culpa *in educando*, con la consecuente responsabilidad de ambos progenitores, ya que la culpa proviene de una defectuosa o insuficiente educación y/o formación que compete, en parte, a los padres (De Ángel Yagüe, 1984, p. 1976). Si la patria potestad lleva consigo el deber conjunto de los padres de procurar una formación y desarrollo integral, no habría inconveniente para exigir una responsabilidad directa y solidaria de ambos por culpa *in educando*.

La guarda de los progenitores cesa cuando se inicia el deber de vigilancia y/o educación por parte de un tercero (Abril Campoy, 2003), al que se le confía por delegación el ejercicio de tales deberes de vigilancia y control. Concretamente, la jurisprudencia del TS[33] viene rechazando la responsabilidad civil de

---

[32] *Vid.* SSAP (Córdoba) de 5 de diciembre de 2001 y (Zaragoza) de 31 de marzo de 2003.

[33] *V.gr.* la STS de 29 de diciembre de 1998 que, haciendo suyos los argumentos contenidos en las SSTS de 10 de noviembre de 1990 y de 3 de diciembre de 1991, declara:

> «una conducta culposa en los profesores del colegio, culpa *in vigilando* suficiente para imponer al amparo del artículo 1903. 4 CC y de la constante jurisprudencia de esta Sala, la responsabilidad civil por culpa *in vigilando* o *in eligendo*, a la entidad, ya sea pública o privada de quienes los causantes del daño dependían» [...] «el accidente se produjo en las circunstancias antedichas y así lo reconoce como hecho probado la sentencia de instancia, en el ámbito del Centro Escolar a donde iban como alumnos el menor lesionado y la menor causante de la lesión. Es claro que el padre de ésta no ejercía su labor de guarda, que se entiende por la común experiencia que delega en el Centro, y de ahí que mal puede fundarse su responsabilidad en el párrafo 2.º del art. 1903 CC. Esta obligación de guarda renace desde el momento en que el Centro Escolar acaba la suya. Por tanto, la obligación de reparar el daño se impone, como sujeto pasivo, al titular del centro de enseñanza y éste responde en cuanto mantiene el control del alumnado, sea total o parcial, sea en horas lectivas propiamente dichas o en tiempo posterior en el que todavía ejerce el colegio su labor de guarda».

La STS de 15 de diciembre de 1994 indicaba:

> «Mal puede atribuirse, siquiera por referencia, responsabilidad alguna a los padres de la víctima, pues durante su estancia en el Colegio no ejercían ni podían ejercer reglamentariamente misión alguna de control y vigilancia del menor, lo que correspondía a los empleados escolares encargados de tal cometido, ya que, como dice la sentencia de 3 de diciembre de 1.991, dichas funciones se entienden que los padres las delegan en el Centro, desde el momento en que los menores acceden al mismo hasta que se produce su salida ordenada».

Por su parte, la STS de 10 de diciembre de 1996 advierte que:

> «[...] probado en autos que las lesiones se produjeron en el aula del Colegio al que asistían ambos menores, estando bajo vigilancia de dos profesores, la codemandada no ejercía ni podía ejercer en ese momento sus funciones de vigilancia sobre su hija menor, ya que desde el momento de la entrada en el centro hasta su salida del mismo al finalizar la jornada escolar, esas funciones de

los progenitores cuando el efecto lesivo producido por un menor se realiza bajo la supervisión de un centro docente, indicando que la función de vigilancia ha sido delegada por los progenitores a favor de otro. Ilustrativa es la STS de 3 de diciembre de 1991, reiterada en resoluciones posteriores: «dichas funciones se entienden que los padres las delegan en el Centro, desde el momento en que los menores acceden al mismo hasta que se produce su salida ordenada». La misma dirección adopta algún sector de la jurisprudencia menor[34], eximiéndose de responsabilidad a los progenitores respecto del daño ocasionado por sus hijos cuando se encuentra bajo el control de terceros (centros docentes), a los cuales se les ha transferido tal responsabilidad y, no estar los padres durante la jornada escolar ejerciendo su función de guardadores[35]. Por el contrario, algún sector doctrinal[36] y de la jurisprudencia menor son favorables a compatibilizar la responsabilidad del centro educativo con la propia de los progenitores[37] e incluso fundamentan que, en determinados supuestos, se proponga la responsabilidad en exclusiva de los padres por los hechos ocurridos en el centro educativo en atención a la culpa *in educando* atribuible directamente a aquellos y, a la imposibilidad para el personal docente de evitar el hecho dañoso[38].

La responsabilidad de los delegados tiene sentido si atendemos al fundamento de la culpa *in vigilando*, pues cuando el menor entra en el centro educativo

vigilancia se traspasan a los profesores y cuidadores del colegio (veáse en este sentido sentencias de esta Sala de 10 de noviembre de 1990, 3 de diciembre de 1991 y 15 de diciembre de 1994), por ello no puede atribuirse culpa alguna a doña Alicia en la producción del evento, al amparo del artículo 1903-2º del Código Civil».

34 *V.gr.* SSAP (Málaga) de 12 de diciembre de 2006; (Barcelona) de 25 de abril de 2016; (Madrid) de 18 de diciembre de 2017; (Valencia) de febrero de 2019.

35 La SAP (Barcelona) de 25 de abril de 2016 concluye que «esta extensión de responsabilidad a los progenitores no puede ser aplicada en el presente caso puesto que cuando se produjeron los hechos el menor estaba en el centro de enseñanza en quien los padres habían delegado, durante el horario escolar, su obligación general de guarda y custodia [...]».

36 *Vid.* De la Rosa Cortina, J.M. (2012). *Responsabilidad civil por daños causados por menores.* Tirant lo Blanch. Valencia, pp. 246-247.

37 En la jurisprudencia menor encontramos resoluciones como la SAP (Valencia) de 30 de diciembre de 2008 que condena solidariamente al centro educativo y a los progenitores por un caso de acoso escolar, en atención a que la naturaleza continuada en el tiempo de los hechos permitía entender que no sólo existió infracción de los deberes de vigilancia, sino también de los deberes de educación. La sentencia tiene en cuenta el dato de la madurez y desarrollo del menor, considerando relevante la existencia de cierto déficit en su proceso socializador, achacable a sus progenitores. Por lo que se exige responsabilidad a éstos aún cuando el hecho dañoso tuviera lugar durante la jornada escolar. Por su parte, existe responsabilidad del centro educativo por incumplir el deber de vigilancia y evitar el daño causado, siendo en todo caso ambos responsables.

38 La SAP (Sevilla) de 30 de noviembre de 2007 condena a uno de los progenitores por la agresión protagonizada por su hijo (14 años) durante la jornada escolar, entendiendo que «lo ocurrido no es sino reflejo de la incorrecta educación recibida en casa, debiendo atribuirse tales lesiones a culpa *in educando* de la progenitora».

queda vetada toda posibilidad de control del niño por parte de los progenitores, sobre todo, cuando es de escasa edad. Cuando el menor es de cierta edad, que se le supone con suficiente autonomía y madurez, la responsabilidad de los padres por los hechos ocurridos en el colegio o instituto no parece fundamentarse en la culpa *in vigilando* de éstos, sino más bien en la *in educando*, pudiéndose compartir con la culpa *in vigilando* del centro educativo. Así, la lógica jurídica impone que, durante la jornada escolar (y en ciertos casos después de ella[39]), los progenitores que delegan su guarda y, consecuentemente, los deberes de vigilancia a favor del centro educativo, queden exonerados de responsabilidad en el caso de que el menor cometiese un hecho dañoso, a excepción de que la responsabilidad de los progenitores se fundamente en la culpa *in educando*. Las acciones de la víctima no se acumulan, sólo ha de demandarse al centro por un defecto del traspasado deber de vigilancia, salvo aquellos casos en los que se manifieste una clara concurrencia de culpas (Roca Trías y Navarro Michel, 2020, p. 187) entre el centro y los progenitores.

Como se ha indicado anteriormente, la responsabilidad con fundamento en la culpa *in educando* incide en los posibles déficits que presenta el proceso socializador del menor, en el que (hoy día) participan mayormente los centros educativos y se relega, en cierta medida, a los progenitores, los cuales hacen lo que pueden. Y es que, hay un dato importante, la familia tiene cada vez más vetada la labor educativa y socializadora de sus hijos (Yzquierdo Tolsada, 2020, p. 322), alentado por las últimas reformas educativas[40]. Los padres no disponen de la facultad de elección de determinadas materias que se imparten en los centros educativos, ni tienen posibilidad de participar en sus programas formativos ni la libertad de elegir el centro al que desean llevar a su hijo. Por tanto, ante una mayor participación de los centros docentes en el proceso educativo y, por ende, socializador de los menores, la responsabilidad fundada en la culpa *in educando* debería ser mínimamente compartida, aunque los daños se produzcan fuera del centro. No obstante, el problema estaría en determinar si la culpa procede directamente de un defecto o insuficiencia formativa atribuible al centro o, más bien, a la labor educativa de los progenitores.

---

[39] Las SSTS de 3 de diciembre de 1991 y 29 de diciembre de 1998 han venido flexibilizar la interpretación del art. 1903.5 CC, entendiendo que el centro debía responder por los daños causados después de terminar la jornada escolar «antes de ser recogidos o trasladarse a sus domicilios» (Roca Trías y Navarro Michel, 2020, p. 186).

[40] *V.gr. vid.* arts. 6 y 17 Ley Orgánica 2/2006, de 3 de mayo, de Educación (BOE núm. 106, de 4 de mayo de 2006), reformada por la Ley Orgánica 3/2020, de 29 de diciembre, por la que se modifica la Ley Orgánica 2/2006, de 3 de mayo, de Educación (BOE núm. 340, de 30 de diciembre de 2020).

6.3. ¿Culpabilidad de los progenitores?

Tal y como se ha indicado cuando se abordó el fundamento de origen de la responsabilidad civil de los progenitores, por mucho que la jurisprudencia no tenga claro el criterio de atribución de la responsabilidad, la negligencia de los padres ha de estar conectada causalmente con el resultado dañoso (Gómez Calle, 2006, p. 1246), es decir, los padres responden porque con su comportamiento negligente han contribuido de alguna forma (ya sea por un defecto en su vigilancia o educación) al daño provocado por quien debían vigilar o educar o no lo hicieron de forma suficiente.

La negligencia de los padres se manifiesta cuando no se acredita que emplearon toda la diligencia exigible de un buen padre de familia para prevenir el daño, atendiendo a las circunstancias de personas, tiempo y lugar (*ex* art. 1104 CC). Naturalmente, las medidas que pudieron y debieron adoptar los progenitores para prevenir el efecto lesivo van a encontrarse limitadas por la cada vez más restricción de las facultades de vigilancia y control impuestas por el ordenamiento (*v.gr.* la vigilancia para la prevención del daño que pueda ocasionarse por el empleo de teléfonos móviles, en contraposición al respeto de la intimidad, dignidad y personalidad del menor, impuesta por la LOPJM, la LOPH y el art. 10.1 CE).

La jurisprudencia del TS no ha venido apreciando que la culpa paterna sea un auténtico presupuesto de la responsabilidad, pues, aparte de no analizarse las circunstancias concurrentes para apreciar la culpa *ex* art. 1104 CC, los tribunales mantienen la objetivación a la hora de atribuir responsabilidad. El fundamento culpabilístico de la responsabilidad de los progenitores es una simple apariencia, pues la evidencia jurisprudencial pone de relieve las escasas o, más bien, nulas posibilidades que tienen los padres a la hora de acreditar la diligencia empleada que les sirva para la exoneración *ex* art. 1903 CC *in fine*. De hecho, en muchas resoluciones se prescinde de la culpa y se atribuye la obligación de indemnizar por el hecho de la relación paterno-filial, consolidándose progresivamente en la práctica el carácter cuasiobjetivo de la responsabilidad civil de los progenitores[41]. La jurisprudencia del TS de los últimos tiempos ha abandonado sin retorno el fundamento culpabilístico de origen de la responsabilidad civil de los padres, para instaurar un régimen objetivador que complica aún más la posición de éstos últimos. Sin embargo, no debe confundirse lo que

---

[41] Sobre este particular, *vid.* la evidencia jurisprudencial expuesta en el Capítulo II.

profesa la norma y su naturaleza de origen con la aplicación práctica e interpretación que hacen los tribunales, que, al fin y al cabo, sólo es una interpretación.

A nuestro juicio, seguimos considerando la naturaleza culposa de la responsabilidad civil de los padres, por así extraerse el elemento culposo del inciso final del art. 1903 CC. En puridad, se está ante una responsabilidad subjetiva con inversión de la carga de la prueba, en la que se responde porque se presume que podrían haber evitado el daño causado por sus hijos de haberlos vigilado y educado con la diligencia requerida (Atienza Navarro, 2012, p. 437). Y es que, realmente, cuando se produce un daño por un menor de edad, algo han tenido que ver los padres –al menos en parte– como para que se desencadene la conducta lesiva y, habrá que estar al estudio de las circunstancias que rodearon al resultado para determinar si los progenitores emplearon toda la diligencia para la evitación del daño. Así, si se considera la tesis de la culpabilidad de los padres, resulta imprescindible, para determinar la existencia de culpa y el empleo o no de toda diligencia, el estudio de las circunstancias concurrentes al caso concreto: *i)* de personas (hijo, progenitores u otros intervinientes); *ii)* de tiempo (edad y momento de acaecer el daño); y, *iii)* de lugar; así como las medidas que un padre medio, en condiciones normales, y en vista de tales circunstancias, debería haber adoptado para la prevención del resultado dañoso[42]. Y es que, como hemos manifestado, no es lo mismo la edad de un adolescente que de un infante, pues cuanta menos edad se tenga, menor será la posibilidad de entender las consecuencias de los actos y, por tanto, mayor diligencia habrá que emplear en la vigilancia (Gómez Calle, 2007, p. 1246). De igual forma, hay que atender al lugar y el contexto en el que se desenvuelve el menor (juegos y actividades peligrosas; lugar en el que habita); a los hábitos y al estado mental o desarrollo intelectual; a la situación personal, de salud y socio-económica de los padres, etc[43]. Todo esto habría que conjugarlo (como se verá más adelante) con la realidad social y jurídica vigente en la que se desenvuelve la relación paterno-filial y las parcelas de autonomía y libertad concedidas por el ordenamiento a los menores, esto es, un menor

---

[42] Muchos autores abogan por el estudio concreto de tales circunstancias para determinar la culpabilidad, *v.gr.* García Vicente, E. (1984). «La responsabilidad civil de los padres por actos del hijo menor: causas de exoneración», *ADC.* p. 1036.

[43] Puesto de manifiesto por: García Vicente, E. (1984). «La responsabilidad civil de los padres por actos del hijo menor: causas de exoneración», *ADC*, pp. 1037-1046; Yzquierdo Tolsada, M. (2016). «¿Por fin menores civilmente responsables? Reflexiones a propósito de las reformas de 2015». *Foro, Nueva época, vol. 19*, núm. 2, p. 40; Gómez Calle, E. (2006). «Responsabilidad de padres y centros docentes», en AA.VV. *Tratado de responsabilidad civil.* Thomson Reuters. Cizur Menor (Navarra), pp. 1246-1248.

cada vez más libre y autónomo, hecho a su vez responsable para determinadas cuestiones y, unos padres limitados en el ejercicio de las potestades de vigilancia, control y educación.

6.4. ¿Menor objetivamente imputable?

Una de las cuestiones centrales que debemos preguntarnos para determinar la responsabilidad civil de los progenitores es si el menor causante del daño ha de considerarse objetivamente imputable. En verdad, para que el daño pueda resultar objetivamente imputable a alguien, es necesario que el sujeto tenga discernimiento suficiente para distinguir lo lícito e ilícito, y que actúe voluntariamente (entendimiento y voluntad); de tal forma que no será responsable quien no tenga capacidad intelectiva (ya que no entiende) y volitiva (porque no actúa libremente) (López Sánchez, 2001, p. 224). El CC, a diferencia de otros ordenamientos –como Holanda[44], Italia[45] o Alemania[46]–, no contiene regla alguna a este respecto.

---

[44] En Holanda, la responsabilidad de los progenitores está condicionada a la edad de los hijos. Así, el art. 6:169 CC (NL) determina que los daños causados por un menor de catorce años, responderá quien ejerza su responsabilidad parental o tutela, siempre que el acto se considere doloso. Para los niños de más de catorce e inferior a dieciséis, la responsabilidad por culpa del menor recaerá sobre sus progenitores o tutores, excepto que no se pueda imputar la culpa por no haber impedido el comportamiento del menor. Es decir, los padres quedarán exentos de responsabilidad si pueden acreditar que su actuación fue diligente, que no pudieron evitar que el menor ejecutase el acto lesivo. A partir de los dieciséis años la responsabilidad recaerá exclusivamente en el menor.

[45] En el ordenamiento italiano, los progenitores responden del daño causado por el menor conforme a dos preceptos del CC [arts. 2047 y 2048 CC (it)] que no presentan incompatibilidad (Tarquini, 1971; Busnelli, 1982; Fischetti, 1996, entre otros), conforme a la capacidad de entender y querer del menor (Fraccon, 2003, p. 519) (Del Prato, 2021, p. 289). Cuando el menor es capaz de entender y querer (y convive con sus padres), se aplica el art. 2048 CC (it) («responsabilidad de los progenitores, tutores y maestros»). Por el contrario, resulta de aplicación el art. 2047 CC (it) (cuya rúbrica reza: «el daño causado por el incapaz») cuando se está ante un menor incapaz de entender y querer en el momento del ilícito (Cass. Civ. 16.06.1953, n. 1812), pues se trata de una persona sin capacidad para acometer un hecho ilícito (Morozzo della Rocca, 1994). En cuanto a los elementos del ilícito, se identifican los siguientes: *i)* la capacidad de entender o querer del sujeto; *ii)* el nexo de causalidad; *iii)* la antijuridicidad del acto; y, *iv)* el daño (Alpa, 2020, p. 919). Conforme al art. 2048 CC (it) los presupuestos de la responsabilidad de los progenitores se sustentan en: *i)* la convivencia con los progenitores; *ii)* la capacidad de entender y querer del menor; *iii)* hecho ilícito o antijurídico cometido por el menor; y, *iv)* imputación a título de culpa por una omisión en el deber de vigilancia y educación (Visintini, 1996, p. 598). Los autores italianos afirman que el art. 2048 CC (it) resulta aplicable para aquellos menores de edad que tienen una mayor libertad y autodeterminación, dificultándose la posibilidad de hacer un reproche de culpabilidad al comportamiento de los padres, al encontrarse éstos en una posición menos idónea para

La tónica general de la jurisprudencia del TS ha sido considerar irrelevante el grado de capacidad de discernimiento del menor, puesto que, al basarse en el criterio de riesgo, siempre que el menor cause daño, los padres van a responder

---

controlar e impedir que el menor realice actos lesivos a terceros (Montaneri, 2001, p. 304). Sin embargo, no parece existir acuerdo en cuanto a la exclusión absoluta de responsabilidad de los padres cuando el daño es causado por un menor más autónomo, considerándose la concurrencia de responsabilidades (de forma solidaria) como el mecanismo más equilibrado [*Cass. Civ. 9.10.1997, n. 9815*]. Carbone, pone de manifiesto que el art. 2048 CC (it) regula las condiciones para la extensión al progenitor de una responsabilidad del hijo menor naturalmente capaz. Patti determina que independientemente de la culpa verdadera y propia del progenitor, este es quien debe garantizar al hijo, principalmente por un vínculo de solidaridad familiar. El apdo. tercero del 2048 CC (it) añade una regla de exclusión (o, más bien, atenuación) de la responsabilidad. Los padres podrán ser liberados de responsabilidad si se acredita no haber podido impedir el hecho dañoso, prueba que resulta de especial complejidad, ya que esta se ciñe a la acreditación de la impartición de una buena educación y una vigilancia adecuada, de conformidad a las condiciones sociales, familiares, de edad, madurez y características del menor (Barbierato, 2014, pp. 2526-2527). Además, para que el menor «capaz» sea partícipe del resarcimiento del daño, no sólo se ha de valorar su edad, sino que hay que tener presente las circunstancias que rodean al hecho, la capacidad intelectual del sujeto y la capacidad del menor de conocer la ilicitud de su conducta (*Cass. Civ. 26.06.2001, n. 8740).* Se discute por la doctrina italiana la naturaleza de la responsabilidad civil de los padres, debatiéndose si se está ante una responsabilidad civil directa de naturaleza culposa (en la vigilancia o educación del menor) (Jannarelli, 2009, p. 947) o, por el contrario, ante una de carácter objetiva por hecho de otro. La jurisprudencia niega que realmente se esté ante una responsabilidad objetiva pura, puesto que se admite prueba en contrario (*Cass. Civ.* 29.05.2001, n. 7270). Realmente, la responsabilidad civil de los padres, por los daños provocados por sus hijos menores, está basada en la imputabilidad, en la capacidad de entender y querer del sujeto que, dependiendo del precepto, según los autores, tendría naturaleza exclusiva (art. 2047) o naturaleza solidaria y concurrente (art. 2048) (Anceschi, 2007, p. 598). Otra de las cuestiones a resaltar es el requisito de convivencia (cohabitación) del menor con sus progenitores para que éstos respondan (art. 2048). En el art. 2047 CC (it) este presupuesto se presume, puesto que se funda en el deber de vigilancia. La jurisprudencia excluye la responsabilidad de los progenitores en los siguientes supuestos: *i)* que el menor se distancie voluntariamente y de modo estable de la casa familiar (Cass. Civ. 11.07.1978 n. 34919) y, *ii)* cuando el menor es conferido a un tercero [En el caso de la atribución de un tercero, no se excluye totalmente la responsabilidad del progenitor, debiéndose acreditar la adecuada instrucción del hijo (Cass. Civ. 21.09.2000, n. 12501)]. Cuando hay una falta de convivencia por motivo de separación o divorcio, no se excluiría la responsabilidad del progenitor no custodio porque tal responsabilidad deriva de las obligaciones paternofiliales *ex* art. 147 CC (it).

[46] Alemania regula los actos ilícitos producidos por los menores de edad, teniendo en cuenta la edad del causante del daño. Los menores de edad con una edad inferior a los siete años no serán responsables del daño [§828 (1)]; aquellos que se encuentren en el intervalo de entre los siete y los diez años no responderán por el daño causado mediante el empleo de automóvil, ferrocarril o funicular [§828 (2)]; y los que no han cumplido los dieciocho no responderán, en tanto su responsabilidad no resulte excluida con forme a los apartados anteriores, si en la realización del acto causante no poseía el necesario discernimiento para comprender la responsabilidad [§828 (1)]. Sin embargo, podrían responder los progenitores cuando se derive el incumplimiento de la obligación de su vigilancia (§832).

directamente, sin posibilidad de liberarse por la inimputabilidad de su hijo (basada en la escasa edad o madurez)[47].

Pantaleón diferencia dos situaciones distintas: *i)* cuando el menor causante es capaz de culpa civil, cuya consecuencia trae consigo la responsabilidad de los progenitores, salvo que prueben el empleo de toda la diligencia de un buen padre de familia para su prevención; y, *ii)* cuando el menor sea civilmente inimputable, que sólo responderá de forma subsidiaria cuando no tenga padres o éstos sean insolventes, o cuando hayan conseguido exonerarse porque emplearon la diligencia necesaria (Pantaleón Prieto, 1983, pp. 452 y ss.)

Algunos autores, con el afán de buscar solución a los planteamientos, se posicionan a favor del criterio de la imputabilidad del menor para determinar la existencia o no de responsabilidad *ex* art. 1903 CC, apostando porque sólo pueda establecerse esta responsabilidad cuando la actuación del menor sea considerada negligente o culpable desde un punto de vista objetivo, excluyéndose los supuestos de caso fortuito o fuerza mayor (no puede atribuirse carencias en los deberes de vigilancia o educación) (Abril Campoy, 2003). Esto es, si el menor resulta inimputable civilmente, la responsabilidad de los padres queda condicionada a que el hecho ejecutado por el menor (atendiendo a las circunstancias de personas, tiempo y lugar) sea negligente desde el punto de vista objetivo, respondiéndose por la mera falta de vigilancia o educación del hijo. De lo contrario, si resulta imputable, atendiendo a la edad y grado de madurez, podrá atribuirse responsabilidad al propio menor y a sus padres a través del art. 1902 CC (Abril Campoy, 2003). Los sujetos responsables contenidos en el art. 1903 CC (en el caso que nos ocupa, los progenitores) no vienen a sustituir a los que lo sean *ex* art. 1902 CC (Gómez Calle, 2006, p. 1250). Si el menor es civilmente imputable por su edad y grado de madurez, y se cumplen los requisitos del art. 1902 CC, responderá directamente junto con sus padres (Abril Campoy, 2003).

En la jurisprudencia menor encontramos algunas sentencias aisladas que entienden que la responsabilidad del progenitor-guardador precisa de un doble test de imputación: por un lado, la imputación al menor y, por otro, la del progenitor; así, «[s]i no se ha acreditado con respecto a su hijo la existencia de un comportamiento irregular o culposo con incidencia en la relación de causalidad, no cabe deducir responsabilidad alguna de sus padres en su vigilancia [...]. Ciertamente, la imputabilidad subjetiva del menor se debe apreciar en función

[47] *Vid.* STS de 8 de marzo de 2006.

de una negligencia normalizada, esto es, la que sería exigible en el caso a un mayor de edad»[48].

Otros autores consideran apropiado, como ocurre en el ordenamiento alemán y holandés, el establecimiento de una edad mínima para la imputabilidad civil de los menores, en vista de las circunstancias actuales, esto es: la realidad social del tiempo, el avance, la modificación del Derecho de familia y de la patria potestad, la autonomía y madurez que paulatinamente ha venido dotando el ordenamiento a estos sujetos (Díaz Alabart, 1987, p. 857) y el debilitamiento de las facultades de los progenitores. Lo complejo es concretar los límites de edad, puesto que depende de numerosas variables y circunstancias propias de cada menor, pues unos serán más maduros o más autónomos que otros y, habrá que valorarlos atendiendo a las circunstancias en las que se desenvuelven.

En consonancia con la realidad social, familiar, y el ordenamiento, relativo a la patria potestad y a la protección del menor de edad[49], la solución más razonable, de la que se hace eco Díaz Alabart[50], pasaría por el establecimiento de unas franjas de edades que comprendan las dos primeras etapas de la vida: una desde el nacimiento hasta la infancia (de 0 a 11 años); y, una segunda, que fuese desde el fin de la infancia y comienzo de la adolescencia hasta la mayoría de edad (entre los 12 y los 18 años[51]). En el primer bloque, los menores serían inimputables y, por tanto, sus padres responderían de forma objetiva y, en el segundo, los menores serían imputables o no en función de su madurez y discernimiento, cuya responsabilidad vendrá atribuida a sus progenitores de forma objetiva o subjetiva en atención a la imputabilidad. En la segunda etapa, el juez tendría que valorar las circunstancias concurrentes en la persona del menor –especialmente su grado de madurez y autonomía– para determinar la responsabilidad.

[48] SAP (Madrid) de 19 de diciembre de 2018.

[49] *Vid.* Capítulo III.

[50] Díaz Alabart, S. (1987). «La responsabilidad por los actos ilícitos dañosos de los sometidos a patria potestad o tutela», *ADC*, p. 857.

[51] Como se verá más adelante, los 12 años viene considerándose por el ordenamiento como el momento en el que el menor de edad comienza a tener cierta madurez y, por ello, se le concede libertad y autonomía en sus decisiones para parcelas que resultan de especial importancia para su vida.

7. SUJETOS

7.1. Hijo (Menor no emancipado)

Como se ha señalado en epígrafes anteriores, el art. 1903 II CC establece la responsabilidad de los progenitores de los hechos lesivos producidos por los hijos «que se encuentren bajo su guarda», reseñándose el difuso concepto de «guarda»[52].

Los sujetos por los que se hacen responsables los progenitores han de ser menores no emancipados [ya sean bilógicos, adoptivos, matrimoniales o extramatrimoniales (Díez-Picazo, 2011, p. 381)], pues sólo éstos son los que están bajo la potestad de sus progenitores *ex* art. 154.1 CC (Santos Briz, 1984, pp. 571-572). Al haberse suprimido, por mor de la Ley 8/2021, de 2 de junio, la prórroga y rehabilitación de la patria potestad, no tiene sentido la exigencia de responsabilidad a través de figuras extintas. De ahí que sólo sea posible exigir la obligación resarcitoria por los ilícitos causados por los menores de edad no emancipados.

7.2. Progenitores

La sencilla gramática del art. 1903 CC indica que la obligación de reparar el daño es imputada a los padres que tengan la guarda del hijo, englobándose tanto al padre como a la madre, independientemente de cualquiera de las vías que el derecho reconoce para instituir la filiación (Díez-Picazo, 2011, p. 381). Así, los progenitores, matrimoniales o no, o adoptivos, responden conjuntamente por mitad y solidariamente por los daños provocados por sus hijos menores no emancipados (Roca Trías y Navarro Michel, 2020, p. 178).

Sobre la responsabilidad de los progenitores, se han planteado dos situaciones distintas: *i)* cuando la denominada «guarda» no se ve alterada por vivir los progenitores juntos; y, *ii)* cuando existen situaciones de crisis familiar o casos en los que, en principio, la citada «guarda» no es ejercida conjuntamente. En el primer supuesto, se parte de una situación normal u ordinaria de la organización familiar, esto es, los esposos conviven junto a sus hijos y ejercen conjuntamente la patria potestad, por lo que la responsabilidad civil será conjunta y solidaria (López Beltrán de Heredia, 1988, pp. 115 y 116). Mayor complejidad presentan las situaciones «anómalas», las cuales afectan al ejercicio de la patria

[52] *Vid. supra* apdo. 6.2.

potestad o la guarda (ya sea de hecho o de derecho) a las cuales nos hemos referido anteriormente.

En lo que respecta a la solidaridad, los tribunales vienen indicando el carácter solidario de la responsabilidad de ambos progenitores[53], pues si se considera que los hijos están bajo la patria potestad de sus progenitores (*ex* art. 154 CC), la lógica jurídica nos inclina a entender que la responsabilidad de éstos por los actos de la prole ha de ser solidaria, funcionando, además, de garantía para terceros perjudicados (Alberruche Díaz-Flores, 2015).

8. PREVISIÓN DE LA RESPONSBILIDAD CIVIL DE LOS PROGENITORES EN LAS PROPUESTAS DE *SOFT LAW*

8.1. Propuesta de Código Civil de la Asociación de Profesores de Derecho Civil

La responsabilidad civil de los progenitores queda regulada en la Propuesta de Código Civil de la Asociación de Profesores de Derecho Civil (PCCAPDC) en el Capítulo V («de la responsabilidad civil por dependientes y auxiliares»), art. 5195-1 que dispone:

> «[e]l representante legal del menor o persona cuya capacidad ha sido modificada es responsable de los daños causados por el menor o por la persona con la capacidad modificada siempre que, de tener capacidad plena, se le pueda imputar jurídicamente el daño».

La propuesta mezcla a los menores de edad con los discapacitados, surgiendo la duda de si el inciso final del precepto («siempre que, de tener capacidad plena, se le pueda imputar jurídicamente el daño») ha de ser aplicado para el caso de los menores, teniendo en cuenta la reforma operada por la Ley 8/2021, de 2 de junio, y la capacidad (plena) de éstos para determinados actos «relativos a bienes y servicios de la vida corriente propios de su edad de conformidad con los usos sociales» (art. 1263 CC).

El citado proyecto hace responsable al «representante legal del menor», esto es, los padres (art. 253-1 PCCAPDC), de aquellos daños causados (por el menor), salvo que se haya probado el empleo de la diligencia y cuidado

[53] SSAP (Barcelona) de 27 de febrero de 2004; (Valencia) de 20 de julio de 2007, de 17 de marzo de 2008 y de 30 de diciembre de 2009.

para prevenir el daño [apdo. a) art. 5195-1] o cuando el menor se encuentre bajo el control y vigilancia de un centro docente [apdo. b) art. 5195-1]. Estas previsiones no cambian el panorama instaurado en el CC, ni tiene en cuenta la realidad social que rodea al concepto actual de familia y de menor. Se sigue manteniendo la responsabilidad civil de los padres por los hechos de sus hijos menores de edad, si bien, nada se dice sobre el requisito de la «guarda» que acoge el vigente art. 1903 CC, por lo que, en principio, se responderá siempre y en todo caso, independientemente de que exista o no una situación de «guarda» entendida de forma amplia y flexible como expone la jurisprudencia.

La exoneración de la responsabilidad de los padres queda condicionada igualmente a la acreditación del empleo de toda diligencia y cuidado para prevenir el daño, confirmando el mantenimiento del fundamento de la responsabilidad civil de origen, la culpa presunta *in vigilando* e *in educando*. Esta previsión normativa mantiene la estructura y sustancia del vigente art. 1903 CC, sin añadir nada nuevo, sin resolver los problemas que se plantean y, mucho menos, sin tener presente la compleja realidad actual que rodea al menor, por lo que continuaría haciéndose responsables a los progenitores por hecho de la relación de filiación. Lo que sí se pretende aclarar con el proyectado precepto es la exención de responsabilidad cuando las facultades de vigilancia y control han sido delegadas por los padres a un centro docente. Cuando se está ante un infante, que carece de autonomía y madurez suficiente, parece razonable que tenga que responder quien, en el momento del resultado dañoso, se encontraba con las facultades de vigilancia y control delegadas. Sin embargo, la situación se complica cuando el menor, cercano a la mayoría de edad, que dispone de autonomía y madurez suficiente como para comprender el ilícito, desencadena un resultado dañoso que no es consecuencia de una defectuosa vigilancia o control del centro, sino que parece atribuible a su educación. Y es que, como se ha puesto de relieve en otros apartados, las facultades de vigilancia y control sobre un menor cercano a la mayoría de edad queda muy restringida y sólo queda fundamentar la responsabilidad en la culpa *in educando*, achacable a los educadores que intervienen en dicho proceso socializador.

8.2. Principios de Derecho Europeo de Daños (PETL)

En los Principios de Derecho Europeo de Daños (*PETL* en su versión inglesa), la responsabilidad civil de los padres queda incardinada en el Capítulo 6 («Responsabilidad por otros), Título III («Fundamento de la responsabilidad»), en cuyo art. 6:101 se indica:

> «La persona que tiene a su cargo otra persona que es menor o sufre discapacidad psíquica responde por el daño causado por esa persona a menos que demuestre que ella misma cumplió con el estándar de conducta que le era exigible en su supervisión».

En este caso, la responsabilidad que nace como consecuencias de los actos lesivos de un menor se amplifica a «aquellos que lo tengan a su cargo», es decir, engloba a sus progenitores o a cualquier persona o institución. Además, se mantiene la naturaleza culposa, que se presume mientras no se demuestre el cumplimiento del «estándar de conducta que le era exigible para su supervisión». De la propuesta se extrae el fundamento de la responsabilidad de los padres o aquellas personas que estuvieran a cargo del menor: la culpa presunta *in vigilando*. A esta conclusión se llega a partir de la labor de supervisión que ha de efectuarse sobre el menor al objeto de evitar el resultado dañoso: «el estándar de conducta que le era exigible en su supervisión».

Los artífices del texto acogieron la responsabilidad (culposa) de los progenitores, con inversión de la carga de la prueba, por ser el común denominador de los sistemas europeos (Moréteau, 2008, p. 157). Además, el *European Group on Tort Law* en su elaboración toma como base la idea –a mi juicio equivocada– de que los menores «son un riesgo para la sociedad en su conjunto» y, por ello, son los padres los que «mejor pueden controlar a sus hijos», si bien la carga de la prueba no debe ser «demasiado pesada» (Moréteau, 2008, p. 158). Se parte de la idea del riesgo –como si el tener hijos fuese una actividad peligrosa equiparada a sectores económicos como la energía nuclear– para posteriormente configurar una responsabilidad por culpa *in vigilando* presunta con inversión de la carga de la prueba. En definitiva, si se hace una comparación con lo vigente en nuestro ordenamiento, se mantiene lo ya establecido en el art. 1903 CC y en la jurisprudencia. No obstante, se deja entrever, a través de un comentario y no de forma explícita, que la carga de la prueba que recae sobre los progenitores no ha de ser «demasiado pesada», una prueba flexible adaptada a las circunstancias concurrentes de cada caso concreto.

Del tenor literal del art. 6:101 PETL, igualmente cabe indicar que no se tiene en mente la realidad social y jurídica actual en la que se desenvuelve la familia, el menor y las limitadas facultades de supervisión de los progenitores cuando el menor dispone de cierta autonomía y madurez, considerándose razonable la responsabilidad en aquellos casos en los que la vigilancia y supervisión del menor es posible por su limitada libertad y poder de decisión. Sin embargo, a pesar de no decirse nada en el precepto propuesto, Moréteau –uno de los miembros del Grupo– abría la posibilidad de que los menores con cierta edad pudieran ser responsables cuando éstos infringieran el estándar de comportamiento establecido por el ordenamiento *ex* apdo. 2 art. 4:102 (dedicado al estándar de conducta exigible). Dicho comentario no parece extraerse de la lectura del texto, sino todo lo contrario, una responsabilidad de los progenitores por los daños causados por un menor sin distinción alguna.

Por su parte, el apdo. 2 art. 4:102 PETL se refiere a la posibilidad de adaptar el estándar de conducta exigible cuando debido a la edad (discapacidad física, psíquica o las circunstancias extraordinarias) dicho estándar no resulte exigible porque la persona de que se trate así lo cumpla. Lo único que se determina es la posibilidad de adaptar el estándar exigible de una persona razonable en atención a las circunstancias puestas de manifiesto (apdo. 1 art. 4:102), pero no que los menores con cierta edad y madurez sean responsables ellos mismos si infringen el estándar de comportamiento. Dicho estándar, conforme a la redacción formulada, deberá tenerse en cuenta para valorar la culpa *in vigilando* del progenitor, analizándose las circunstancias de persona (razonable), tiempo y lugar. Cuando nos referimos a las circunstancias de persona, habrá de tenerse en cuenta la edad, discapacidad física o psíquica o cualquier otra circunstancia extraordinaria que incida en el estándar de conducta exigible al progenitor responsable. No parece ser idéntica la situación de un padre afectado con una severa discapacidad física, en la que se reduce considerablemente la capacidad de supervisión, que de otro que no tenga tal alteración.

Otra de las cuestiones que ve factible el Grupo es la relativa a la posible solidaridad de la responsabilidad de los hijos y padres, especialmente cuando la prole se acerque a la mayoría de edad y, además, se dé el caso de que los padres no pudieron acreditar su diligencia (Moréteau, 2008, p. 161). Resulta ser una propuesta interesante, pero no encontramos referencia sobre el particular en el Capítulo 6. Podría decirse que la conclusión a la que llega Moréteau deriva del art. 9:101 al disponerse: «La responsabilidad es solidaria si todo el daño sufrido por la víctima o una parte diferenciada del mismo es imputable a dos o más personas». Para ello, se entiende que existe tal solidaridad cuando: «[…] el comportamiento o actividad independiente de una persona causa daño a la víctima y el mismo daño es también imputable a otra persona […]». Esta genérica previsión podría plantear la existencia de relación entre el comportamiento del menor causante del daño y el progenitor que tenía el deber de supervisarlo, pero realmente no existe una norma que directamente establezca una compartida obligación de resarcimiento del daño.

CAPÍTULO II

RESPONSABILIDAD CIVIL DE LOS PROGENITORES: ESTADO DE LA JURISPRUDENCIA

1. PRELIMINAR

Para afrontar de forma completa el objeto de nuestro trabajo, resulta de especial interés hacer un recorrido por el devenir de la jurisprudencia patria para que, posteriormente, sirva de punto de partida de las reflexiones y debates que han de plantearse. La responsabilidad civil de los progenitores, y la de cualquier otra naturaleza, no se entiende sin un análisis de lo que sucede en los tribunales, ya que por la generalidad de la regulación de tales instituciones en el CC, hace necesario el recurso a la casuística más particular.

Naturalmente, la jurisprudencia no es fuente del ordenamiento jurídico, pero el CC le dota de un papel de cierta importancia, su complementariedad (art. 1.6). Además, atendiendo al significado metodológico en la interpretación de las normas que impone el art. 3.1 CC, la jurisprudencia (cuya función esencial es la aplicación e interpretación del Derecho) es un fiel reflejo de la realidad social del tiempo en que han sido aplicadas. De ahí la importancia en recurrir a las resoluciones de los tribunales, con la misión de establecer evolucionados paradigmas interpretativos que se adapten a las nuevas realidades sociales.

En este capítulo se repasan los pronunciamientos fundamentales del Tribunal Supremo, obviándose aquellas sentencias que no aporten relevancia a la cuestión o son muy reiterativas de los postulados mantenidos. Como cierre de esta sección, es interesante extractar algunas resoluciones de las Audiencias Provinciales ya que muchos asuntos, por escaso interés casacional o cuantía, no llegan al Alto Tribunal, sin embargo, encierran cuestiones jurídicas o fácticas muy relevantes. El objetivo de este epígrafe es visualizar, mediante el recorrido jurisprudencial, cómo los tribunales han ido creando su doctrina, a veces con contradicciones y otras desde una interpretación rígida del ordenamiento, especialmente cuando se trata de menores con cierta madurez y autonomía. El ámbito delimitador lo encontramos principalmente en el orden civil, esto es, carecen de interés (por las normas y principios de orden procesal y sustantivo que inciden) otras ramas del ordenamiento en la que se deriva responsabilidad por los ilícitos cometidos por menores, aunque puntualmente se recurra a alguna que otra resolución de orden penal.

Además, indicar que a cada una de las sentencias relacionadas le precede un breve resumen de los hechos, con el objeto de poner en antecedente al lector de los fundamentos jurídicos que posteriormente le siguen. Por su sentido práctico, tras dicha sinopsis, en nota al pie, se hace un breve comentario con lo más destacado de cada una de las resoluciones, con el afán de que el lector no tenga que repasar todo el contenido del texto extractado. Resulta importante indicar que se destacan en negrita los postulados más significativos, con el interés de servir de una composición de lugar de la doctrina jurisprudencial.

La Ley 8/2021, de 2 de junio, por la que se reforma la legislación civil y procesal para el apoyo a las personas con discapacidad en el ejercicio de su capacidad jurídica[1] acabó con la incapacidad y la patria potestad prorrogada, por lo que sólo abordaremos aquellos supuestos dañosos que se producen en la órbita de la minoría de edad sometida a la patria potestad o tutela, incluyéndose algunos supuestos incardinados en la emancipación. Y es que, aunque compartan estructura, carece de interés hacer referencia a instituciones que hoy día no perviven en nuestro ordenamiento.

2. DOCTRINA DEL TRIBUNAL SUPREMO (SALA 1ª)

–**STS de 17 de junio de 1980**[2]**:** *Un menor de edad pierde la visión total de un ojo como consecuencia de la herida producida por otro menor mediante la utilización de una navaja*[3].

> «[…] se justifica tradicional y doctrinalmente por **la transgresión del deber de vigilancia** que a los primeros incumbe, **omisión de la obligada diligencia «*in custodiendo* o in vigilando»** que el legislador contempla partiendo de la **presunción de culpa** concurrente en quien desempeña los poderes y deberes integrantes de la patria potestad, con inversión consiguiente de la carga de la prueba, de manera que la **demostración del**

---

1 BOE núm. 132 de 3 de junio de 2021.

2 RJ\1980\2409.

3 En esta sentencia se pretende resolver la responsabilidad civil de los padres dimanante de los ilícitos ejecutados por los hijos menores constituidos *in potestae*, con especial atención al deber de vigilancia que pesa sobre los primeros.

empleo de las precauciones adecuadas para impedir el evento dañoso, según lo establecido en el último párrafo del artículo citado, ha sido entendida por la doctrina jurisprudencial en concepto de marcada severidad, exigiendo «una rigurosa prueba de la diligencia empleada» atemperándose a las circunstancias de lugar y tiempo del caso concreto –SS. de 24 marzo 1953 (RJ 1953\913), 25 marzo 1954 (RJ 1954\1001), 3 octubre 1961 (RJ 1961\3276), 11 marzo 1971 (RJ 1971\1234), 10 mayo 1972 (RJ 1972\2305) y 14 abril 1977 (RJ 1977\1654)– [...]; pues inexistente toda prueba liberatoria de la presumida culpabilidad del demandado, por manifiesto ha de tenerse que el uso y empleo de una navaja por un menor que no pasa de los ocho años en modo alguno pueden calificarse «de un juego de niños», como no es menos **evidente la culpa «in vigilando» de quien ejerciendo la potestad paterna se despreocupa de que un hijo de corta edad porte instrumento tan peligroso**, que utilizó en presencia de otros chicos no mayores que él».

–**STS de 8 de febrero de 1983**[4]: *Lesión causada a un niño en un ojo por un grupo indeterminado de niños que jugaban a lanzarse entre sí pequeños trozos metálicos punzantes*[5].

«[...] de cuyos hechos deriva inequívocamente, en cuanto a los autores materiales de los daños que jugaban en la calle de una manera muy peligrosa para los propios jugadores y para las personas que pasaran por el lugar, dando lugar ante esa negligencia y riesgo que creaban a que el menor, hijo del demandante, resultara alcanzado con uno de los objetos lanzados en el ojo derecho; derivando de este breve resumen del hecho la indudable culpabilidad de los menores repercutible, a tenor del art. 1903, párrs. 1.º y 2.º CC en sus padres, los recurrentes y antes demandados, **sin que hayan obtenido la prueba de la diligencia exoneradora de esta responsabilidad civil** que permite el párrafo último del mencionado art. 1903; b) **la circunstancia de que no se haya probado cuál de los menores hijos de los recurrentes fue el causante material de la lesión padecida por Eduardo B. no obsta a la responsabilidad de los demandados**, ya que el C. Civ., arts. 1910, 1564, 1783 y 1784 y la Ley de Caza de 4 abril 1970 (RCL 1970\579y NDL 4840) (art. 33.5) contemplan supuestos en que se declara la responsabilidad de ciertas personas por los daños causados por otras desconocidas pero pertenecientes a grupos determinados (la familia que convive con el responsable, los miembros de la partida de caza,

4 RJ\1983\867.

5 Esta resolución resuelve la cuestión relativa a la diligencia exigible a los progenitores si desean acogerse a la exoneración de responsabilidad establecida en el art. 1903 *in fine*. Además, se aborda la atribución de una responsabilidad solidaria cuando el acto lesivo es ejecutado por un número indeterminado de sujetos, sin posibilidad de individualizar o concretar qué miembro del grupo es el causante.

etc.), consecuencia, como pone de relieve la doctrina científica, de matiz objetivista que desecha por inequitativo exonerar de responsabilidad por esos daños, acudiendo a la fuerza mayor, que dejaría sin indemnización a las víctimas, con lo que, además, se orillan las dificultades de prueba atribuyendo las responsabilidades al grupo a que pertenece el desconocido autor de la infracción dañosa, y a su vez **se fundamenta la solidaridad de los responsables personalizando la responsabilidad en todos y cada uno de los miembros del grupo a través de sus representantes**, en el caso contemplado, los padres de los menores causantes de los daños; solidaridad que ha declarado esta Sala en casos en que participando varias personas en la causación de daños a terceros no es posible deslindar la actuación de cada una de aquéllas en el evento nocivo –SS., entre otras, de 20 mayo 1968 (RJ 1968\2827) 20 febrero 1970 (RJ 1970\938), 15 octubre 1976 (RJ 1976\4188), 23 octubre 1978 (RJ 1978\3220)–».

–**STS de 10 de marzo de 1983**[6]: *Un menor, como consecuencia del incendio provocado por otro (de 9 años de edad), sufre quemaduras por su cuerpo en el local destinado por el padre del primero a guardar trastos y artículos de recreo*[7].

«[…] la responsabilidad civil de los padres dimanante de los actos ilícitos realizados por los hijos constituídos *in potestate* […] se justifica tradicional y doctrinalmente por la transgresión del deber de vigilancia que a los primeros incumbe, omisión de la obligada diligencia *in custodiando* o *in vigilando* que el legislador contempla estableciendo una **presunción de culpa concurrente en quien desempeña la patria potestad, con inversión consiguiente de la carga probatoria, de manera que la demostración del empleo de las precauciones adecuadas para impedir el evento dañoso,** según lo dispuesto en el último párrafo del precepto, **ha sido entendida en tonos de una marcada severidad, exigiendo «una rigurosa prueba de la diligencia empleada» atemperándose a las circunstancias de lugar y tiempo del caso concreto** –SS. de 24 marzo 1953 (RJ 1953, 913), 25 marzo 1954 (RJ 1954, 1001), 3 octubre 1961 (RJ 1961, 3276), 11 marzo 1971 (RJ 1971, 1234), 10 mayo 1972 (RJ 1972, 2305) y 14 abril 1977 (RJ 1977, 1654)–, lo que comporta la **inserción de un matiz objetivo en dicha responsabilidad**, que prácticamente pasa a **obedecer a criterios de riesgo** en no menor proporción que los

6 RJ\1983\1469. La SAP (Córdoba) de 5 de diciembre de 2001 [JUR\2002\44482] recurre a este criterio para imputar la responsabilidad de una menor que practicó una llave de judo a una amiga produciéndole lesiones de consideración en una pierna.

7 Esta sentencia vuelve a poner el énfasis en el deber de vigilancia que incumbe a los progenitores, presumiéndose la culpa de éstos y, como consecuencia, se ha de manifestar en una inversión de la carga de la prueba.

subjetivos de culpabilidad, y es claro que **no viene permitido oponer la falta de una verdadera imputabilidad en el autor material del hecho, pues la responsabilidad dimana de culpa propia del padre, madre o tutor por omisión de aquel deber de vigilancia, sin relación con la culpabilidad psicológica del constituido en potestad y por lo tanto de su grado de discernimiento**, y tampoco puede construirse una hipótesis de concurrencia culposa por la circunstancia culposa de que el otro menor «permitiese» al hijo del recurrente encender el mechero, según el motivo sostiene, pues además de que se está ante un caso que cae en la órbita del art. 1903 y no en la del 1902, no hay dato alguno en la sentencia combatida que permita deducir que el hijo del recurrido autorizase con sus palabras o actitud a su compañero de juegos y menos le estimulase, para accionar el encendedor [...]».

–**STS de 22 de septiembre de 1984**[8]: *Incendio provocado por la imprudencia de un menor que se expande a otra propiedad contigua, resultando arruinado dicho inmueble por la acción del fuego. Se interpone demanda contra los padres del menor por «culpa invigilando»*[9].

«[...] según ha declarado este Tribunal en sentencias de 17 de junio de mil novecientos ochenta (RJ 1980\2409) y diez de marzo de mil novecientos ochenta y tres (RJ 1983\1469), **la responsabilidad civil de los padres dimanante de los actos ilícitos realizados por los hijos que están bajo su potestad, se justifica tradicional y doctrinalmente por la transgresión del deber de vigilancia que a aquéllos incumbe**, que el legislador contempla estableciendo una **presunción de culpa concurrente en quien desempeña la patria potestad y la inserción de un matiz objetivo en dicha responsabilidad**, que prácticamente pasa a obedecer a criterios de riesgo en no menor proporción que los subjetivos de culpabilidad, de manera **que la responsabilidad dimana de omisión propia del padre, madre o tutor de dicho deber de vigilancia, con independencia del nivel de discernimiento del que se encuentra *in potestate*».**

–**STS de 11 de octubre de 1990**[10]**:** *Un menor de 17 años circula con una motocicleta sin permiso de conducir, causando daños personales a la pasa-*

[8] RJ\1984\4332. *Vid.* Pantaleón Prieto, F. (1984). «Comentario a la STS (Sala 1ª) de 22 de septiembre de 1984», CCJC, núm. 6, 164, p. 1990.

[9] Esta resolución reitera los postulados jurisprudenciales: *i)* la trasgresión del deber de vigilancia que compete a los progenitores; *ii)* la presunción de culpa; y, *iii)* rigurosa prueba para la exoneración. Además, se indica que la omisión del deber de vigilancia es una cuestión que incumbe directamente a los padres con independencia del grado de discernimiento del menor, cuya responsabilidad tiene un cierto matiz objetivo.

[10] RJ\1990\7860.

jera que lo acompañaba tras un accidente de tráfico. El menor causante se encontraba bajo la guarda de la madre, produciéndose el accidente durante una estancia con el padre[11].

> «[…] no se puede ignorar el **carácter flexible del concepto «bajo su guarda»**, que **admite situaciones transitorias derivadas del derecho de visita o del propio convenio** pues en el presente dada la edad del menor, 17 años, se le autorizaba a acudir y permanecer, según su voluntad, en las esferas de relación paterna y materna. Y la sentencia recurrida ha declarado hecho probado que el accidente se produjo cuando el hijo estaba bajo custodia del padre».

–**STS de 22 de enero de 1991**[12]**:** *Un menor de 15 años, que convivía con su madre, provoca un accidente de circulación como consecuencia de la ausencia de observación de las normas del tráfico*[13].

> «[…] el legislador contempla estableciendo una **presunción de culpa** concurrente **en quien desempeña la patria potestad** y la inserción de un matiz objetivo en dicha responsabilidad, que prácticamente pasa a obedecer a criterios de riesgo en no menor proporción que los subjetivos de culpabilidad, y es claro que no viene permitido oponer la falta de una verdadera imputabilidad en el autor material del hecho, **pues la reponsabilidad dimana de culpa propia del padre, madre o tutor por omisión de aquel deber de vigilancia, sin relación con el grado de discernimiento del constituido en potestad** […] **sin que exonere de responsabilidad el dato de no hallarse presente el padre o la madre cuando se comete el hecho ilícito o que aquéllos tengan que trabajar o no puedan, por razón de las circunstancias familiares o sociales estar siempre junto a sus hijos menores de edad**, ya que de seguirse otro criterio, como dice la sentencia de 29 de diciembre de 1962 (RJ 1962\5141), se llegaría a la total irresponsabilidad civil de los hechos realizados por los menores de edad; y, por otro lado, se quebrantaría el criterio de equidad, al dejar sin resarcimiento alguno a quien ha sufrido en su cuerpo y salud importantes daños que le privan de una capacidad laboral plena».

---

11 El padre discute su responsabilidad por considerar que el menor no estaba bajo su guarda. En el momento del accidente el menor se encontraba en una estancia breve con su padre. El TS adopta una postura que abarca cualquier situación de guarda transitoria. *Vid.* Díaz Alabart, S. (1987). «La responsabilidad por los actos ilícitos dañosos de los sometidos a patria potestad o tutela», ADC, p. 823.

12 RJ\1991\304.

13 Resuelve la cuestión de la responsabilidad civil de los progenitores cuando no se encuentren con el menor de edad, presumiéndose la culpa de quien ostente la patria potestad.

–**STS de 7 de enero de 1992**[14]**:** *Un menor de 13 años dispara con una escopeta de aire comprimido a otro menor, causándole lesiones en uno de sus ojos*[15].

«El motivo tiene que decaer porque: a) ya se ha dicho **que ninguna prueba se realizó para acreditar que se había empleado la diligencia necesaria para prevenir el daño, exigiéndose la correspondiente a un buen padre de familia** [...], **sin que la simple ignorancia de que el menor poseyese el arma y que se le hubiera vendido sin guardar las prescripciones legales excluya el deber de control y vigilancia**; b) la responsabilidad declarada en el art. 1903, aunque sigue a un precepto que se basa en la responsabilidad por culpa o negligencia, no menciona tal dato de culpabilidad y por ello **se ha sostenido que contempla una responsabilidad por riesgo o cuasi objetiva**, sentido que siguen numerosas sentencias de esta Sala, justificándose por **la transgresión del deber de vigilancia que a los padres incumbe sobre los hijos «in potestate», con presunción de culpa en quien la ostenta** y la **inserción de ese matiz objetivo en dicha responsabilidad**, que pasa a obedecer a criterios de riesgo en no menor proporción que los subjetivos de culpabilidad, sin que sea permitido oponer la falta de imputabilidad en el autor material del hecho (el menor), pues la responsabilidad dimana de culpa propia del guardador por omisión de aquel deber de vigilancia [SS 14-3-1978 (RJ 1978\815), 24-3-1979 (RJ 1979\919), 17-6-1980 (RJ 1980\2409) y 10-3-1983 (RJ 1983\1469)], sin que exonere de responsabilidad el dato de no hallarse presentes el padre o madre cuando se comete el hecho ilícito o que aquéllos tengan que trabajar o no puedan, por razón de las circunstancias familiares o sociales [...] c) cuanto antecede es de por sí suficiente para que no pueda entenderse conculcado el principio de presunción de inocencia, aparte de que el art. 24.2 de la Constitución, establecedor de **tal presunción, no es aplicable al caso de culpa extracontractual, habiendo de referirse, en todo caso, a normas represivas, punitivas o sancionadoras, cuyo carácter no tienen los arts. 1902 y 1903 del CC**, pues la indemnización que contemplan es de significación reparadora o de compensación, para conseguir que el patrimonio del lesionado quede, por efecto de la indemnización y a costa de los responsables del daño, en situación equivalente (en reparación de daños corporales o morales nunca puede existir igualdad) al que tenía antes de haberlo sufrido [ver SS 20-2-1989 (RJ 1989\1215) y 25-3-1991 (RJ 1991\2443)].

[14] RJ\1992\149. Vid. en parecidos términos la STS de 30 de junio de 1995 (RJ\1995\5272).

[15] El debate jurídico se centra en las siguientes cuestiones: *i)* la prueba de la diligencia exigible a los progenitores en caso de responsabilidad; *ii)* la naturaleza de la responsabilidad (por riesgo o cuasi objetiva); y, *iii)* la inaplicabilidad a la responsabilidad extracontractual del principio de presunción de inocencia del art. 24.2 CE.

–**STS de 22 de septiembre de 1992**[16]**:** *Accidente de circulación por velocidad excesiva provocado por un menor de edad que conducía el vehículo sustraído al padre, provocando la muerte de la pasajera*[17].

> «[...] está acreditado que el menor tomó el coche que custodiaban los padres y lo utilizó causando el accidente, y, según declaración de la sentencia que no ha sido combatida en este extremo, concurriendo acción culposa de conducir a velocidad inadecuada que fue la causa de la muerte. **Hablar de que los padres han empleado toda (toda, explícitamente, exige el artículo citado como infringido) la diligencia para prevenir el daño, es inadmisible como lo revela que el coche pudo ser utilizado por el menor aun sin la voluntad de los padres, lo que conlleva a la conclusión de la insuficiencia de las medidas tomadas consistentes en la simple ocultación de las llaves y tapa del delco**, como admite la sentencia recurrida, que no quedaron fuera del alcance del menor».

–**STS de 24 de mayo de 1996**[18]**:** *Fallecimiento de varias personas por disparos de un menor de edad, que había descubierto el lugar en el que el padre guardaba la pistola.*

> «Tales hechos permiten, con absoluta lógica, deducir que **las medidas adoptadas por el padre para impedir que el menor, aficionado a las armas, la utilizara fueron insuficientes**, y en **consecuencia constitutivas de negligencia**, y como además, el artículo 1903, en su párrafo último, establece que «la responsabilidad de los padres cesará cuando ellos prueben que emplearon toda la diligencia de un buen padre de familia», queda de manifiesto la infracción legal denunciada en el motivo y el error jurídico padecido por las sentencias de instancia, cuando afirma «que **no ha quedado demostrado que el codemandado actuase sin la diligencia debida**», cuando es a éste a quien le incumbe demostrarlo».

---

[16] RJ\1992\7014.

[17] El planteamiento nuevamente incide en la carencia de toda diligencia por parte de los progenitores, consistiendo en una clara insuficiencia de las medidas de vigilancia y control para prevenir el daño. Esta sentencia trae a colación, en una interpretación gramatical del precepto (art. 1903 in fine), la exigencia absoluta de diligencia («toda la diligencia»).

[18] RJ\1996\3915.

–**STS de 13 de octubre de 1998**[19]**:** *Dos menores, de 14 años cada uno, publican en un tablón de anuncios de una plaza la fotografía de otro menor desnudo cuando se estaba duchando sin su consentimiento*[20].

«SEXTO.- En dicho motivo cuarto (sin expresar el cauce procesal en que lo incardina) se denuncia "incorrecta aplicación del art. 1903.2 del Código Civil" y, en su breve alegato, los recurrentes vienen a sostener, en esencia, que a ellos no se les puede responsabilizar por los hechos enjuiciados, pues cuando sus respectivos hijos tomaron la fotografía litigiosa "estaban en la disciplina de un equipo integrado en la Organización del Club Deportivo Baza, categoría menores". El expresado motivo, cuya inconsistencia impugnatoria es ostensible, ha de ser también desestimado, ya que lo que ha sido objeto de este proceso no es la toma de la referida fotografía, sino la posterior fijación de la misma en un tablón de anuncios en la Plaza Mayor de Baza, cuya **publicación (o facilitación de la misma) la realizaron los menores cuando se hallaban bajo el cuidado y guarda de sus padres, los cuales incurrieron en una evidente culpa "in vigilando",** por lo que ha de considerarse correcta la aplicación que la sentencia recurrida ha hecho del artículo 1903.2 del Código Civil, en cuya infracción no ha incurrido».

–**STS de 10 de octubre de 1999**[21]**:** *Menores que juegan con objeto peligroso, un palo, el cual tras ser arrojado por uno de los menores cae sobre el ojo de otro compañero, sufriendo una lesión grave (pérdida del glóbulo ocular). Los padres demandados alegan, entre otros motivos, la existencia de caso fortuito*[22].

«El resultado dañoso **no se produjo por caso fortuito. Este contempla una situación de imprevisibilidad, o inevitabilidad del resultado, y repele la existencia de culpa**. En el caso objeto de enjuiciamiento **los niños estaban practicando un juego peligroso, y**

---

19 ECLI:ES:TS:1998:5810.

20 La cuestión que se plantea en esta sentencia es si deben responder los progenitores cuando los menores no se encuentran bajo la guarda de sus padres, distinguiéndose dos acciones distintas: *i)* la toma de la fotografía, que se produce bajo la guarda de un tercero (un club deportivo) y, *ii)* la publicación, que se efectúa cuando los menores se encuentran con sus padres. El hecho de tomar la impronta no es relevante para el tribunal, pues no es que se esté juzgado la captación, sino lo que se hace posteriormente con ella.

21 ECLI:ES:TS:1999:6426.

22 Los progenitores plantean en su recurso la existencia de caso fortuito, fundamentando el Alto Tribunal que los hechos no responden a tal concepto porque resulta necesario una situación de imprevisibilidad o inevitabilidad del resultado dañoso. Argumenta que la práctica de un juego peligroso conlleva a que el daño se produzca y, por tanto, previsible.

en tal situación el daño era previsible. Ha habido culpa por parte de los profesores o cuidadores que pudieron, y debieron haber impedido el juego practicado. [...] La parte recurrente cita en apoyo de su postura la Sentencia de esta Sala de 21 de noviembre de 1990 en que se aprecia caso fortuito en un caso, que se dice, similar (pérdida de un ojo por un menor agredido por otro con un tenedor, mientras comían en un comedor escolar veinticuatro niños vigilados por una profesora). Sucede sin embargo que se trata de dos supuestos (el de autos y el alegado) notablemente distintos. En el supuesto alegado no existía una situación de riesgo (actividad peligrosa) y la agresión rápida e inopinada era imprevisible; y además la sentencia sienta la diligencia de la profesora, las condiciones normales y no incómodas del comedor, y que los alumnos estaban vigilados convenientemente.

La Jurisprudencia viene manteniendo, en los supuestos de daños sufridos por menores derivados de hechos extracontractuales, una línea definida. De una manera similar al caso citado de la Sentencia de 1990, se declara la ausencia de culpa en la S. de 10 de marzo de 1997 (también agresión rápida e inopinada, con lápiz o bolígrafo difícilmente previsible dentro de un orden cotidiano y normal), y también se adopta solución absolutoria cuando se trata de un juego sin peligro (S. de 8 de marzo de 1999), o si concurre culpa (en el sentido de causa) exclusiva de la víctima (Ss. de 18 de febrero de 1985, 17 de julio de 1986 y 2 de abril de 1998). **En aras de la protección de los menores (especialmente por razón del menor discernimiento) se acentúa la exigencia de la diligencia –medidas de previsión, vigilancia, atención y cuidado–** (Ss. de 13 de septiembre de 1985; 11 de julio de 1990; 5 y22 de febrero, 28 de mayo y 4 de junio de 1991; 7 de enero de 1992; 24 de febrero y 27 de septiembre de 1993;24 de marzo, 4 de mayo y 8 de noviembre de 1995; 25 de septiembre y 8 de octubre de 1996; 31 de mayo, 5de junio y 31 de diciembre de 1997; 13 de abril, 30 de mayo, 30 de junio y 3 de julio de 1998; 15 de marzo y18 de mayo de 1999). **Por último, y en relación concreto con el caso, por un lado, se destaca la valoración de la situación de peligro de la actuación o juego desarrollado** en Ss. de 10 de junio de 1983 –menores jugando a lanzar piedras al aire–; 10 de noviembre de 1990 –juego de la "lima"–; 3 de diciembre de 1991 –ballesta con alfiler–; 20 de mayo de 1993 –con balón pinchado, deformado y de material plástico duro–; 30 de junio de 1995 –jugando con sendas escopetas de aire comprimido–; 10 de diciembre de 1996 –broche con elemento punzante–;y 17 de septiembre de 1998 –jugando con "tirachinas"–».

–**STS de 11 de marzo de 2000**[23]**:** *Un menor de edad recibe un fuerte impacto de una piedra en uno de sus ojos, motivado por el lanzamiento mediante un tirachinas que había fabricado otro menor*[24].

> « [...] según la jurisprudencia de esta Sala **resultan responsables los padres que ostentan la patria potestad, al ser el causante menor de edad y vivir en su compañía, tratándose de una responsabilidad por semi-riesgo, con proyección de cuasi-objetiva que procede aunque los padres no estén presentes en el momento de cometerse el hecho** (SSTS de 10 de marzo de 1983, de 22 de enero de 1991 y de 7 de enero de 1992). Se trata de **culpa propia de los progenitores por omisión de los necesarios deberes de vigilancia y control** de sus hijos menores de edad (SSTS de 24 de marzo de 1979, de 17 de junio de 1980, de 10 de marzo de 1983, de 7de enero de 1992 y de 29 de mayo de 1996)».

–**STS de 28 de diciembre de 2001**[25]**:** *Una menor, mientras jugaba a la comba con una compañera, golpea a esta con la cuerda tras haberse soltado de sus manos un extremo. La lesionada pierde el ojo derecho como consecuencia del impacto*[26].

> «[...] la responsabilidad que establece el citado art.1903, a los padres, por los daños que causen sus hijos que se encuentren bajo su guarda, se refiere a su vez a los causados por el incumplimiento de las obligaciones que impone el artículo anterior, por lo **que para que surja la responsabilidad por el hecho de tercero, es imprescindible, que esta se sustente en una actuación o en una omisión culposa de ese tercero, sin que implique en ningún caso este precepto, la aceptación de una responsabilidad objetiva o por riesgo**. Responsabilidad por consiguiente, que no puede exigirse con éxito en este supuesto, en el que **no se aprecia culpa de las menores, en cuanto que las lesiones y su secuela se han producido, cuando la niña, la lesionada, y la que pudo ocasionar la lesión, junto a otras compañeras de la misma edad, jugaban a saltar a**

[23] RJ\2000\1520. Criterio aplicado en la SAP (Barcelona) de 5 de mayo de 2008 en el que se producen lesiones a una anciana como consecuencia de una caída provocada por un balonazo propinado por un niño que jugaba junto con otros de su misma edad.

[24] En este caso, el TS considera que en el criterio de imputación de la responsabilidad de los padres ha de catalogarse de semiriesgo o cuasiobjetiva. Además, reitera el deber de los padres de vigilar y controlar a los menores.

[25] RJ\2002\3094.

[26] La resolución analiza uno de los requisitos para el origen de la responsabilidad civil de los padres, motivando que el art. 1903 CC requiere de la culpa como factor subjetivo de imputación, desechando que el precepto se sustente en una responsabilidad objetiva o por riesgo. Así, entiende que la acción u omisión, consecuencia del daño, ha de ser culposa.

la comba, actividad lúdica inocua, y de general práctica entre las niñas de esa edad, y si se produjo ese resultado, fue por un fatal accidente como así se califica en la sentencia recurrida; juego que era practicado, en un recreo durante las horas lectivas con la vigilancia de una profesora, por lo que a los padres en forma alguna, no se les puede imputar una actitud omisiva culposa, exigible para que la acción prospere (S. 18 de octubre de 1999 y 16 mayo de 2000)».

–**STS de 8 de marzo de 2002**[27]**:** *Responsabilidad de los padres por lesiones a un menor ocasionadas por otro de 17 años mediante un balonazo en la cara mientras el primero se encontraba sentado en el banco de un jardín. A consecuencia del impacto, el menor tuvo lesiones importantes en uno de sus ojos*[28].

«[…] la resolución recurrida fundamenta la condena en un criterio de imputación subjetiva, pues declara acreditada la negligencia de Mariano M. Q. en el desarrollo de una **actividad susceptible de crear el riesgo de daño para las personas** según quienes intervengan y formas o modos de actuar. **Y en orden a justificar la falta de diligencia razona que, para determinar la que es exigible, ha de atenderse no sólo a las circunstancias de las personas, del tiempo y lugar, sino también al sector del tráfico o de la vida social en que la misma se proyecta, y valora las circunstancias personales del agente** (de diecisiete años, siete meses y veintidós días de edad) **y factores psicológicos** (capacidad tanto volitiva como intelectual suficiente para comprender la trascendencia de sus actos y los posibles riesgos y resultados de los mismos); por lo que colige que **era previsible y evitable el resultado dañoso**, de ahí la calificación de la conducta como culposa.

[…]

El juego con una pelota no es de por sí susceptible de generar un especial riesgo de ilícitos extracontractuales, pero tampoco es tan inocuo como para que éstos no puedan surgir cuando, como ocurre en el caso, se dan determinadas circunstancias que justifican la apreciación de culpa extracontractual. Evidentemente **se desarrollaba el juego en un lugar inidóneo** (con independencia de que no hubiera un cartel o indicación prohibiéndolo); **se utilizaba un elemento que no era una sencilla pelota, sino un balón de cuero** (para más algo deshinchado –f. 183, dato que se precisa en ejercicio de la facultad de «integración del "factum"»–); **se**

27 RJ\2002\1912.

28 El criterio de la culpa también se consolida en esta sentencia, resultando de interés los elementos que analiza en relación a la diligencia exigible: las circunstancias de personas, tiempo y lugar. El menor causante del daño se encuentra en una edad cercana a la mayoría de edad, pero no por ello los padres dejan de responder, motivándose la previsibilidad y evitabilidad del desenlace que, de haberse ajustado a las reglas de atención y cuidado exigibles, el resultado no hubiera sido tal.

practicaba por jóvenes de una edad en que el impulso desplegado puede ser importante; y se **impacta con violencia en una persona ajena al juego,** que se hallaba en un lugar en el que para nada debían incidir los efectos del mismo. En tales circunstancias **resulta incuestionable que era previsible la posibilidad de dañar, como ocurrió, a terceros no intervinientes, y fácilmente evitable de haberse ajustado la diligencia a las reglas de atención y cuidado exigibles**, y sin que quepa aceptar la versión de que los jugadores se estaban pasando prudentemente uno a otro la pelota, pues, aunque así fuera, el impacto que dio lugar a las lesiones provino de un desplazamiento violento que revela que, al menos, en ese golpeo del balón no se actuó con la precaución que correspondía».

–**STS de 8 de marzo de 2006**[29]**:** *Varios menores de edad adquieren dos botellas de salfumán y un rollo de papel de aluminio, destinados a realizar un experimento consistente en hacer explotar una botella de plástico a través de la mezcla de los citados ingredientes. Finalizado el experimento, los menores guardan el salfuman en la tubería de unas obras, donde fue hallado por un grupo de niños de corta edad. El ácido fue vertido accidentalmente en uno de los menores, quien resultó herido*[30].

«Es doctrina de esta Sala la de **que la responsabilidad declarada en el artículo 1903, aunque sigue a un precepto que se basa en la responsabilidad por culpa o negligencia, no menciona tal dato de culpabilidad y por ello se ha sostenido que contempla una responsabilidad por riesgo o cuasi objetiva**, justificándose por **la trasgresión del deber de vigilancia que a los padres incumbe sobre los hijos sometidos a su potestad con presunción de culpa en quien la ostenta y la inserción de ese matiz objetivo en dicha responsabilidad**, que pasa a obedecer a criterios de riesgo en no menor proporción que los subjetivos de culpabilidad, **sin que sea permitido ampararse en que la conducta del menor, debido a su escasa edad y falta de madurez, no puede calificarse de culposa, pues la responsabilidad dimana de culpa propia del guardador por omisión del deber de vigilancia** (SSTS 14 de marzo de 1978 ; 24 de marzo de 1979 ; 17 de junio de 1980 ; 10 de marzo

---

[29] RJ\2006\1076.

[30] Esta resolución, al contrario de otras anteriores, pone el énfasis en un criterio de atribución distinto al culposo, fundamentando que, aunque el art. 1903 CC sea precedido por una norma basada en la culpa o negligencia, no quiere ello decir que dicho artículo responda a este esquema. En este caso, se sostiene por el Alto Tribunal la naturaleza de una responsabilidad por riesgo o cuasiobjetiva, justificada en la transgresión del deber de vigilancia que compete a los padres y materializada en una presunción (que admite prueba en contrario) de culpa. Además de lo anterior, se pone el foco de atención en los motivos que no pueden ser oponibles: *i)* la escasa edad del menor; o, *ii)* su inmadurez.

de 1983 ; 22 de enero de 1991 y 7 de enero de 1992 ; 30 de junio 1995 y 16 de mayo 2000); razones que ponen en evidencia la infracción legal denunciada en el motivo y el error jurídico padecido por la sentencia de instancia.

[...]

Hubo sin duda un acuerdo de voluntades para la actividad creadora del riesgo (compra del ácido para hacer experimentos y posterior abandono del mismo), como así se recoge en la recurrida, y ello sirve como criterio de imputación objetiva y común del daño, repercutible, a tenor del artículo mil novecientos tres, párrafo primero y segundo, del Código Civil, en sus padres. **La circunstancia de que no se haya probado cuál de los menores hijos de los recurrentes ocultó materialmente el producto sobrante** que permitió su descubrimiento posterior por parte de otros menores y la causa de las lesiones sufridas por Miguel **no obsta a la responsabilidad de todos ellos, pues todos mostraron su conformidad con la actividad creadora del riesgo del daño; responsabilidad que se debe imputar de una forma solidaria a cada uno de los miembros del grupo a través de sus representantes, los padres de los menores causantes de los daños** (SSTS 8 febrero 1983 ; 21 noviembre 1985), cuando, como aquí sucede, **todos contribuyeron causalmente a la producción del daño cuya indemnización se pretende y no es posible deslindar la actuación de cada uno en el evento nocivo**. Es razón por la cual, siendo los menores civilmente inimputables, serán sus padres quienes deberán responder solidariamente, lo que implica admitir el motivo solo en parte y con efecto expansivo a los demás menores que fueron condenados indebidamente en la instancia».

–**STS de 10 de marzo de 2006**[31]**:** *Un menor con trastorno agrede sexualmente a otro menor*[32].

«Resulta indiscutible que la madre del menor causante del daño, que conocía –como también el padre de éste– los trastornos de conducta de larga duración que sufría su hijo, recabó el auxilio de las instituciones públicas para su tratamiento, que llevaron a cabo un seguimiento psicológico del mismo y elaboraron, a requerimiento de aquélla, un informe para solicitar el ingreso de éste en una residencia; pero **no puede agotarse ahí el deber de diligencia exigible a un buen padre de familia para evitar el daño causado, que en sí mismo evidencia una insuficiencia de las medidas**

[31] RJ\2006\7170.

[32] Los padres del menor plantean su exoneración por entender que habían actuado diligentemente para evitar el daño ya que, en varias ocasiones, requirieron del auxilio de las instituciones públicas para el tratamiento del trastorno del menor. Sin embargo, se argumenta por el órgano jurisdiccional que no puede agotarse ahí el deber de vigilancia que compete a los padres, resultando insuficientes las gestiones realizadas y medidas adoptadas para evitar el daño.

adoptadas por los progenitores, en cuya mano estaba promover de las instituciones una pronta solución ante lo que se revelaba claramente como un caso de personalidad inadaptada y socialmente peligrosa –como desgraciadamente se demostró–, si es que se sentían incapaces de controlar la conducta de su hijo; y no puede decirse que los hechos consignados en la sentencia recurrida avalen la afirmación de que excitaron prontamente y con la debida insistencia la actuación de los organismos públicos, pues desde que el menor acude al Centro de Salud Mental del Servicio Valenciano de Salud en abril de 1993 hasta que en el mes de julio de 1994 su madre recaba el informe para solicitar su internamiento, solicitud que tiene lugar de forma efectiva cuando se dirigen a la asistenta social en el mes de octubre de ese año –ya consumados los hechos–, no consta la adopción de otras medidas que la de haberse acordado llevar a cabo un seguimiento por una psicóloga del centro escolar donde cursaba los estudios, no obstante estar plagado ese período de tiempo de múltiples incidencias escolares por causa de la pasividad, desidia, desobediencia y agresividad del menor, que condujeron a la apertura de dos expedientes disciplinarios en el colegio – meses de octubre y noviembre de 1993– y a su expulsión del centro escolar, la última vez el 11 de marzo de 1994.

La lógica valoración jurídica de los hechos conduce, pues, a considerar que no se adoptaron las medidas exigidas por el deber de vigilancia propio de la diligencia de un buen padre de familia, y esta conclusión, que cierra el paso a la exoneración de la responsabilidad que atribuye el artículo 1903.1 del Código Civil a los padres por los actos ilícitos de los hijos, determina la estimación del motivo, como ya se ha dicho, con todas sus consecuencias, al haberse aplicado al caso indebidamente el precepto del último apartado del señalado artículo».

–**STS de 4 de marzo de 2009**[33]**:** *Un coche de caballos, conducido por un menor de edad, acompañado de otro, embiste a un grupo de personas durante la celebración de las fiestas patronales de un pueblo. Como consecuencia de los hechos, varias personas resultan heridas y, uno de ellos, fallece. Se plantea una demanda contra los progenitores del menor acompañante*[34].

«Alega la parte recurrente que no existe una dejación de sus deberes respecto de su hijo sin que el hecho de que el carruaje fuera conducido por un menor suponga infracción de norma alguna, ni implique una menor pericia en tal manejo. **Se estima puesto que si no se ha acreditado con respecto a su hijo la existencia de un comportamiento irregular o**

[33] ECLI:ES:TS:2009:919.

[34] El TS retoma el criterio de atribución basado en la culpa, al considerar que no queda acreditado un comportamiento irregular o culposo que incida en la relación de causalidad y, por tanto, no pueda ser atribuible la responsabilidad a los progenitores por un defecto en la vigilancia.

culposo con incidencia en la relación de causalidad, no cabe deducir responsabilidad alguna de sus padres en su vigilancia, tanto porque no encaja en el artículo 1905, como porque en modo alguno es posible deducirla del hecho de ser un simple acompañante de otro menor sin ninguna responsabilidad en la conducción del carruaje».

–**STS de 23 de febrero de 2010**[35]**:** *Un menor se encontraba con otros amigos lanzando petardos de forma incontrolada. Al prender fuego a uno que tenía en las manos, éste explotó, propagándose el fuego a otros petardos que poseía otro menor en los bolsillos, produciendo un incendio en su ropa. Como consecuencia del incendio, el menor fue lesionado*[36].

«La primera conclusión es que la falta de vigilancia del menor contribuyó a la causación del daño. La sentencia de 6 septiembre 2005, dictada en un caso muy semejante, dice que "Estamos, en el caso, ante un **problema de imputación objetiva**, que muchas veces se ha presentado entre nosotros como una cuestión de relación de causalidad, sin deslindar con precisión entre la operación de fijación del hecho o acto sin el cual es inconcebible que otro hecho o evento se considere efecto o consecuencia del primero (nexo causal), y la que estriba en enuclear del conjunto de daños que pueda haber producido el evento lesivo cuales son resarcibles y cuales no. Esto es, en evitar que sean puestas a cargo del responsable todas las consecuencias de las que su conducta sea causa (imputación objetiva en sentido propio), para «poner a cargo» del obligado a reparar los daños que sean resarcibles según las pautas ofrecidas por el sistema normativo".

De acuerdo con esta doctrina, **debe efectuarse el análisis de las conductas: a) la sentencia recurrida ha considerado probados [...] que la conducta del demandado debe considerarse como concurrente, dado que adquirió los petardos para los menores, que no podían comprarlos por sí mismos y a pesar de conocer la prohibición, los dio a su hijo, también menor, para que los repartiera entre sus amigos.** Teniendo en cuenta la profesión del recurrente, que implicaba su conocimiento de la norma que prohibía esta venta, hay que coincidir con la sentencia recurrida que **se produjo una negligencia que debe considerarse contribuyó decisivamente a la producción del resultado**; b) **la conducta de los padres demandantes en nombre del menor debe considerarse asimismo concurrente a la producción del daño**, porque **dada la edad del menor, 11 años y las obligaciones de guarda y custodia que corresponden a los**

---

[35] ECLI:ES:TS:2010:782.

[36] En esta resolución resulta de especial interés la contribución causal en la producción del daño de los progenitores de la víctima (11 años), los cuales actúan de forma poco diligente por una dejación de funciones en cuanto a su deber de guarda y custodia. Así, concurren causalmente a la producción del año: *i)* el progenitor demandado, ya que adquiere los petardos; y, *ii)* los progenitores demandantes por ausencia de la diligencia en el cuidado y vigilancia de su hijo.

padres, las circunstancias en las que se produjo el accidente llevan a esta Sala a considerar que **sin esta dejación de funciones, el daño no podría haberse producido**, y ello en virtud de los **criterios de la responsabilidad objetiva**, porque como afirma la citada sentencia de 6 septiembre 2005, "en la configuración del hecho dañoso el control de la situación correspondía a la víctima, o, si se prefiere otra expresión, a la parte que como tal se presenta, dadas las características del supuesto de hecho"; además, la sentencia recurrida no ha descartado su negligencia, sino que los ha eliminado por un simple criterio procesal, y c) debe entenderse de acuerdo con la ya citada sentencia de 6 septiembre 2005, que **no puede descartarse la contribución del propio menor en la producción de su daño**, ya que ha sido considerada probada la conducta negligente de dicho menor **y, además, no puede excluirse que tuviera capacidad para entender el manejo de los petardos, dado que no era la primera vez que los utilizaba.**

De este análisis, debe llegarse a la conclusión de que no pueden ponerse a cargo del demandado todas las consecuencias del daño sufrido por el menor, ya que a ello contribuyeron causalmente la propia conducta de la víctima y la de sus padres, al faltar la necesaria vigilando a que venían obligados en virtud de su calidad de titulares de la patria potestad. Por tanto, la primera de las cuestiones que debe ser resuelta en el presente recurso pasa por considerar que al no excluirse la negligencia de los padres ni la de la propia víctima, estos contribuyeron causalmente al daño».

3. JURISPRUDENCIA MENOR

–**SAP (Zaragoza) de 27 de diciembre de 1994**[37]**:** *Responsabilidad de los padres derivada de las lesiones provocadas por su hijo menor de 16 años de edad*[38].

«[...] ninguna duda cabe en que pueda ejercitarse la acción civil derivada del artículo 1903 del Código Civil para obtener a través de este cauce el orden patrimonial alterado por violación del deber «nominem caedere» y que tiene su fundamento en la culpa «in vigilando» o «in eligendo» (Sentencia del Tribunal Supremo de 11 octubre 1990 [RJ 1990\7860]), **presumiéndose a través del indicado precepto la responsabilidad de los padres por los daños ocasionados por los hijos menores** (Sentencias del Tribunal Supremo de 10 marzo 1983 [RJ 1983\1469] y 22 abril 1983 [RJ 1983\2118]), **salvo que logren probar**

[37] AC\1994\2138.

[38] En este supuesto nos encontramos a un menor cuya edad se acerca a la mayoría de edad, entendiéndose con cierta madurez para la toma de decisiones. El tribunal basa la condena de los progenitores en la culpa in vigilando, la cual se presume salvo que se pruebe la diligencia de los padres en la prevención del evento dañoso.

que emplearon toda la diligencia debida para prevenir el daño, sin que como declara la Sentencia de 29 diciembre 1962 (RJ 1962\5141) sea suficiente para exculpar a los padres que los hechos se cometieran fuera de su presencia, por cuanto si se estimara la tesis contraria se llegaría a la total irresponsabilidad civil de los hechos realizados por los menores de edad (Sentencias del Tribunal Supremo de 29 diciembre 1962, 8 febrero y 10 junio 1983 [RJ 1983\867yRJ 1983\3517], 24 marzo 1979 [RJ 1979\919])».

–**SAP (Guipúzcoa) de 9 de noviembre de 1999**[39]**:** *Caída producida por el arrojo de una peladura de manzana por parte de un menor*[40].

«[…] es doctrina jurisprudencial reiterada la de que la responsabilidad declarada en el artículo 1903, aunque sigue a un precepto que se basa en la responsabilidad por culpa o negligencia, no menciona tal dato de culpabilidad y por ello se ha sostenido que contempla una **responsabilidad por riesgo o cuasi objetiva**, sentido que siguen numerosas sentencias, **justificándose por la transgresión del deber de vigilancia que a los padres incumbe sobre los hijos «in potestate», con presunción de culpa en quien la ostenta y la inserción de ese matiz objetivo en dicha responsabilidad**, que pasa a obedecer de criterios de riesgo en no menor proporción de los subjetivos de culpabilidad, sin que sea permitido oponer la falta de imputabilidad en el autor material del hecho (el menor), pues la responsabilidad dimana de **culpa propia del guardador por omisión del deber de vigilancia** (SSTS de 14 marzo de 1978 [RJ 1978\815], de 24 marzo de 1979 [RJ 1979\919], de 17 junio de 1980 [RJ 1980\2409], de 10 marzo de 1983 [RJ 1983\1469], de 22 enero de 1991 [RJ 1991\304] y de 7 enero de 1992 [RJ 1992\149]).

[…]

Se alega del mismo modo por la entidad aseguradora recurrida la ausencia de prueba según se afirma que la conducta de la menor no puede calificarse como culposa pues nada al efecto se ha acreditado porque, **dada la corta edad del autor y la natural ignorancia del peligro que pudiera representar tal acto,** falta el elemento subjetivo de la culpa;

---

[39] AC\1999\7622. *Vid.* SAP (Guipúzcoa) de 27 de mayo de 2016 en la que se condena a unos padres por los daños psicológicos producidos por un menor a una profesora, ocasionados por comentarios vejatorios graves en las redes sociales. Una de las alegaciones de las partes mantiene la prohibición legal de que menores de 16 años tengan cuentas propias en redes sociales, como son *Facebook, Twitter, Instagram,* etc., considerándose encontrarse ante una actuación irregular de la menor, avalada y tolerada por sus padres, además, tampoco el Colegio no adoptó ninguna medida sobre materia de móviles, hasta después de ocurrir los hechos.

[40] Esta sentencia recopila la doctrina sentada por una parte del TS, consistente en: *i)* que el art. 1903 CC contempla una responsabilidad por riesgo o cuasi objetiva; *ii)* la trasgresión del deber de vigilancia que le incumbe a los padres, con presunción de culpa; *iii)* la marcada severidad en la acreditación de la diligencia a emplear para la exoneración; y, *iv)* no permitirse la oposición por una verdadera inputabilidad del autor material del resultado dañoso.

tesis inaceptable, pues como ya señaló la STS de 17 junio 1980 (RJ 1980\2409), **la responsabilidad civil de los padres dimanante de los actos ilícitos realizados por los hijos constituidos «in potestate», a tenor del citado precepto, se justifica tradicional y doctrinalmente por la transgresión del deber de vigilancia que a los primeros incumbe, omisión de la obligada diligencia «in custodiando» o «in vigilando» que el legislador contempla estableciendo una presunción de culpa concurrente en quien desempeña la patria potestad**, con inversión consiguiente de la carga probatoria, **de manera que la demostración del empleo de las precauciones adecuadas para impedir el evento dañoso, según lo dispuesto en el último párrafo del precepto, ha sido entendida en tonos de una marcada severidad, exigiendo una rigurosa prueba de la diligencia empleada atemperándose a las circunstancias de lugar y tiempo del caso concreto** SSTS de 24 de marzo de 1953 (RJ 1953\913), de 25 de marzo de 1954 (RJ 1954\1001), de 3 de octubre de 1961 (RJ 1961\3276), de 11 de marzo de 1971 (RJ 1971\1234), de 10 de mayo de 1972 (RJ 1972\2305) y de 14 de abril de 1977 (RJ 1977\1654), lo que comporta la inserción de un matiz objetivo en dicha responsabilidad, que prácticamente pasa a obedecer a criterios de riesgo en no menor proporción que los subjetivos de culpabilidad, y es claro que **no viene permitido oponer la falta de una verdadera imputabilidad en el autor material del hecho**, pues **la responsabilidad dimana de culpa propia del padre, madre o tutor por omisión de aquel deber de vigilancia, sin relación con la culpabilidad psicológica del constituido en potestad y por lo tanto de su grado de discernimiento».**

–**SAP (Murcia) de 2 de febrero de 2002[41]:** *Responsabilidad civil de los padres por el zumo derramado por su hijo que produce daños a terceros*[42].

«La responsabilidad por culpa *in vigilando* de los padres viene determinada en el artículo 1903 del Código Civil por los daños causados por los hijos que se encuentren bajo su guarda, considerando la jurisprudencia que la misma **deriva de la transgresión del deber de vigilancia que les corresponde, presumiendo el legislador una culpa concurrente en la persona que ostenta la patria potestad, llegando prácticamente a obedecer la responsabilidad a criterios de riesgos cuasiobjetivos,** con lo que **corresponderá a los demandados acreditar**

---

[41] JUR\2002\75463.

[42] En esta resolución se reitera que la responsabilidad civil de los padres obedece a criterios cuasiobjetivos, fundada en la trasgresión de los padres del deber de vigilancia. La culpa de los progenitores viene a ser concurrente con la de los causantes materiales del daño, pues el haber actuado con la diligencia requerida consistente en una celosa vigilancia de los menores, traería consigo una probable evitación del resultado lesivo.

que no hubo en los padres la más mínima responsabilidad derivada de la conducta de sus hijos menores.

En el presente caso esta Sala, al igual que el Juez de Instancia, considera acreditado que **la caída se debió a un resbalón de la actora cuando bajaba por las escaleras de la casa, resbalón que vino producido por haber derramado algún hijo del actor zumo en las mismas sin haber adoptado los padres el cuidado oportuno para que haberlo evitado o para haberlo recogido**».

–**SAP (Valencia) de 18 de mayo de 2002**[43]**:** *Responsabilidad civil de los padres por las lesiones provocadas por su hijo mediante el empleo de una zancadilla*[44].

«[…] constando acreditado que la caída de Héctor se debió a que Arcadio le puso la zancadilla, necesariamente hemos de declarar la culpa o negligencia del padre del menor, dado que esta acción no puede calificarse de un hecho fortuito, como sería un golpe en el desarrollo de un juego similar a la práctica de algún deporte, pues poner la zancadilla no puede tener otra finalidad que derribar al menor al suelo y ante ello resulta evidente que su progenitor no adoptó la diligencia necesaria en el desempeño de su guarda y custodia, en su deber de vigilancia al no poder evitar la agresión, lo que genera una responsabilidad que tiene la consideración de cuasi-objetiva […].

Este criterio viene plasmado en la jurisprudencia del Tribunal Supremo, entre otras en la sentencia de 28 de julio de 1997, en la que establece que **la responsabilidad de los padres o tutores «es directa y cuasi objetiva**, se halla en el art. 1903 pfo. 2º CC y está desarrollada por la jurisprudencia: la STS de 22 de enero de 1991 dice que tal responsabilidad si bien se declara en el art. 1903 siguiendo a un artículo que se basa en la responsabilidad por culpa o negligencia, no obstante no menciona tal dato de culpabilidad, por lo que acertadamente se ha sostenido que es una **responsabilidad por riesgo o cuasi objetiva** y otras sentencias han aplicado la misma idea al caso concreto que se había planteado, como las de 7 febrero 1991 , 3 diciembre 1991 , 22 septiembre 1992 y 24 mayo 1996 », criterio que también sostiene la sentencia de 30 de junio 1995 , en la que se añade que **se justifica "por la transgresión del deber de vigilancia que a los padres incumbe sobre los hijos *in potestate*, con presunción de culpa en quien la ostenta y la inserción de ese matiz objetivo en dicha responsabilidad**, que pasa a obedecer a criterios de riesgo en no menor

43 JUR\2002\199380.

44 Los responsables civiles de la actuación del menor pretenden ampararse en el caso fortuito, sin embargo, no es tenido como tal al ser un hecho previsible y evitable por parte de los progenitores si hubieran empleado una debida vigilancia del menor. Se vuelve a reiterar la naturaleza directa y cuasiobjetiva de la responsabilidad, acudiéndose a la doctrina sentada por el TS.

proporción que los subjetivos de culpabilidad, sin que sea permitido oponer la falta de imputabilidad en el autor material del hecho (el menor), pues la responsabilidad dimana de culpa propia del guardador por omisión del deber de vigilancia (SS 14 marzo 1978 , 24 marzo 1979 , 17 junio 1980 , 10 marzo 1983 , 22 enero 1991 y 7 enero 1992)"».

–**SAP (Jaén) de 12 de enero de 2006**[45]**:** Menor que, a gran velocidad, atropella a un peatón con su bicicleta[46].

---

[45] AC\2006\733. La SAP (Jaén) de 24 de septiembre de 2010 [JUR\2011\66583] desestima la demanda en un caso similar por una falta de acreditación del elemento culpabilístico que trae causa en la acción u omisión del menor que circulaba con su bicicleta y colisiona con otra menor:

«[...] Es cierto y por ello no podemos compartir la justificación que finalmente se basa el pronunciamiento absolutorio de la instancia de encontrarnos ante un supuesto de caso fortuito, que es doctrina reiterada la que viene exigiendo el requisito esencial de la previsibilidad para generar culpa (STS de 29-10-99), y la que, en relación con la responsabilidad de los padres por los daños causados por los hijos, viene exigiendo que la actuación negligente del menor, en el desarrollo de una actividad susceptible de crear el riesgo de daño para las personas, sea previsible en cuanto a la posibilidad de dañar, así como que sea evitable, habiendo tenido oportunidad los padres de evitar el daño causado por el hijo de haberse ajustado la diligencia a las reglas de atención y cuidado exigibles (STS de 8 de marzo de 2002), luego habida cuenta del contexto en el que se produce el accidente, en un parque público con la concurrencia de numerosos niños desarrollando junto a sus padres o no, diversas actividades de esparcimiento como pasear en bicicleta, patinetes, patines, jugando a la pelota, etc., como destacó la testigo Sra. Ofelia –10:07–, cualquier colisión que se originara entre los menores resulta en última instancia previsible y por ende evitable, al menos si se observa una diligencia quizás desmedida de los progenitores que tratase de controlar todos y cada uno de los movimientos de sus menores hijos.

[...] no se puede obviar, que también en el supuesto que se somete a revisión, se trata de un accidente entre menores ocurrido en el desarrollo de juegos infantiles precisamente en un lugar especialmente habilitado para la expansión de adultos y menores y en el que como es de observar por las propias fotografías que se adjuntaron a la contestación a la demanda y corrobora el testigo Sr. Florian –17:52–, es un parque público totalmente llano en el que normalmente, como ocurrió el día de los hechos, se encuentra nutridamente concurrido con niños paseando en bicicleta, patinetes, patines, además de otros juegos y divertimentos, en principio inocuos en si mismos considerados, aunque pudiera ocurrir algún accidente como el que nos ocupa, sin que se pueda mantener como pretenden los apelantes que el que un menor de cuatro años en un ciclo con ruedas de apoyo pueda suponer una actividad peligrosa que exija un especial control y cuidado. Desde esa perspectiva, es claro y nadie lo pone en duda, que el padre del menor se encontraba en el parque al cuidado del menor y controlando las actividades que realizaba, de modo que según la testifical de Doña Ofelia propuesta por los actores, lo único que ha quedado acreditado es que el menor tropezó con la hija de aquellos de diez años de edad y esta cayó al suelo, pero sin que ello pueda implicar la apreciación de alguna negligencia del menor de circular a una velocidad inadecuada o la falta de atención del mismo, toda vez, que igualmente pudo dicha menor interponerse en la trayectoria de aquel y que fuera la falta de atención de la misma la que pudiera haber provocado el accidente, sin que en todo caso, atendiendo al carácter llano del parque e inexistencia de pendientes u otras circunstancias que sí hubiera exigido un mayor cuidado, se pueda pretender que el deber de vigilancia paterna se extremara hasta el punto de acompañar al menor en todo momento».

[46] En esta resolución, se reitera la consolidada jurisprudencia relativa a que la negligencia de los progenitores radica en la ausencia de la necesaria vigilancia que requiere un menor, con objeto

«El artículo 1903 del Código Civil regula la responsabilidad civil de los padres por los daños causados como consecuencia de los hechos cometidos por los hijos sometidos a su patria potestad, y en **consecuencia la responsabilidad de los padres es directa y solidaria con su hijo frente al perjudicado, recayendo sobre aquéllos la carga de probar que emplearon toda la diligencia exigible a un buen padre de familia para prevenir el daño**. Siendo por tanto de carácter solidaria dicha responsabilidad, debe resultar de aplicación el artículo 1974 del Código Civil, según el cual **la interrupción de la prescripción de acciones en las obligaciones solidarias aprovecha o perjudica por igual a todos los acreedores y deudores.**

[...]

La responsabilidad del padre custodio surge de no haber empleado la diligencia debida para prevenir el daño, como lo hubiera sido prohibiendo a su hijo el empleo de la bicicleta.

[...]

En consecuencia, la responsabilidad prevista en el artículo 1903 del Código Civil es cuasi objetiva, justificándose por la transgresión de vigilancia que a los padres incumbe sobre los hijos «in postestate». Por tanto, **para que sea admitida dicha responsabilidad se requiere únicamente que el hijo se encuentre bajo su guarda y se acredite la negligencia del menor, pues sólo en ese caso es atribuible la «culpa in vigilando» al padre**. Es más, en base a la «cuasi objetivización» de la responsabilidad de los padres, ésta concurre aunque ellos no estén presentes en el momento de cometerse los hechos (Sentencia del Tribunal Supremo de 11 de marzo de 2000). En definitiva, **prima el derecho del perjudicado a ser indemnizado, de modo que lo único que puede liberar a los padres será la acreditación de que la acción del hijo no fue culposa,** y en el presente caso la única causa del accidente [...] fue precisamente la excesiva velocidad que llevaba con la bicicleta. En resumen, ha de ser el padre de dicho menor quien responda del perjuicio causado por su hijo, como medio de reparar el daño y por la transgresión del deber de vigilancia que a los padres incumbe sobre los hijos «in potestate», con presunción de culpa en quien la ostenta, sin que sea permitido oponer la falta de imputabilidad en el autor material del hecho, pues la responsabilidad dimana de culpa propia del guardador por omisión del deber de vigilancia (Sentencias del Tribunal Supremo de 30 de junio de 1995 y 11 de marzo de 2000, antes citada)».

---

de prevenir el daño, recayendo la prueba de la actuación diligente por parte de los padres. Otra de las cuestiones que trata la sentencia es la calificación de una responsabilidad directa y solidaria de los padres guardadores, aplicándose lo establecido en el art. 1974 CC en cuanto a la interrupción de la prescripción. Sobre este particular *vid.* Velasco Perdigones, J.C. (2018). «La interrupción de las obligaciones solidarias en la responsabilidad civil extracontractual. Especial mención a la solidaridad derivada del contrato de seguro». *Práctica derecho de daños: Revista de Responsabilidad Civil y Seguros*, 136.

–**SAP (Madrid) de 12 de junio de 2008**[47]**:** *Menor de 6 años que, jugando al fútbol en un lugar habilitado, rompe las gafas de un asistente de un balonazo, en quien también concurre parte de culpa*[48].

«En lo que afecta a los juegos desarrollados por menores, España incorporó a su ordenamiento jurídico interno merced al instrumento de ratificación de 30 de noviembre de 1990 la Convención de las Naciones Unidas sobre los Derechos del Niño de fecha 20 de noviembre de 1989, e **inspirada en su filosofía (mayor reconocimiento del protagonismo del menor en la sociedad)** cabe mencionar la regulación contenida en la Ley Orgánica 1/96, de 15 de enero, de protección jurídica del menor, considerando tal Convención menor a todo ser humano que no haya alcanzado los dieciocho años de edad, y contemplando la última Ley citada **el juego como "un elemento esencial del crecimiento y la maduración de los niños y de los adolescentes", de modo que éstos tienen derecho "al descanso, al juego y a las actividades recreativas propias de su edad como parte de la actividad cotidiana"**. Ello no excluye que la jurisprudencia del TS determine el riesgo que algunos de estos juegos implican para terceros: La STS de 8-3-02 y, en concreto con un juego de balón establece "...que este juego no es de por sí susceptible de generar un especial riesgo de ilícitos extra contractuales, pero tampoco es tan inocuo como para que éstos no puedan surgir cuando, como ocurre en el caso, se dan determinadas circunstancias que justifican la apreciación de culpa extra contractual".

En efecto, no se puede olvidar que: **el niño tenía 6 años, con lo que la conciencia del peligro y la fuerza con que pudo lanzar el balón no son grandes;** que en el juego **intervenían varios niños de similar edad** sin que se sepa el numero concreto incluido el propio nieto de la afectada, [...]; que **el juego no estaba prohibido**, no obstante **lo concurrido de la zona por todo tipo de personas, como es habitual en los parques, lo que justifica en gran medida que los progenitores y los que en ese momento ejercían el cuidado por su delegación**, ante lo frecuente de su práctica, pudieron quitar importancia al posible riesgo que se generara. Además, **la actora, pese a conocer y detectar la actividad que allí se desplegaba y que era la habitual, al igual que su presencia en el parque y, por tanto, sabiendo el eventual peligro de que el balón saliera, se sentó junto al**

---

[47] AC\2008\1548.

[48] En este supuesto, se toma la culpa como criterio de imputación, debido a que se analizan las circunstancias de personas (el menor de edad y la víctima), tiempo (edad del menor) y lugar (permitido y habitual para jugar a la pelota) (*ex* art. 1104 CC). El argumento de partida lo conforma el necesario juego de los menores, todo ello conforme viene estipulado en la Convención de las Naciones Unidas sobre los Derechos del Niño y la LOPJM. La resolución saca a la luz la filosofía de las citadas normas: un mayor reconocimiento del protagonismo de los menores, premisa clave para el desarrollo de este estudio.

recinto del que, efectivamente salió el balón que le rompió las gafas, no obstante lo cual **asumió un cierto riesgo** al pasear tan cerca de donde se desarrollaba el juego. Por todas estas consideraciones, se estima en parte el recurso en el sentido de considerar que, en el caso, ha habido una concurrencia de culpas en las partes [...]».

–**SAP (Tarragona) de 24 de octubre de 2008**[49]**:** *Menor de 7 años de edad que, bajo la vigilancia de su abuelo, atropella con un patinete a una anciana de 84 años produciéndole la muerte*[50].

«[...] ha de estimarse igualmente la imputabilidad del resultado lesivo a la madre del menor Gabriel, en virtud de lo dispuesto por el art. 1903 del Código Civil [...]. **Según establece la jurisprudencia, la responsabilidad civil de los padres a consecuencia de los actos ilícitos realizados por los hijos sujetos a su potestad se fundamenta tradicional y doctrinalmente por la vulneración del deber de vigilancia que les compete**, que, tal como ha destacado recientemente la Audiencia Provincial de Barcelona en sentencia de 5 de mayo de 2008 , y establecen las sentencias del Tribunal Supremo que la misma cita, la **trasgresión de ese deber de vigilancia es contemplada por el legislador "estableciendo una presunción de culpa concurrente en quien desempeña la patria potestad y la inserción de un matiz objetivo en dicha responsabilidad,** que prácticamente pasa a obedecer a criterios de riesgo en no menor proporción que los subjetivos de culpabilidad, y es claro que no viene permitido oponer la falta de una verdadera imputabilidad en el autor material del hecho, pues la responsabilidad dimana de culpa propia del padre, madre o tutor por omisión de aquel deber de vigilancia, sin relación con el grado de discernimiento del constituido en potestad (SSTS 1 junio 1980 SIC, 10 marzo 1983 , 28 julio 1997). Se trata, en definitiva, de una responsabilidad por semi-riesgo con proyección de cuasi objetiva, que procede aunque los padres no estén presentes en el momento de ser cometido el hecho (STS 11 marzo 2000)".

En el presente supuesto, además, **a pesar de no hallarse presente la madre el menor se encontraba bajo la vigilancia de su abuelo, que cumplía la función de guardador del niño por delegación de la madre, por lo que es innegable que en el desempeño de tal función correspondía al abuelo la tarea de controlar que el menor, en el desarrollo de una actividad de un, siquiera mínimo, factor de riesgo,**

---

[49] JUR\2009\78721.

[50] En estos hechos, se pone el énfasis en el deber de vigilancia y control que correspondía al abuelo por delegación, siendo este un guardador temporal de su nieto. A pesar de que la madre no se encontraba presente en el momento de acaecer el daño, es imputada su responsabilidad tomando como fundamento el riesgo que produce el uso de un patinete.

no ocasionara daños a los viandantes. [...] En todo caso, **por el elemento de riesgo que incorpora el uso de dicho juguete, es el usuario del mismo, o su guardador en este caso, quien debe mantener la atención en todo momento y controlar la velocidad y dirección del mismo**. Habida cuenta de que no se ha probado que la Sra. Gabriela [víctima del daño] actuase de modo imprudente, y que **quien realizaba una actividad de mayor riesgo era el menor, deben imputarse las consecuencias lesivas de la colisión a la madre del menor** [...]».

–**SAP (Madrid) de 27 de octubre de 2008**[51]**:** *Varios menores cercanos a la mayoría de edad (en torno a los 17 años) se suben al capó de un vehículo y provocan una serie de daños sobre este bien*[52].

«Ante los pronunciamientos de la sentencia de primera instancia que, con base en el art. 1903 del Código Civil, apreció la responsabilidad del demandado por los daños causados por su hijo –menor de edad– en compañía de otros menores, al vehículo asegurado en aquella, **se alza la parte recurrente admitiendo los hechos enjuiciados pero negando que resulte de aplicación lo dispuesto en el antedicho precepto toda vez que,** dada la edad de su hijo –16 años– resulta de aplicación la doctrina seguida por la SAP de Palencia de 13 de noviembre de 2001 según la cual, **en los casos de los "grandes adolescentes" o "grandes menores", no cabe imputar a los padres la responsabilidad dimanante de su negligencia en el cuidado y vigilancia de su hijo, considerando excesivo obligar a los progenitores a conocer en cada momento las actuaciones de sus hijos cuando éstos las mantienen ocultas y ningún dato evidenciaba su actuación**.

Frente a ello **resulta incontestable la vigencia del antedicho art. 1903 y la situación de indefensión en la que, de seguir aquella doctrina, se situaría al perjudicado a quien se obligase a dirigir la acción directamente contra el menor de 18 años** invocando lo dispuesto en el art. 1902 CC [...]. Por el contrario, es aplicable al doctrina seguida, entre otras, por la SAP de Madrid, Sección 9ª, de 2 de abril de 2005 según la cual "Las consecuencias que se derivan de la aplicación del párrafo segundo del artículo 1903 del Código civil son de un lado, que la responsabilidad de la madre es directa y solidaria con su hijo frente al perjudicado y de otro lado,

---

[51] JUR\2009\49970.

[52] Una de las alegaciones de los padres demandados radica en que se está ante «grandes adolescentes» o «grandes menores» y no cabe imputar a los padres la responsabilidad derivada del defecto de cuidado o vigilancia por considerarse excesivo (con dichas edades) controlar y conocer las actuaciones de los hijos. El órgano de apelación argumenta que acoger dicha postura es crear una situación de indefensión y que, por tanto, sólo cabe la exoneración si se prueba el empleo de toda diligencia para prevenir el daño.

será la madre sobre la que recaerá la carga de la prueba de que empleó toda la diligencia exigible a un buen padre de familia para prevenir el daño».

–**SAP (Barcelona) de 25 de febrero de 2009[53]:** *Un menor de 10 años juega a estirar la rama de un árbol y soltarla, impactando en la cara de otro menor de 5 años que pierde la de visión de un ojo[54].*

«[…] **la responsabilidad de los padres por los daños causados por los hechos de los hijos no es una responsabilidad objetiva o por riesgo, sino que exige en cualquier caso una actuación o una omisión culposa por parte de aquéllos**, de modo que, **ninguna culpa podrá predicarse cuando el daño se produzca en un contexto propio de juegos infantiles sin culpa alguna de los menores**, entendida ésta en el sentido que tiene tal concepto para un responsable civilmente. Ello es así porque entonces no podrá decirse que falló la necesaria vigilancia, desde el momento que aun extremando aquélla no se habría evitado el daño, lo que hubiera exigido que se prohibiese el juego mismo, y dicha prohibición no sería exigible desde una perspectiva de la diligencia impuesta por el art. 1.104 CC, aplicable también a la responsabilidad extracontractual (STS 29 mayo 1998).

[…]

Es la inocuidad del juego y su práctica generalizada, que revela a su vez aquélla, lo que implica la falta de responsabilidad, porque no puede atribuirse a una "culpa in vigilando" de los padres, **pero en el caso de autos el menor no estaba realizando una actividad inocua, sino que en palabras del testigo presencial de los hechos, "estaba estirando del árbol como si lo quisiera arrancar, y después lo soltó como si fuera un látigo",** lo que amén de ser una conducta totalmente incívica que **revela una inadecuada educación imputable a los padres**, entrañaba un notable riesgo atendida la proximidad del otro menor, que fue totalmente despreciado por parte del autor, lo que ha de llevar a declarar la responsabilidad de aquéllos, ex. art. 1903 CC, por aparecer clara la culpa "in vigilando" de los mismos».

–**SAP (Islas Baleares) de 25 de marzo de 2009[55]:** *Responsabilidad de los padres por el incendio provocado en un hotel por unos menores, planteándose*

[53] AC\2009\360.

[54] La resolución extractada apostilla que la responsabilidad de los padres no es de carácter objetivo o por riesgo, sino que requiere de una actuación u omisión culposa, no produciéndose ésta cuando el daño acontezca en un contexto propio de juegos infantiles, supuesto que, aun extremando la vigilancia y control sobre el menor, la consecuencia lesiva no se habría evitado. En el caso analizado, el menor no hacía una actividad inocua y, por tanto, es imputable a un defecto educativo.

[55] AC\2009\776.

la exoneración de uno de los progenitores por delegación de la guarda y custodia[56].

«El artículo 1903 del Código Civil , a los fines de determinar si procede declarar o no la responsabilidad pecuniaria de los padres frente a terceros, derivada y en relación a actos realizados por sus hijos, que objetivamente sean dañosos para estos, responsabilidad civil de los padres por los actos ejecutados por los hijos constituidos "in potestas", se justifica, tradicional y doctrinalmente, por la **trasgresión del deber de vigilancia que a los primeros compete, omisión de la obligada diligencia "in custodiando" o "in vigilando", que el legislador contempla partiendo de una presunción de culpa concurrente en quien desempeña los poderes y los deberes integrantes de la patria potestad**, de forma que puede ser **configurada como una responsabilidad por riesgo o "cuasi objetiva", con la consiguiente inversión de la carga de la prueba, de manera que la demostración del empleo de las precauciones adecuadas para impedir el evento dañoso**, según lo establecido en el párrafo final de tal artículo, ha sido entendida por la jurisprudencia en **concepto de marcada severidad, exigiéndose una rigurosa prueba de la diligencia empleada**, atemperándose a las circunstancias de tiempo y lugar del caso concreto y según lo que antecede, no compete al actor la carga de acreditar la negligencia de los demandados en el desempeño de la custodia de sus hijos y en relación a los hechos cuyas consecuencias civiles se enjuician en estos autos, sino que **es sobre los demandados sobre quienes pesa la carga procesal de justificar cumplidamente la realidad del supuesto al que alude el artículo 1903 del Código Civil en su párrafo final,** y ello es por cuanto que la responsabilidad de los padres por los daños causados por los hijos que se encuentran bajo su guarda presenta la peculiaridad de que el artículo citado del Código Civil presume la culpa de aquellos, de modo que no es la víctima la que debe probar que medió culpa (in vigilando) de los padres, sino que éstos deben demostrar que no incurrieron en ella.

[...]

«[...] los padres responden del daño causado por sus hijos, **salvo prueba que evidencia que no incurrieron en falta de diligencia en su labor de supervisión o educación del menor de edad;** además, **la jurisprudencia, orientada por el principio "pro damnatio", ha sido severa en la exigencia de tal responsabilidad, hasta el punto de prácticamente objetivarla**, siquiera por la vía indirecta de exigir una rigurosa prueba

[56] La cuestión es resuelta a través del criterio objetivador de la responsabilidad con una presunción de culpa que admite que pueda ser desvirtuada mediante la prueba del empleo de toda diligencia en la supervisión o educación de los menores. Además, respecto a la exoneración en aquellos casos en los que los hijos menores no se encuentren bajo la guarda de uno de sus progenitores, la solución adoptada es aquel que estuviere privado de dicha guarda y custodia no le alcanza la responsabilidad derivada del artículo 1903 CC.

de la diligencia empleada y por ello se ha sostenido que contempla una responsabilidad por riesgo o cuasi objetiva, **justificándose por la trasgresión del deber de vigilancia,** que a los padres incumbe sobre los hijos, con presunción de culpa en quien la ostenta y la inserción de ese matiz objetivo en dicha responsabilidad, que pasa a obedecer a criterios de riesgo en no menor proporción que los subjetivos de culpabilidad, **sin que sea permitido oponer la falta de imputabilidad en el autor material del hecho (el menor), pues la responsabilidad dimana de culpa propia del guardador por omisión del deber de vigilancia»**.

[...]

«La ley 11/1981 de 13 de mayo vino a matizar la responsabilidad de los padres al condicionar la misma a que los menores "se encuentren bajo su guarda". En base a **ello la jurisprudencia ha admitido la exoneración de los padres en aquellos casos en que la actividad lesiva o dañosa del menor se produce en un ámbito donde su obligación de velar por los hijos ex artículo 154 número 1 del Código Civil debe de entenderse como delegada** (por ejemplo, la Sentencia de 3 de diciembre de 1991, referida a la delegación del deber de guarda a favor del centro escolar en cuyo recinto se produjeron las lesiones causadas por el menor).

Por ello, con idéntica razón y constatable causa, **tal exoneración ha de producirse en el caso de que la guarda del menor la ostenta exclusivamente de forma temporal uno de los progenitores en virtud de lo dispuesto en el convenio regulador aprobado por la sentencia en procedimiento matrimonial, en cuyo caso aquel que estuviere privado de dicha guarda y custodia no le alcanza la responsabilidad derivada del artículo 1903**, párrafo 2º del Código Civil si el daño causado se hubiere producido cuando el menor estuviera bajo la ordinaria guarda y custodia de aquél que la tiene concedida.

[...] no puede compartirse por este Tribunal la exoneración de responsabilidad de los demandados que declara la juzgadora de Instancia en su sentencia, ni, por tanto, la aplicación al caso del precepto contenido en el último párrafo del artículo 1903 del Código Civil.

Los padres responden del daño causado por sus hijos, salvo prueba que evidencie que no incurrieron en falta de diligencia en su labor de supervisión o educación del menor de edad, imponiendo la Ley a los padres la obligación de educarles y procurarles educación integral.

En el caso hoy enjuiciado consta acreditado que los hijos de los demandados entraron reiteradamente en propiedad ajena, sustrayendo repetidamente objetos que se llevaron a sus respectivas casas y finalmente, prendieron unas velas que dejaron encendidas provocando un incendio que causó importantes daños a la propiedad.

Frente a ello **no existe ninguna prueba en los autos que acredite que los padres de los menores adoptaran alguna diligencia concreta o medida necesaria, oportuna y adecuada para conocer los lugares que**

frecuentaban sus hijos y las actividades que realizaban, para prevenir y evitar la producción del resultado dañoso».

–**SAP (Valencia) de 14 de mayo de 2009**[57]**:** *Daños provocados a un motorista que cae de su moto al meterse una pelota entre las ruedas tras el lanzamiento de un menor*[58].

«[…] **la responsabilidad de la madre es directa y solidaria** con su hijo frente al perjudicado; y de otro lado, **será la madre sobre la que recaerá la carga de la prueba de que empleó toda la diligencia exigible a un buen padre de familia para prevenir el daño** […]; la demandada debe ser declarada responsable frente al demandante, dado que **como madre de una menor, que esta jugando con una pelota debe de tener especial cuidado y vigilancia en que el juego se realice de manera no solo sin peligro para el menor sino también sin peligro para terceros**; propietaria de la pelota, que fue lanzada por su hija y que fue la causa de la caída del motorista demandante se considera que concurren los requisitos de la acción ejercitada».

–**SAP (Sevilla) de 9 de junio de 2009**[59]**:** *Menor de 13 años que agrede y lesiona a una profesora en las instalaciones del colegio y con ocasión de las actividades escolares*[60].

«**La responsabilidad de los padres por tanto en principio queda excluida cuando, ocurre, como en el supuesto ahora enjuiciado, el menor sujeto a la patria potestad no está bajo la dependencia o vigilancia de los padres por hallarse en el colegio realizando actividades propias del centro**. Sin embargo la recurrente pretende imputar la responsabilidad a los progenitores en base al párrafo 2 del mismo artículo 1903 que se refiere a la responsabilidad de los padres por los daños causados por sus hijos que se encuentre bajo su guarda,

---

57 JUR\2009\378480.

58 El tribunal no aprecia la inocuidad del juego, tal y como sí se ha previsto en otras audiencias provinciales cuando los menores emplean como instrumento de juego una pelota, si bien, se desconocen las circunstancias de personas, tiempo y lugar para valorar la diligencia empleada, elementos de específico tratamiento en otras resoluciones. Así, se considera que la madre responde directa y solidariamente (junto con el menor) tras no haberse acreditado el empleo de toda diligencia para prevenir el daño.

59 JUR\2010\14318.

60 Los hechos transcurren en el desarrollo normal de la actividad de un colegio, quedando excluida la responsabilidad de los progenitores cuando el hecho dañoso se ejecuta en un centro escolar. En el presente caso no ha quedado acreditado que los padres incumplieran sus deberes, siendo diligentes en la búsqueda de centros especiales para el tratamiento de la conducta de su hijo.

precepto que no puede ser aplicable ya que el deber de vigilancia de los padres o el deber de cuidado se excluye en los supuestos en los que, entre otros, la responsabilidad nace de un hecho realizado dentro de un centro escolar de menores y ello por mas que se pretenda imputar a los padres esa responsabilidad en virtud de los incumplimientos de los deberes de educación y formación integral de los mismos ya que **en modo alguno se ha acreditado que los padres incumplieran tales deberes y que sea la educación que le han dado a su hijo la que ha motivado su conducta violenta.**

Por el contrario, **está perfectamente probado la diligencia de los progenitores en la búsqueda y elección de los sucesivos centros docentes en los que ha estado su hijo, también está acreditado la preocupación que han mantenido sobre su conducta y su ansia por intentar resolver las posibles patologías de la misma**. Desde luego es triste y doloroso que se produzca una agresión como la que ha dado lugar a este proceso pero ello **no supone que halla de responsabilizarse de la misma a los padres por el mero hecho de que los sea cuando, como sucede en este supuesto, se ha probado no solo la preocupación y diligencia de los padres sobre la antisocial y violenta conducta de su hijo** sino también que se hallaba ingresado en un colegio de educación especial que si, como alega la actora y ahora la recurrente no era el mas adecuado para su comportamiento no es circunstancia que pueda imputárseles a los progenitores cuya búsqueda del centro mas propicio ha quedado acreditado».

–SAP (Alicante) de 10 de diciembre de 2009[61]: *Menor que causa daños fuera del horario escolar al vehículo de un profesor del Instituto donde dicho menor estudiaba[62].*

«No está de más recordar que el art. 1.903 CC hace responsables a los padres, de forma casi objetiva, de los daños causados por los hijos que se encuentren bajo su guarda. Esta responsabilidad tradicionalmente **se ha fundado en el incumplimiento del deber de vigilancia que incumbe a los progenitores, presumiéndose la culpa de los mismos e invirtiéndose la carga de la prueba,** de manera que habrán de ser los padres los obligados a probar su diligencia para quedar exonerados de culpa. Esta declaración de responsabilidad procede, por tanto, con carácter general, cesando (art. 1903, último párrafo, del Código Civil) cuando los

---

61 JUR\2010\117452.

62 Esta resolución determina que la responsabilidad impuesta por el art. 1903 CC es de carácter casi objetiva, con inversión de la carga de la prueba por parte de los progenitores. Asimismo, se aventura a confirmar que la imputación de responsabilidad es la regla y la absolución una excepcionalidad.

padres prueben que emplearon toda la diligencia de un buen padre de familia para prevenir el daño. Se produce, como se ha dicho, la inversión de la carga probatoria, **de tal manera que tras, la presunción de culpa, tienen que ser los padres los que acrediten que adoptaron todas las medidas de prudencia exigibles a fin de evitar que su hijo cometiera el hecho ilícito, habida cuenta que no puede pretenderse que cuando los padres han puesto de su parte todo lo posible para evitar que su hijo se comporte de forma irregular tengan que responder civilmente de todas las conductas de este y en cualquier circunstancia. El art. 1.903 CC pretende, en definitiva, proteger a los terceros perjudicados frente a las actuaciones ilícitas de menores, con lo que la responsabilidad de los padres se constituye en la regla en tanto que la absolución de los mismos es excepcional** y solo procedente en aquellos supuestos en que conste cumplida prueba de su total diligencia, como señala la STS de 12 de mayo de 1.999».

–**SAP (A Coruña) de 13 de diciembre de 2011**[63]**:** *Varios menores, cercanos a la mayoría de edad (en torno a los 17 años), agreden a una persona, produciéndole daños personales de consideración*[64].

«Como dice la sentencia del Tribunal Supremo de 30 de junio de 1995, **la responsabilidad declarada en el artículo 1903 del Código Civil, aunque sigue a un precepto que se basa en la responsabilidad por culpa o negligencia (1902), no menciona tal dato de culpabilidad y por ello se ha sostenido que contempla una responsabilidad por riesgo o cuasi objetiva, justificándose por la transgresión del deber de vigilancia, con presunción de culpa en quien la ostenta.** Y la sentencia de 24 de febrero de 1968 , que la responsabilidad civil impuesta en el artículo que comentamos, y que dimana de hechos culposos o negligentes realizados por una persona a la orden, por mediación o por cuenta de un tercero, se impone cuando entre el autor material del hecho y el que queda responsable hay un vínculo tal que la ley **permite presumir fundadamente que si hubo daño éste debe atribuirse más que al autor material, al descuido o defecto de vigilancia de la otra persona, por lo que el fundamento de esta responsabilidad es una presunción de culpa *in eligendo* o *in vigilando,* distinta e independiente de la que contrae el autor, que responde de culpa in operando**, por lo que dicho precepto establece una responsabilidad directa entre dueño o mandante y el perjudicado,

[63] JUR\2012\54073.

[64] Otra resolución que fundamenta que la responsabilidad de los padres *ex* art. 1903 CC no está basada en el criterio de la culpa, sino en su carácter cuasi objetivo o de riesgo, justificado por la transgresión del deber de vigilancia del que se deriva una presunción de culpa. Argumenta la sentencia que se atribuye el daño más que al causante material a sus padres por un descuido o defecto en su obligación de vigilancia.

sin perjuicio del derecho de repetición del primero, tratándose de una responsabilidad directa, no subsidiaria, y por ello, solidaria.

En el presente caso **no se ha practicada prueba alguna que anule la presunción de culpa de los padres de los menores que participaron en la agresión al demandante, por lo que la responsabilidad de los padres, solidariamente con sus hijos,** conforme al art. 1903 del CC resulta evidente».

–**SAP (Valencia) de 14 de marzo de 2014**[65]**:** *Menor con problema de conducta que acosa, efectúa tratos degradantes y agrede a una compañera del colegio*[66].

«Resulta indiscutible que **la madre del menor causante del daño, que conocía –como también el padre de éste– los trastornos de conducta de larga duración que sufría su hijo, recabó el auxilio de las instituciones públicas** para su tratamiento, que llevaron a cabo un seguimiento psicológico del mismo y elaboraron, a requerimiento de aquélla, un informe para solicitar el ingreso de éste en una residencia; **pero no puede agotarse ahí el deber de diligencia exigible a un buen padre de familia para evitar el daño causado, que en sí mismo evidencia una insuficiencia de las medidas adoptadas por los progenitores, en cuya mano estaba promover de las instituciones una pronta solución ante lo que se revelaba claramente como un caso de personalidad inadaptada y socialmente peligrosa** [...].

[...] **La lógica valoración jurídica de los hechos conduce, pues, a considerar que no se adoptaron las medidas exigidas por el deber de vigilancia propio de la diligencia de un buen padre de familia, y esta conclusión, que cierra el paso a la exoneración de la responsabilidad** que atribuye el artículo 1903.1 del Código Civil a los padres por los actos ilícitos de los hijos, determina la estimación del motivo, como ya se ha dicho, con todas sus consecuencias, al haberse aplicado al caso indebidamente el precepto del último apartado del señalado artículo.

[...] **la responsabilidad de los progenitores es cuasi objetiva y que producido el daño por la menor, rige la presunción de culpa de los padres, lo que nos lleva a estimar, que en el presente caso se ha demostrado el acoso que la menor ha realizado contra la otra, que el mismo le ha generado un daño y que los padres no han destruido**

---

[65] JUR\2014\165222.

[66] Se formula por los demandados la exoneración de responsabilidad por haber recabado el auxilio de determinadas instituciones para el tratamiento de los problemas de conducta de su hija. La audiencia entiende que no resulta suficiente la actuación de los progenitores para que queden amparados bajo el paraguas de la exoneración prevista en el art. 1903 CC in fine. Así, el recabar el auxilio de las autoridades e instituciones no agotaría el deber de diligencia exigible para la prevención del daño.

la presunción de culpa que sobre ellos recae; culpa que se ha visto corroborada no solamente por los hechos aquí analizados, sino también por otros ocurridos respecto de otras menores […]».

–**SAP (Almería) de 14 de mayo de 2015**[67]**:** *Responsabilidad de los padres de un menor de edad que abusó sexualmente de otro, causando un acreditado daño psicológico*[68]*.*

«En este proceso en el cual se discutía la responsabilidad declarada en el art. 1903 del CC, que se caracteriza comúnmente por ser una responsabilidad directa y cuasiobjetiva, justificada por la transgresión del deber de vigilancia que a los padres corresponde en relación con los hijos sometidos a su potestad, con presunción de culpa en quien la tiene atribuida y con la inserción del aspecto objetivo en dicha responsabilidad, que pasa a obedecer a criterios de riesgo en no menor proporción que los subjetivos de culpabilidad, **sin que sea permitido ampararse en que la conducta del menor, debido a su escasa edad y falta de madurez, no puede calificarse de culposa, pues la responsabilidad dimana de la culpa propia del guardador por omisión del deber de vigilancia o del deber *in educando*,** como tiene también declarado el TS en Sentencia de fecha 8 de marzo de 2006».

–**SAP (Jaén) de 12 de julio de 2017**[69]**:** *Condena a unos progenitores por los daños personales inferidos por su hijo menor de edad a otro mediante bullyng*[70]*.*

«[…] la declaración de responsabilidad procede con carácter general y cesa sólo cuando los padres prueben que emplearon toda la diligencia de un buen padre de familia para prevenir el daño. Se produce, como se ha dicho, la inversión de la carga probatoria, de tal manera que **tras, la presunción de culpa, tienen que ser los padres los que acrediten que adoptaron todas las medidas de prudencia exigibles a fin de evitar que su hijo cometiera el hecho ilícito**. En definitiva, **el art. 1903 CC pretende**

67 AC\2016\1779.

68 La sentencia de apelación, aparte de resolver algunas cuestiones de índole procesal, reitera la doctrina jurisprudencial relativa a la naturaleza directa y cuasiobjetiva de la responsabilidad de los padres, no estimando que los progenitores emplearan toda la diligencia que les corresponde para prevenir el daño ocasionado.

69 JUR\2023\369925.

70 La resolución no acoge la pretensión de exoneración de los padres, que son condenados como responsables civiles por los daños ocasionados a un menor por *bullyng*. A esta conclusión se llega a partir de una presunción de culpa y la inversión de la carga probatoria. La falta de acreditación de la diligencia en la educación de los causantes, de haberse producido de forma eficaz, habría sido probable la evitación del daño.

proteger a los terceros perjudicados frente a las actuaciones ilícitas de menores, con lo que **la responsabilidad de los padres se constituye en la regla en tanto que la absolución de los mismos es excepcional y sólo procedente en aquellos supuestos en que conste cumplida prueba de su total diligencia** (STS 12 de mayo de 1.999).

[…]

Constatado el **actuar dañoso y doloso de los hijos** de los demandados y teniendo en cuenta la **cuasi objetividad** del tipo de culpa correspondiente a los padres por las conductas de los hijos bajo su custodia, **no puede considerar acreditado por los demandados como les correspondía de acuerdo con la doctrina expuesta**, aun con la dificultad que pudiera conllevar, **su diligencia en la educación de aquellos y que hubieran tomado las medidas normalmente exigibles para evitar la producción de ese resultado perjudicial**, sin que sea admisible alterar la carga probatoria».

–**SAP (Huelva) de 22 de octubre de 2018**[71]**:** *Lesiones causadas a una anciana, que paseaba por una zona limítrofe a una plaza, por la colisión de un menor de 9 años cuando se dirigía a coger la pelota que le había lanzado su padre*[72].

«La STS de 8 de marzo de 2002 (ROJ: STS 1639/2002) declara: "El juego con una pelota no es de por sí susceptible de generar un especial riesgo de ilícitos extracontractuales, pero tampoco es tan inocuo como para que éstos no puedan surgir cuando, como ocurre en el caso, se dan determinadas circunstancias que justifican la apreciación de culpa extracontractual. Evidentemente se desarrollaba el juego en un lugar inidóneo (con independencia de que no hubiera un cartel o indicación prohibiéndolo); se utilizaba un elemento que no era una sencilla pelota, sino un balón de cuero (para más algo deshinchado, dato que se precisa en ejercicio de la facultad de "integración del factum"–); se practicaba por jóvenes de una edad en que el impulso desplegado puede ser importante; y se impacta con violencia en una persona ajena al juego, que se hallaba en un lugar en el que para nada debían incidir los efectos del mismo. En tales circunstancias resulta incuestionable que era previsible la posibilidad de dañar, como ocurrió, a terceros no intervinientes, y fácilmente evitable de haberse ajustado la diligencia a las reglas de atención y cuidado exigibles, y sin que quepa aceptar la versión de que los jugadores se estaban pasando

[71] ECLI:ES:APH:2018:795.

[72] En esta resolución se fundamenta la concurrencia, en cierta medida, la conducta o participación del padre, ya que se da la circunstancia que es este quien lanza la pelota al hijo, impactando con la anciana. Se excluye que los hechos acaecidos sean valorados como fortuitos y se exonera de responsabilidad a la madre por no encontrarse al cuidado de su hijo (estaba divorciada).

prudentemente uno a otro la pelota, pues, aunque así fuera, el impacto que dio lugar a las lesiones provino de un desplazamiento violento que revela que, al menos, en ese golpeo del balón no se actuó con la precaución que correspondía".

Aplicando la citada jurisprudencia [...] éste Tribunal [...] **considera procedente declarar la responsabilidad de don Estanislao, pues su hijo de 9 años de edad se encontraba bajo su cuidado cuando ocurrieron los hechos y estos no pueden calificarse de fortuitos, pues una plaza pública y que, por tanto, es frecuentada por todo tipo de personas, incluso de edad avanzada (como la actora), no es el lugar idóneo para jugar a la pelota, por más que sea práctica habitual, ya que con dicho juego puede causarse algún tipo de daño a quienes se encuentren o transiten por dicha plaza (como de hecho así ocurrió), y más cuando en el caso de autos resulta acreditado que el menor impactó con la actora, que cayó al suelo de manera que se le causaron lesiones, cuando trataba de coger la pelota lanzada por su padre** (el Sr. Estanislao), lo que **evidencia no solo una trasgresión de los deberes de vigilancia por parte de éste, sino que además su conducta tuvo una clara incidencia en la producción del daño.**

[...]

Por el contrario, **ninguna responsabilidad se le puede imputar a la madre del menor, doña Bibiana, pues cuando ocurrieron los hechos el menor se encontraba al cuidado de su padre y del que, además, se encontraba divorciado por sentencia dictada el 10 de junio de 2010** [...]».

–**SAP (Barcelona) de 21 de noviembre de 2018**[73]: *Responsabilidad de los padres de un menor de 13 años por la fractura de la pierna ocasionada de un compañero tras caerle encima*[74].

«Es doctrina reiterada la que viene exigiendo **el requisito esencial de la previsibilidad para generar culpa** (STS de 29-10-99), **y la que, en relación con la responsabilidad de los padres por los daños causados por los hijos, viene exigiendo que la actuación negligente del menor, en el desarrollo de una actividad susceptible de crear el riesgo de daño** para las personas, **sea previsible en cuanto a la posibilidad de dañar, así como que sea evitable, habiendo tenido oportunidad los padres de evitar el daño causado por el hijo de haberse ajustado la diligencia a las reglas de atención y cuidado exigibles** (STS de 8 de marzo de 2002),

[73] ECLI:ES:APB:2018:11727.

[74] La resolución basa su condena de los padres en la actuación negligente del menor, entendiendo que el patinaje es una actividad susceptible de crear riesgo, resultando previsible dañar y evitable su resultado (la actividad se desarrollaba en un lugar habitual, no idóneo).

luego habida cuenta del contexto en el que se produce el accidente, es decir **una plaza con canchas de básquet para jugar, peatonal y ajardinada con extensiones de hormigón, sin obstáculos**, por el que **patinan los niños de manera habitual** pese a no ser especial o expresamente habilitada para ello, que la hija de la actora, Justa , contaba con 11 años de edad y el hecho no negado de la existencia de niños jugando en el mismo lugar, lo cierto es que cualquier colisión o choque de Justa provista de sus patines en línea con un viandante **resulta en última instancia previsible y por ende evitable,** más cuando por el lugar pasean personas mayores con movilidad limitada, como es el caso, ya que la actora contaba con 84 años de edad e iba provista de bastón para poder caminar.

Es en dicho aspecto, en el que habrá pues que centrar en todo caso la justificación de la exención de responsabilidad de los padres demandados, esto es, en **si en realidad ha quedado debidamente acreditado la actuación negligente del menor y en todo caso si la exquisita diligencia que hemos referido es la que el legislador ha querido exigir en el art. 1.903 CC, en supuestos como el de autos».**

–**SAP (Madrid) de 19 de diciembre de 2018**[75]**:** *Responsabilidad por la colisión ente dos menores con bicicleta por el adelantamiento de uno frente al otro*[76].

«En el plano de la imputación objetiva, "una persona causa un daño jurídicamente relevante si el daño debe considerarse una consecuencia de: (a) la conducta de esa persona; o (b) una fuente de peligro de la cuales a persona sea responsable" (arg. DCFR VI 4:101[1]). Un grupo de casos de responsabilidad por fuente de peligro es la responsabilidad por hecho de otro, regulada en nuestro artículo 1903 del Código Civil (siguiendo al Code, cuyos redactores lo fundamentaron en la sanción de la culpa in vigilando o in eligendo y en **procurar la indemnización de las víctimas de agentes insolventes**); tratándose de un elenco de supuestos ampliable por analogía (SSTS 1ª 675/1964, 29.9 con mención del principio *noxa caput sequitur* [sim . Dig. 47.1.1 . 2]; 23.2.1976 ; 350/1980, 17.11; 652/88, 23.9 por "compromisos sociales"; 282/1990, 8.5 ; 540/1994, 1.6 obitery 597/1996, 19.7 ; contra, por la taxatividad, 289/1969, 30.4 y 977/2003, 16.10).

75 ECLI:ES:APM:2018:18439.

76 En esta sentencia se efectúa un análisis riguroso y profundo de la responsabilidad de los progenitores, llegando a la conclusión, en el caso de *litis*, que el dar un paseo con una bicicleta no es un instrumento peligroso ni una actividad de riesgo. El tribunal no aprecia la existencia de nexo causal entre la conducta paterna y el daño, pues se desconoce cuál sería la conducta concreta que hubiera evitado el progenitor. Tampoco puede pretenderse, como es voluntad del demandante, que el criterio de imputación sea objetivo, es decir, la condena por el mero hecho de ser padres. En definitiva, no hay un criterio de imputación que derive del defecto educativo.

Y del anterior, es un subgrupo la responsabilidad por negligencia propia en el hecho de otro (a diferencia de la responsabilidad vicaria, que solo exige demostrar la responsabilidad del dependiente y la relación de dependencia), como la responsabilidad del progenitor-guardador de los menores ("que admite situacionest ransitorias derivadas del derecho de visita" [STS 1ª 563/1990, 11.10] y que se mantiene en la emancipación de hecho [STS 1ª 29/1991, 22.1]). **La responsabilidad del progenitor-guardador precisa un doble test de imputación: (i) imputación al menor y (ii) imputación al guardador.** "Si no se ha acreditado con respecto a su hijo la existencia de un comportamiento irregular o culposo con incidencia en la relación de causalidad, no cabe deducir responsabilidad alguna de sus padres en su vigilancia" (STS 1ª 144/2009, 4.3 ; también 95/1959,14.2 ; 288/1988, 10.4 ; 1266/2001, 28.12 y 490/2005, 27.6 […]. Ciertamente, **la imputabilidad subjetiva del menor se debe apreciar en función de una negligencia normalizada, esto es, la que sería exigible en el caso a un mayor de edad** (v. SSTS 1ª 226/2006, 8.3 y juris. cit. y 1135/2006, 10.11). Con todo, **no apreciamos siquiera nexo causal entre la conducta del progenitor custodio y el siniestro de autos, porque no llega a identificarse qué conducta alternativa del progenitor hubiera evitado el siniestro, más que la prohibición a su hijo de montar en bicicleta o el no haber estado en el lugar de los hechos.**

En cuanto a la atribución subjetiva del daño, **el demandante solo propone como criterio de imputación, la circunstancia de ser padre del menor, esto es, alega una responsabilidad objetiva (o estricta) por la paternidad.**

La responsabilidad de los progenitores por los daños causados por los hijos menores presenta las siguientes **notas**:

a) **Es una responsabilidad directa, no subsidiaria** (SSTS 1ª 746/1997, 28.7; 977/2003, 16.10 y juris. cit.; sobre el art. 1903 CC *ferenot.* 102/1953, 24.3; 372/1963, 16.4 y 1237/1992, 30.12); luego la demanda puede dirigirse conjuntamente contra el principal y el dependiente con responsabilidad *in solidum* […].

b) Es una **responsabilidad solidaria de ambos progenitores** (implícitamente, SSTS 1ª rec. 1150/1989,7.1.1992 y 322/1995, 5.4); siendo la deuda ganancial [STS 1ª rec. 2194/1993, 8.7.1997]).

c) Respecto al elemento subjetivo, **sigue el tradicional criterio de la culpa in vigilando** –omisión por el dominus garante, de medidas de control de peligros–, aunque **con presunción iuris tantum de culpa** (también en PETL 6:101 y DCFR VI 3:104 hasta catorce años y si la misma conducta por un adulto se hubiera considera dodolosa o negligente), en nuestro Código con exasperación del nivel de diligencia, que **la jurisprudencia suele transformar en una responsabilidad "cuasiobjetiva"** (en términos de la responsabilidad por riesgo). **Además, la jurisprudencia no ha suavizado el patrón de diligencia en relación con "grandes adolescentes"** y "sin que exonere de responsabilidad el dato de no hallarse presente el padre o la madre cuando se comete el hecho ilícito o que aquéllos tengan que trabajar o no puedan, por razón de las circunstancias familiares o sociales, estar siempre junto a sus hijos menores de edad" (STS 1ª 29/1991, 22.1 seq . 974/1962, 29.12).

[...]

"La responsabilidad de que trata este artículo [por hecho ajeno] cesará cuando las personas en él mencionadas prueben que emplearon toda la diligencia de un buen padre de familia para prevenir el daño" (art.1903 últ. CC). **"[L]a expresada presunción [de culpa], que tiene, más bien, carácter de iuris tantum, requiere la concurrencia de un principio de prueba, indiciaria a lo sumo**, que permita atribuir a uno de los sujetos intervinientes el resultado dañoso, correspondiéndole, por tanto, la carga de la prueba en razón a la mentada máxima de inversión de la misma, y en este campo, es de resaltar que la generalidad de las sentencias que hacen uso de la referida presunción, recaen sobre casos en los que los hechos en sí mismos considerados permiten apreciar indicios de culpa" (STS 1ª 210/1997, 10.3).

[...]

En el caso enjuiciado, a diferencia de otros muchos en los que, además, el comportamiento del menor fue doloso, [...] **no hallamos un criterio de imputación al padre, porque el siniestro no deriva de una falta de educación del menor** (cf. STS 1ª 104/1979, 24.3 considerando al padre "autor moral") pues, por lo explicado en el Fundamento antecedente, **el grado de instrucción para la circulación del menor no se revela inferior al de los adelantadores.** Tampoco cabe imputar una falta de reacción que hubiera evitado el daño, ni la omisión de alguna concreta medida de vigilancia razonable en las circunstancias del caso [...].

[...] **una bicicleta no es un instrumento peligroso** (cf. armas [SSTS 1ª 350/1956, 12.5; 974/1962,29.12; 65/1975, 15.2; 232/1980, 17.6; 210/1983, 22.4; 466/1985, 10.7; rec. 1150/1989, 7.1.1992; 658/1995,30.6; 417/1996, 24.5; 411/1999, 12.5 y 234/2000, 11.3], dardo [STS 1ª 217/1981, 18.5], cohete [STS 1ª278/1984, 4.5], mechero [STS 1ª 140/1983, 10.3], cerilla [STS 1ª 152/1977, 14.4], vehículo de motor [SSTS1ª 240/1983, 4.5 y 7.2.1991 (RJ 1991\1151)] o una motocicleta [SSTS 1ª 563/1990, 11.10; 29/1991, 22.1y 746/1997, 28.7]. **Dar un paseo en bicicletas tampoco es una actividad de riesgo** (cf. quema de papeles [STS 1ª 505/1984, 22.9], experimento explosivo [STS 1ª 226/2006, 8.3], lanzamiento de piedras [SSTS1ª 289/1969, 30.4; 104/1979, 24.3 y 334/1983, 10.6] o de una pelota en las circunstancias del caso [STS1ª 205/2002, 8.3]. Finalmente, en la responsabilidad de los progenitores guardadores **no puede traerse a colación la imputación por culpa *in eligendo* o las teorías objetivizadoras propias de otros ámbitos** como la responsabilidad del empresario».

– **SAP (Alicante) de 5 de junio de 2019**[77]: *Lesiones causadas a un motorista por varios menores de entre 13 y 14 años que jugaban a la pelota en un lugar no habilitado al efecto. Condena solidaria de los menores junto con sus progenitores*[78].

«[…] nuestro Código no establece un límite de edad para la imputabilidad por culpa extracontractual, la jurisprudencia muestra ejemplos de ella en casos semejantes (merecen destacada mención las clásicas sentencias del Tribunal Supremo de 15 de febrero de 1975 y 22 de enero de 1991) y sin duda la **tendencia social y legislativa actual a reconocer la autonomía de los llamados " menores maduros" ha de llevar aparejada la asunción por ellos de las correspondientes responsabilidades patrimoniales**. En el caso presente uno de los autores del hecho ya tenía catorce años y el otro le faltaban solo unos meses para cumplir esa edad, por lo que a falta de prueba en contrario **ha de presumirse en ellos un suficiente conocimiento de la naturaleza y consecuencias de su conducta que justifica la condena personal que les ha sido impuesta**».

– **SAP (Islas Baleares) de 19 de noviembre de 2019**[79]**:** *Lesiones oculares de un menor de 9 años producidas a otro mediante el empleo de un palo*[80].

«Entrando ya a resolver los motivos del recurso de apelación, la representación procesal de la parte apelante aboga por la revocación de la sentencia de instancia por considerar que concurre error en la valoración de la prueba, pues si bien establece, en su artículo 1903 el CC , la responsabilidad de los padres por los actos de los hijos que se encuentren bajo su guarda, sin embargo, pueden liberarse de dicha responsabilidad cuando prueben que emplearon toda la diligencia de un buen padre de familia para prevenir el daño; sucediendo que, en el caso que nos ocupa y en la consideración de dicha parte: "Nuestro menor es un niño normal

77 ECLI:ES:APA:2019:1499.

78 Es importante destacar de esta resolución la condena solidaria de los menores junto a sus progenitores, fundamentándose en el suficiente juicio y madurez de los primeros para conocer las consecuencias de su conducta.

79 AC\2020\676.

80 Resulta de especial interés las alegaciones efectuadas por la parte demandada, ya que basa su defensa en la normalidad de su hijo (sin problema de conducta y carácter bueno), habiendo cambiado en la actualidad las relaciones entre padres e hijos y el nivel de control se ha reducido por las circunstancias educativas y socioeconómicas. Se pone de relieve la evolución experimentada en el concepto de menor y de familia, al que sigue aplicándose una norma pensada para otras circunstancias bien distintas. Dichas alegaciones no son acogidas por el órgano de apelación, limitándose a afirmar la ausencia de toda diligencia del padre, que no previó las reacciones del niño.

y con buen carácter, que no tiene problemas de conducta de ningún tipo, que se encontraba jugando en un parque público, que como cualquier niño tiende a jugar con lo que encuentra, quien ante una recriminación de su padre para que se pusiera una chaqueta (su padre se encontraba en el mismo lugar, en ningún momento el menor se encontró solo, sin adulto supervisor, en la plaza) lanzó lo que llevaba en la mano, que había encontrado tirado en el suelo de la plaza; con la mala fortuna que dio a otro menor que se encontraba, a pesar de su corta edad, solo en el mismo lugar. Además, **en la actualidad las relaciones entre padres e hijos ha cambiado y, el nivel de control, por lo general –que además no es el caso que nos ocupa–, se ha reducido por las circunstancias educativas y socioeconómicas.”**

[...]

Alegaciones que no pueden ser tenidas en consideración por la Sala desde el momento en que, mal puede considerarse que el padre obrara con “toda la diligencia de un buen padre de familia para prevenir el daño”, como exige el párrafo último del art. 1.903 del Código Civil para exculpar su responsabilidad, **por ser notorio que un niño con una rabieta y un palo en la mano puede causar daño**, tanto a si mismo como a las personas que hay en su entorno, siendo el punto más previsiblemente vulnerable aquel en el que, finalmente, se produjo el daño en el niño que se hallaba próximo al menor. Es decir, **la actuación paterna no puede considerarse que esté dentro de la diligencia de un buen padre de familia, pues la reacción del menor ni siquiera entra dentro de lo imprevisible; y menos aún puede entenderse que lo fuera para el propio padre, pues un buen padre de familia debería poder prever mejor que nadie las posibles reacciones de su hijo menor de edad con motivo de ser “increpado” o recriminado por el padre para que haga algo que no quiere hacer.** Nótese, en dicho sentido, que como recoge la sentencia de instancia a partir de las propias manifestaciones del Sr. Balbino, la rabieta del menor, que le llevó a lanzar el palo, fue la respuesta a una recriminación o una orden que le había dado su padre, para que se pusiera el abrigo».

–SAP (Valencia) de 19 de diciembre de 2019[81]: *Motorista que se lesiona como consecuencia de la caída sufrida por la interrupción en la vía de un balón lanzado por un menor de 7 años[82].*

---

[81] ECLI:ES:APV:2019:6044.

[82] Nuevamente se estudia la responsabilidad de los padres por los daños ocasionados en el ámbito del juego con una pelota. En esta ocasión, con un análisis de las circunstancias de personas, tiempo y lugar, se determina que el empleo de una pelota (para jugar) no es siempre inocuo y, en el caso de autos, era previsible que, desarrollándose la actividad en un lugar inidóneo, se produjera el daño. La diligencia exigible al padre se concreta en no permitir del juego en unas instalaciones carentes de acondicionamiento.

«Partiendo de la acción ejercitada debe tenerse en cuenta, por un lado, los requisitos exigidos por artículo 1902 del Código Civil, por otro, la responsabilidad fijada en el artículo 1903 sobre la de los padres por los daños causados por sus hijos, y por ultimo, la presunción establecida en el último apartado este precepto que exigen el padre acredite que empleó "toda la diligencia de un buen padre de familia para prevenir el daño".

En este sentido la Sala debe, al igual que efectuó el Tribunal Supremo en la Sentencia nº 205/2002 de 8 Marzo de 2002, aceptando que **el juego de pelota no se puede calificar de un juego de riesgo que genere en sí mismo ilícitos, si bien tampoco los excluye cuando se aprecia culpa como en este caso, desde el momento que se practica el juego a la pelota en un lugar inidóneo, en cuanto no eran instalaciones deportivas acondicionadas para evitar que la pelota salga de ellas,** se realiza en un parque que está al lado de una vía pública por la que transitan, personas y vehículos, y con una valla de escasa altura, como se observa de las fotografías aportadas en el atestado. Estas circunstancias físicas **implican concluir en la previsibilidad de que la pelota a poco que se golpearse con fuerza saliese del recinto y fuese a parar a la calzada como así ocurrió, con la generación de peligro a los transeúntes, motocicletas e incluso vehículos que transitaban por aquella.**

Es en este punto donde **la Sala aprecia la responsabilidad del padre del menor demandado, al permitir que su hijo de siete años jugase con otros menores con la pelota en este lugar, a pesar de lo previsible de que la misma saliese fuera del recinto y pudiese causar cualquier tipo de daño. La diligencia exigida de artículo 1903 del CC hubiese obligado al demandado, bien a no permitir el juego de la pelota a su hijo en el citado lugar o bien alejarlo lo más posible de la vía pública, ninguna de estas circunstancias se ha acreditado, más allá de indicar el recurrente de que el padre estaba el presente cuando el hijo estaba jugando a la pelota en dicho parque».**

–**SAP (A Coruña) de 7 de febrero de 2020**[83]: *Daños producidos en un galpón y en los enseres contenidos por un incendio provocado por menores*[84].

«[…] la culpa extracontractual de los demandados, comprendida en **la llamada responsabilidad por hecho de otro que contempla el art. 1903**, párrafos primero y segundo, en relación con el art. 1902, del Código Civil, no ha sido controvertida, **ya se fundamente en criterios subjetivos, tales como la culpa «in vigilando»**, por **omisión del deber de vigilancia que incumbe a los padres sobre los hijos menores de edad** sometidos

83 ECLI:ES:APC:2020:256.

84 La condena de los padres se basa en la culpa in vigilando, por omisión del deber de vigilancia que incumbe sobre los menores.

a su patria potestad, **o en principios objetivistas basados en el riesgo**, vinculado a la relación paterno filial y de dependencia que existe entre los menores causantes del daño y sus progenitores [...]».

–**SAP (Murcia) de 27 de abril de 2020**[85]**:** *Menores de entre 12 y 13 años que acosan y coaccionan a una menor para que, a través de una red social, haga pública unas fotos desnuda, siendo conocidas por terceras personas*[86].

«La responsabilidad civil de los progenitores por los hechos de sus hijos menores de edad, con base en el artículo 1903 CC, se ha venido configurando jurisprudencialmente, como señala la STS 1135/06, de 10 de noviembre (RJ 2006, 7170) en los siguientes términos: "... debe tenerse presente la constante doctrina de esta Sala conforme a la cual la responsabilidad declarada en el artículo 1903 del Código Civil es directa y cuasi objetiva: aunque el precepto que la declara sigue a un artículo que se basa en la responsabilidad por culpa o negligencia, no menciona tal dato de culpabilidad, y por ello **se ha sostenido que contempla una responsabilidad por riesgo o cuasi objetiva, justificada por la trasgresión del deber de vigilancia que a los padres incumbe sobre los hijos sometidos a su potestad, con presunción de culpa**, por tanto, en quien la ostenta, y con la inserción de ese matiz objetivo en dicha responsabilidad, que pasa a obedecer a criterios de riesgo en no menor proporción que los subjetivos de culpabilidad, sin que sea permitido ampararse en que la conducta del menor, debido a su escasa edad y falta de madurez, no puede calificarse de culposa, pues la responsabilidad dimana –como precisa la reciente Sentencia de 8 de marzo de 2006 (RJ 2006, 1076), que cita a su vez otras anteriores– de la culpa propia del guardador por omisión del deber de vigilancia". En la misma línea se puede citar la STS 226/06, de 8 de marzo (RJ 2006, 1076) y todas aquellas que cita.

[...]

En efecto, no hay duda en el hecho, sobre el que inciden mucho los recurrentes, de que las fotografías de Milagros desnuda se hicieron por la propia menor con su móvil y fueron subidas por ella misma en su cuenta de Tuenti, pero **lo importante en este caso no es quien hiciese las fotos o quien las subiese a la red social, sino el porqué se hicieron dichas fotos y se subieron a una red de público acceso por terceros.** De la transcripción de las comunicaciones previas es fácil colegir la existencia de una situación de desesperación de Milagros al verse separada de las que

---

85 AC\2020\1214.

86 La sentencia fundamenta la condena de los progenitores en el carácter de la responsabilidad regulada en el art. 1903 CC, el cual no hace referencia al criterio de culpabilidad y, por ello, se ha de atenerse a la responsabilidad por riesgo o cuasiobjetiva. En el caso de autos, lo relevante no es quién efectuó y publicó las fotos (que fue la propia menor), sino el porqué lo hizo. Se hace responsables solidarios a los padres de los menores por la ausencia de vigilancia y control.

eran sus amigas y su voluntad de hacer lo que fuese para que la perdonaran. Son múltiples las ocasiones en las que Milagros insiste en que haría lo que quisieran para que la perdonaran, lo que ya de por sí es indicativo de una situación de dependencia afectiva respecto a las otras menores y de las que éstas se aprovecharon. […]. Podrían estos hechos calificarse como una chiquillada, **pero no puede olvidarse ni la edad de los menores, que cursaba 2º de la ESO y por ello tenían entre 12 y 13 años, y por ello con un mayor nivel de consciencia de los efectos de sus actos, ni tampoco que estas actuaciones, cuando producen un daño a alguno a la víctima de dichas actuaciones, generan responsabilidad por dicho daño, y ello con independencia de que se quisiese o no hacer daño.**

Por último, se insiste por alguno de los recurrentes, en el hecho de la existencia de un diverso grado de responsabilidad de los menores, con apoyo, especialmente, en el informe psicológico acompañado como documento nº 46 de la contestación de los padres de Florinda y Mariano. Sin embargo, como recuerda la STS de 8 de marzo de 2006, ya citada, dicha responsabilidad debe de ser de igual intensidad para todos los menores que intervinieron dado que "... que si fueron condenados por la misma acción, con idéntico deber de vigilancia, si se tiene en cuenta que hubo una acreditada unidad de actuación, generadora de un riesgo evidente, que se tradujo en el daño ocasionado..." . De ello **se deduce la existencia de una evidente solidaridad entre los todos los implicados que se traslada a sus padres en cuanto responsables de su vigilancia y educación».**

–**SAP (Málaga) de 30 de abril de 2020**[87]**:** *Atropello de peatón con un patinete conducido por un menor y acompañado por otro*[88].

«[…] debe concluirse que fueron los menores de edad Sofía y Secundino quienes con su acción de encontrarse circulando en el patinete modelo *Fliker* (siendo intrascendente quien condujera el mismo), dieron lugar con su acción a las lesiones padecidas por la demandante, y por aplicación del art. 1.903 del C.C. y del criterio jurisprudencial existente sobre dicho precepto, debe declararse la responsabilidad de Dª Flor (madre de la menor Sofía […]) y la responsabilidad de Dª Salvadora (madre del menor Secundino, que se encontraba ejerciendo la guarda y custodia en la fecha de los hechos), **quedando acreditado que la Sra. Salvadora no estaba en el momento de los hechos vigilando lo que hacía su hijo menor** Secundino, y por la Sra. Flor **no se ha probado que hubiese actuado**

---

[87] JUR\2020\272540.

[88] Esta sentencia estima la responsabilidad de los progenitores tanto del conductor como del acompañante del patín, por una actuación indebida y peligrosa. El hecho de ir como acompañante en un patín diseñado para ser ocupado por una sola persona, supone por sí una actuación negligente atribuible a los que tienen el deber de vigilancia de sus hijos.

con "la diligencia de un buen padre de familia para prevenir el daño", mientras que los menores llevaban a cabo una acción además de indebida y peligrosa, susceptible de ocasionar daños.

[…]

No obsta a todo ello el hecho de que su hijo no condujera el patín, ya que el mero hecho de ir como ocupante en el mismo, cuando está diseñado para ser utilizado por una sola persona, supone por si solo una actuación negligente, que además incidió de modo palpable en la causación del atropello al circular por una cuesta y evidentemente coger mayor velocidad».

–**SAP (Madrid) de 16 de junio de 2020**[89]**:** *Menor que empuja y lesiona a otra persona a causa de la reprimenda que le estaba dirigiendo*[90].

«Así pues queda sentado que el día 7 de enero de 2013 la actora fue agredida por el menor con resultado lesivo. No obstante, la demanda resulta desestimada. Según se dice "por diversas causas concomitantes, se puede declarar que se sitúan en la realidad de un empujón que propinó el hijo de la demandada a la actora, ante la insistencia de ésta en la reprimenda que le estaba dirigiendo. Siendo que los problemas físicos –osteoporosis– de la lesionada contribuyeron al resultado, entendiendo que el empujón no es una actuación que entre en el ámbito de responsabilidad señalada en el art. 1.903 CC." **Tal conclusión no se atiene sin embargo al dictado del artículo 1903 CC con el que se pretende proteger a los terceros perjudicados frente a las actuaciones ilícitas de menores,** como en este caso en que la agresión a la demandante queda probada. En efecto, es criterio jurisprudencial asentado que **estamos ante una responsabilidad casi objetiva**, como señala la propia sentencia recurrida, por lo que la desestimación de la demanda **solo procede en aquellos supuestos en que conste cumplida prueba de la total diligencia de los progenitores demandados bajo cuya custodia se encuentre el menor**, como señala la STS de 12 mayo 1999. **Se produce, en suma, la inversión de la carga probatoria**, de tal manera que tras, la **presunción de culpa, tienen que ser los padres los que acrediten que adoptaron todas las medidas de prudencia exigibles a fin de evitar que su hijo cometiera el hecho ilícito**. En este caso sin embargo nada se alega –la demanda en la contestación a la demanda se limita a decir que le fue "imposible hacer nada"– ni

[89] ECLI:ES:APM:2020:6714.

[90] En primera instancia la demanda es desestimada porque los problemas físicos de la víctima contribuyeron al resultado lesivo y el empujó efectuado por el menor no entra dentro del ámbito de responsabilidad del art 1903 CC. El órgano de apelación entiende que la resolución de instancia no se ajusta al art. 1903 CC, al estarse ante una responsabilidad cuasiobjetiva y que solo procede la exoneración de responsabilidad cuando se pruebe la total diligencia de los progenitores bajo cuya custodia se encuentren.

acredita por la demandada en orden a demostrar que adoptó las medidas de prudencia exigibles a fin de evitar que su hijo cometiera el hecho ilícito».

–**SAP (Granada) de 25 de septiembre de 2020**[91]**:** *Atropello mediante el uso de trineos por parte de un menor de edad en una zona no habilitada al efecto*[92].

«En este caso al tratarse de un menor, como causante del daño, **se traslada al deber *in vigilando* de sus progenitores con quien el menor se encontraba**, que tiene su fundamento en el artículo 1903 CC que hace responsables a los padres, de forma casi objetiva, de los daños causados por los hijos que se encuentren bajo su guarda. Esta responsabilidad tradicionalmente se ha fundado en el incumplimiento del deber de vigilancia que incumbe a los progenitores, presumiéndose la culpa de los mismos e invirtiéndose la carga de la prueba, de manera que habrán de ser los padres los obligados a probar su diligencia para quedar exonerados de culpa, como claramente establece la STS de 8 de marzo 2006 [...]. Por tanto, **la declaración de responsabilidad procede con carácter general cesado sólo cuando los padres prueben que emplearon toda la diligencia de un buen padre de familia para prevenir el daño**. Se produce, como se ha dicho, la **inversión de la carga probatoria**, de tal manera que tras, la presunción de culpa, **tienen que ser los padres los que acrediten que adoptaron todas las medidas de prudencia exigibles a fin de evitar que su hijo cometiera el hecho ilícito**. En definitiva, el art. 1903 CC pretende proteger a los terceros perjudicados frente a las actuaciones ilícitas de menores, con lo que la responsabilidad de los padres se constituye en la regla en tanto que **la absolución de los mismos es excepcional y sólo procedente en aquellos supuestos en que conste cumplida prueba de su total diligencia** (STS 12 de mayo de 1.999). Apuntar, también, de acuerdo con otras resoluciones del mismo TS que, por tratarse de una responsabilidad por semi-riesgo con proyección de cuasi-objetiva, procede aunque los padres no estén presentes en el momento de cometerse el hecho (STS 22 de enero 1991 y 7 de enero 1992), pues, como ya hemos expuestos, **se trata de culpa propia de los progenitores por omisión de los necesarios deberes de vigilancia y control de sus hijos menores de edad** (STS 1 de junio 1980 , 10 de marzo 1983 y 29 de mayo 1996).

La Sala no puede sino compartir los acertados argumentos que se recogen en la resolución apelada, exponiendo de forma detallada una

---

91 JUR\2021\95847.

92 Se aplica la doctrina general derivada de la responsabilidad civil de los padres ex art. 1903 CC, imputándose la responsabilidad de los progenitores por culpa in vigilando, ya que el menor se desliza con el trineo por una zona de nieve transitada por personas y no habilitada a tal fin. Se debió extremar la precaución más aún por la ausencia de señalización y de pistas propicias para la actividad.

relación de hechos probados que no son negados por el apelante, **siendo relevante el dato que en la zona que se produjo el accidente,** que se sitúa donde se encontraban unas casetas para alquiler de equipos y de trineos, donde existen además otros comercios, y con afluencia de gente, **es una zona no preparada para deslizamiento sobre nieve o sobre trineos, siendo por tanto una actividad no autorizada o ilegal, por lo que no cabe duda de la responsabilidad que se atribuye al apelante, poco vigilante de la conducta de su hijo que se desliza por un trineo por una zona transitada por gente, y no autorizada para ello, sin que se le pueda eximir de la misma por el hecho de que la zona no se encontraba señalizada, debiendo de haber de extremado la precaución precisamente por esa falta de señalización y ausencia de pistas por donde poder deslizarse.**

Fijada la responsabilidad extracontractual del demandado, para que se le pueda imputar y condenar a la indemnización de daños y perjuicios **es necesario acreditar el nexo de causalidad entre la acción y la caída de la Sra Mercedes,** y a estos efectos no quedaron acreditados lo elementos obstativos opuestos por el demandado en su contestación, sobre culpa exclusiva de la víctima ya que la zona era de libre acceso de trineos o bien, como viene ahora a introducir en el recurso de apelación, que se aprecia una posible concurrencia de culpas debido a la falta de diligencia de la apelada que a sabiendas que es una zona transitada por trineos no extremó la precaución».

–**SAP (Barcelona) de 15 de noviembre de 2021**[93]: *Daños producidos a un motorista al irrumpir en la circulación de forma sorpresiva una pelota que se le había escapado a un menor, provocando la caída y ocasionándole daños y lesiones personales*[94].

«**El criterio general que informa nuestro sistema de responsabilidad extracontractual se basa en la existencia de una conducta que pueda ser jurídicamente calificada de culposa o negligente** y de la que se haya derivado, con criterios de causalidad adecuada, la existencia del daño cuyo resarcimiento indemnizatorio se reclama.

[…] **Respecto del artículo 1903** citado resulta asimismo de interés lo señalado en la Sentencia del Alto Tribunal de 21 de noviembre de 1990 al indicar que "**ni el artículo 1.902, ni el relacionado 1.903**, en especial

---

[93] ECLI:ES:APB:2021:13315.

[94] En esta resolución, el progenitor queda absuelto por no acreditarse suficientemente que el padre del menor hubiera incumplido el deber de supervisión exigible. Sorprendentemente, no se parte de la presunción de culpa por un defecto en la vigilancia como la mayoría de sentencias recoge, e incluso en situaciones fácticas similares, el resultado es bien distinto (*vid.* STS de 8 de marzo de 2002; SAP (Valencia) de 14 de mayo de 2009; SAP (Huelva) de 22 de octubre de 2018).

aplicable a este caso, en cuanto concierne a la responsabilidad por hecho ajeno,..., **pueden interpretarse con olvido del propio concepto de la culpa**, como fondo remanente, de los mismos; lo que **obliga a considerar si un suceso de tales características era previsible, dentro de un orden cotidiano o normal y a valorar la imposibilidad de evitarlo"**. En definitiva, **la esencia de la culpa consiste en no prever lo que pudo y debió ser previsto o en la falta de adopción de las medidas necesarias para evitar el evento dañoso.**

[...]

Conforme a los criterios legales y jurisprudenciales expresados, **para que sea posible declarar la responsabilidad del menor y la responsabilidad parental que de ella se derivaría, es preciso que quede acreditado que hubo actuación susceptible de ser calificada de culposa o negligente,** y en el caso que nos ocupa no se observa esta actuación culposa porque el juego de pelota se estaba desarrollando en el patio interior del edificio, en una zona destinada al recreo y esparcimiento de las personas, y **el juego de la pelota no puede ser calificado en este contexto de un juego peligroso que el padre del menor hubiera debido prohibir por ser susceptible de dañar a terceros**, sino que bien al contrario **es de general conocimiento la frecuencia y habitualidad con que este juego se practica por los niños en los parques y lugares públicos**.

[...]

En la sentencia de esta Sala se citaban y debemos reiterarlo en la presente resolución, que el **artículo 6:101 de los Principios de Derecho Europeo de la Responsabilidad civil** señala lo siguiente: "La persona que tiene a su cargo otra persona que es menor o sufre discapacidad responde por el daño causado por esa otra persona a menos que demuestre que ella misma cumplió con el estándar de conducta que le era exigible en su supervisión".

[...]

Por consiguiente, **la cuestión nuclear para la resolución del caso estriba en la acreditación de que por el padre del menor se hubiera incumplido de algún modo el deber de supervisión que le sería exigible, incumplimiento del que no se observan indicios**, pues el padre estaba junto a su hijo y participaba del juego, y en el atestado se reseña que según el progenitor "se le escapó la pelota a su hijo en dirección a la calzada y éste salió corriendo tras ella", actuaciones de las que no puede derivarse la responsabilidad que se reclama, máxime si además tenemos en cuenta que esta declaración ni tan siquiera está suscrita por el supuesto declarante al que no se pidió interrogatorio en juicio, y que la parte demandada cuestiona que la pelota se le escapara al menor, por lo que **ni siquiera habría prueba suficiente para imputar causalmente el hecho a la conducta del referido menor**».

–**SAP (Barcelona) de 28 de octubre de 2022**[95]**:** *Un menor es invitado a jugar a casa de un amigo cuando, en el momento de marcharse, cierra una puerta de acceso a la vivienda sin percatarse que uno de los menores mantenía su mano sobre el marco*[96].

> «En este sentido, los hechos base no controvertidos son que los menores implicados en el accidente habían estado jugando y que al irse de la casa uno de ellos sufrió un daño. Sin embargo, **lo que no se ha acreditado, suficientemente, es que el hijo del codemandado hubiera infringido norma de cuidado de clase alguna en la causación de ese daño.** Si ello, de por sí, ya llevaría a la desestimación íntegra de la demanda debe recordarse que, con esa premisa, **el deber de vigilancia paternal solo podría entenderse infringido cuando hubiese mediado una circunstancia o situación de riesgo que tendría que haberse evitado,** lo que en modo alguno no consta en las presentes actuaciones.
>
> […]
>
> **Estamos, en realidad, ante un hecho de carácter fortuito** de cuya naturaleza cada día son tributarios múltiples accidentes de carácter doméstico (que se insertan en la categoría de riesgos ordinarios) y sobre los que **no cabe aplicar el criterio que fundamenta la petición de la actora, so pena de mutar la naturaleza de la responsabilidad de los arts. 1902 y 1903 del CC que solo se basa en un reproche culpabilístico**. Es por ello que, en definitiva, sustentar que la existencia del daño (pre) supone responsabilidad sin más, desnaturalizaría por completo el régimen general de la responsabilidad aquiliana, tal y como viene configurada en el CC».

–**SAP (Madrid) de 7 de noviembre de 2022**[97]**:** *Responsabilidad de los padres por violación bucal efectuada por menores de 11 años a otro discapacitado de la misma edad durante un campamento*[98].

---

95 ECLI:ES:APB:2022:11378.

96 Según la resolución, el daño producido a las manos de uno de los menores por la acción de otro queda incardinado en un infortunio de carácter doméstico imprevisible. Falta la acreditación de que el menor causante infringiera una norma de cuidado y, hacerle responsable por el solo hecho de causar daño, desnaturalizaría el régimen culpabilístico del art. 1903 CC.

97 JUR\2023\28640.

98 La resolución hace responsables civiles a los padres (junto a los titulares del centro docente), considerando que el art. 1903 CC se basa en una responsabilidad cuasiobjetiva y sólo cabe la exención cuando se demuestre el empleo de toda diligencia en la educación y formación integral de los menores conforme a las circunstancias del caso. El daño acontecido es debido a una incorrecta educación sexual y respeto debido a los demás que, de haberse adoptado diligentemente las medidas oportunas, excluiría su causación.

«El art. 1.903 del Código Civil regula una **responsabilidad casi objetiva**, de la que sólo cabe la exención en caso de demostrar el interesado haber desplegado toda la diligencia debida según las circunstancias del caso (S. T. S. 1135/2006 de 10 de noviembre). En este caso, respecto de los progenitores de los menores que cometieron los actos, es la **obligación de educación y formación integral** de los menores donde está la causa que legitima su responsabilidad por los hechos que causan sus hijos a otro niño menor de edad, de una gravedad y alarma social indudable, como antes se ha expuesto. Entiende la Sala que **dicha responsabilidad paterna, derivada de la patria potestad, sigue existiendo en este caso aunque los hijos estén bajo la guarda de cualquier otra persona como es la Asociación responsable del campamento, pues es evidente que el haber realizado tales hechos tienen que ver con la educación y valores que se les inculca a los menores.** Al respecto se puede citar como doctrina jurisprudencial que determina la responsabilidad de los padres por actos de sus hijos, la STS de fecha 11 de marzo de 2006 expone "... resultan responsables los padres que ostentan la patria potestad, al ser el causante menor de edad y vivir en su compañía, tratándose de una responsabilidad por semi-riesgo, con proyección de cuasi-objetiva que procede aunque los padres no estén presentes en el momento de cometerse el hecho (Ss. de 10-3-1983, 22-1-1991 y 7-1-1992). Se trata de culpa propia de los progenitores por omisión de los necesarios deberes de vigilancia y control de sus hijos menores de edad (Sentencias de 24-3-1979, 1-6- 1980, 10-3-1983, 7-1-1994 y 29-5-1996).

[...] **no es obstáculo para que, junto a la responsabilidad de los titulares del centro docente, se aprecie, al mismo tiempo la de los padres,** operando entonces las reglas aplicables a los casos de concurrencia de varios culpables, si se da el supuesto de que se aprecie que contribuyeron negligentemente, en alguna medida, a la producción del daño. Tal circunstancia es claro que se produce si permiten o no se preocupan de controlar que sus hijos lleven consigo al centro escolar objetos que puedan resultan en sí mismos peligrosos, con los que después resulta que causan daño a otros menores, pero **se produce también cuando se aprecia que el daño se debe a una inadecuada educación imputable a los padres**. Por lo tanto, entiende la Sala que en el caso de autos los padres de los menores, como titulares de la patria potestad, deben responder de los graves hechos de carácter sexual cometidos contra otro menor, en cuanto **responsables de la educación integral que deben dar a sus hijos entre la que se incluye la educación sexual y de respeto debido a los demás**, siendo una responsabilidad objetiva, que no decae por la circunstancia de que estuvieran bajo vigilancia de la Asociación en el campamento, sino que se mantiene por el hecho de ostentar la patria potestad de los menores culpables».

–**SAP (Málaga) de 22 de diciembre de 2022**[99]**:** *Menor de 14 años de edad que provoca daños personales y materiales por arrojar piedras al patio de un vecino*[100].

«Según reiterada jurisprudencia seguida, entre otras, por la STS de 14 de Mayo del 2010, en los supuestos de responsabilidad civil por hecho de otro, en aplicación del artículo 1903 del Código Civil, **se presupone una presunción de culpa que únicamente desaparece cuando las personas en él mencionadas prueben que emplearon toda la diligencia de un buen padre de familia para prevenir el daño**, lo que no hicieron los padres ahora demandados, puesto **que los hechos demuestran que no adoptaron las pertinentes medidas de seguridad** en su casa para evitar que el menor accediese al uso del arma.

Además, debemos añadir que la doctrina jurisprudencial viene a establecer que la obligación de indemnizar alcanza a los padres de los menores por estricta aplicación del art. 1903 del CC., tratándose de un tipo de responsabilidad que es **prolongación de la establecida en el art. 1902, ya que las personas mencionadas por aquel precepto responden, en definitiva, por la negligencia que en ellas se presume** como causa del acto imprudente del menor, incapaz, dependiente, etc. No se trata únicamente de una responsabilidad por hechos ajenos, sino por acción u omisión negligente propia; dicho de otro modo, se puede hablar de una responsabilidad directa por acto ajeno, la cual no debe de confundirse con la responsabilidad directa por acto del responsable mismo.

[…]

El anterior resultado probatorio se ha de valorar teniendo en cuenta la doctrina aplicable a la acción de culpa extracontractual in vigilando esgrimida en la demanda, y que tiene su fundamento en **el art. 1.903 CC que hace responsables a los padres, de forma casi objetiva, de los daños causados por los hijos que se encuentren bajo su guarda.** Esta responsabilidad tradicionalmente se ha **fundado en el incumplimiento del deber de vigilancia que incumbe a los progenitores, presumiéndose la culpa de los mismos e invirtiéndose la carga de la prueba**, de manera que **habrán de ser los padres los obligados a probar su diligencia para quedar exonerados de culpa**, como claramente establece la STS de 8 de marzo 2006 […]. Por tanto, la declaración de responsabilidad procede con carácter general cesado sólo cuando **los padres prueben que emplearon toda la diligencia de un buen padre de familia para prevenir el daño.**

---

[99] ECLI:ES:APMA:2022:3286.

[100] La audiencia en su fundamentación jurídica aplica la doctrina general, haciendo responsables a los padres por no haberse acreditado el empleo de toda diligencia para prevenir los daños producidos como consecuencia de arrojar piedras a la propiedad del vecino. Se considera que se da un incumplimiento del deber de vigilancia que compete a todo progenitor, presumiéndose la culpa de estos.

Se produce, como se ha dicho, **la inversión de la carga probatoria**, de tal manera que tras, la presunción de culpa, **tienen que ser los padres los que acrediten que adoptaron todas las medidas de prudencia exigibles a fin de evitar que su hijo cometiera el hecho ilícito.** En definitiva, **el art. 1903 CC pretende proteger a los terceros perjudicados frente a las actuaciones ilícitas de menores, con lo que la responsabilidad de los padres se constituye en la regla en tanto que la absolución de los mismos es excepcional y sólo procedente en aquellos supuestos en que conste cumplida prueba de su total diligencia** (STS 12 de mayo de 1.999).

[…]

En el caso que enjuiciamos los padres codemandados no han articulado prueba alguna encaminada a acreditar su actuación diligente para evitar la producción de los daños que han resultado del siniestro acaecido […]».

–**SAP (Málaga) de 13 de febrero de 2023**[101]**:** *Incendio causado por menores que se ponen de acuerdo para fabricar una bomba fétida, organizándose para la compra del material y elaboración. Uno de los padres demandados alega el no tener la custodia de su hijo en el momento de los hechos*[102].

«[…] antes de abordar el examen de la responsabilidad *in vigilando* o *in educando* declarada en sentencia de cada uno de los progenitores demandados , y el carácter solidario de la misma, se hace preciso examinar el motivo alegado por la representación de Don Ovidio, en cuanto su falta de responsabilidad por no tener la custodia de su hijo en el momento de ocurrencia de los hechos estando separados los progenitores , motivo que ha de decaer **pues sin duda alguna los responsables de los actos que realicen los menores son ambos progenitores, sin que el mero hecho de no ostentar la guarda y custodia le exime de responsabilidad**, como bien indica la sentencia de instancia , cuyos razonamientos esta Sala comparte en su integridad, "Respecto a dicha cuestión debe traerse a colación la sentencia de la Audiencia Provincial de Orense de 28 de febrero de 2005, que analizando el daño causado por un menor de 16 años de edad acuerda que en caso de vida separada de los progenitores, en que se ha establecido un régimen de guarda y custodia, **la palabra guarda ha de ser interpretada con amplitud y flexibilidad, pues en caso contrario, el progenitor que presta mas directamente sus cuidados**

[101] ECLI:ES:APMA:2023:731.

[102] Esta sentencia resuelve el problema que plantea la responsabilidad de los progenitores que no ostentan la guarda y custodia de los hijos, afirmando que, de una interpretación amplia y flexible del término "guarda", la responsabilidad ha de recaer en ambos padres, independientemente de quien ostente dicha guarda y custodia [*cfr.* SAP (Islas Baleares) de 25 de marzo de 2009].

y compañía al menor, y por ende el mas sacrificado, resultaría ser el mas responsable. Se apoya también en que cuando el articulo 1903 CC habla de responsabilidad de los tutores, la circunscribe a los menores o incapaces que están bajo su autoridad y habiten en su compañía de lo que se deduce que en el caso de los padres (donde no se especifica que habiten en su compañía), el legislador no quería excluir su responsabilidad, aunque no residieran con el menor. En el mismo sentido responsabilizan a ambos progenitores a pesar de vivir separados la SAP Oviedo el 23 de octubre de 2001, SAP Huelva de 16 de mayo de 2005 y SAP Albacete de 20 de febrero de 2016. " Por tanto esta Sala , tal y como razona de forma acertada la juzgadora de instancia, entiende que **son responsables ambos progenitores de la actuación del menor, y ello con independencia de quien ostenta, la guarda y custodia en el momento de los hechos** pues una posición contraria supondría beneficiar al progenitor que menos tiempo dedica al cuidado , atención y educación del menor y además supondría una diferenciación que el propio precepto no determina , diferenciación que si se contempla en otros supuestos del propio articulo 1903 del Código Civil».

4. CONSIDERACIONES EN TORNO AL DEVENIR GENERAL DE LA DOCTRINA JURISPRUDENCIAL

Una vez efectuado un repaso por la jurisprudencia del Tribunal Supremo y de las Audiencias Provinciales conviene destacar las cuestiones más relevantes tratadas, para así poder establecer unos criterios claros acerca de la responsabilidad de los padres de los ilícitos cometidos por los hijos menores, reflexionando sobre los postulados más controvertidos que, quizás, necesiten de una nueva reformulación a raíz del avance del ordenamiento en lo referente a las circunstancias, madurez y autonomía del menor cercano a la mayoría de edad, en relación a la realidad social del tiempo en que ha de aplicarse el art. 1903 CC.

Conforme a las evidencias jurisprudenciales plasmadas en el epígrafe precedente, puede decirse que los tribunales españoles han tendido a la objetivación de la responsabilidad de los progenitores. Ello sustentado por lo dispuesto en el art. 1903 CC *in fine* relativo a la difícil prueba del empleo de toda diligencia por los progenitores para evitar la consecuencia indemnizatoria. La jurisprudencia española ha sido reticente a la hora de acoger la exoneración habilitada en el precepto, un rigor extremo que ha avocado a los padres a convertirse en una «aseguradora universal» de los daños provocados por sus hijos, amparado en el fundamento de la hipotética insolvencia de los menores y la indemnización plena de la víctima. Realmente, lo que subyace en los postulados de la jurisprudencia actual es el principio de garantía y el *favor victimae* o *pro damnato* frente al culpabilístico[103], considerándose que el criterio sobre el que se basa la responsabilidad de los progenitores es de base social o interés general, un reforzamiento de los fines preventivos y la aferrada sobreprotección de la víctima (Paños Pérez, 2010, pp. 40-46). A pesar de ello, lo cierto es que la responsabilidad civil en general, no tiene una función preventiva o punitiva, ni funciona como una medida de política social tendente a evitar el daño y, por ende, resulta ilusorio pretender que los destinatarios actúen en todas las facetas de su vida de forma diligente. La responsabilidad extracontractual en nuestro sistema jurídico tiene más bien una naturaleza compensatoria o resarcitoria, y esta consideración debe tenerse en cuenta a la hora de analizar la responsabilidad de los progenitores por los actos de sus hijos, que vendrá así a desempeñar, de facto, una función de garantía frente a terceros.

En la STS de 17 de junio de 1980 se aborda el deber de vigilancia que pesa sobre los progenitores, a quienes se les hace responsables directos por haberse vulnerado las obligaciones que les competen (obligaciones *in custodiando* o *in vigilando*). La propia resolución acomete una interpretación subjetiva del art. 1903 CC al entender que esa es la voluntad del legislador, presumiéndose la culpa y la correspondiente inversión de la carga probatoria.

La tónica general de la mayoría de las sentencias del TS analizadas [en contradicción con otras como la STS de 28 de diciembre de 2001[104] o la STS de 23 de febrero de 2010 (que habla de responsabilidad objetiva[105])] ha consistido

---

[103] La doctrina más autorizada afirma que, a través del devenir jurisprudencial, se ha venido deformando la noción de culpa civil, ya que la responsabilidad en nuestra tradición jurídica es teóricamente por culpa, pero en la práctica resulta objetivo, resultando una tendencia clara hacia el favorecimiento de las indemnizaciones. El fundamento subyacente que existe detrás de las teorías objetivadoras no es otro que el *favor victimae* o principio *pro damnato*, en el que «todos los perjuicios y riesgos que la vida social ocasionan deben dar lugar al resarcimiento, salvo que una razón excepcional obligue a dejar al dañado solo frente al daño» (Díez-Picazo, 2000, pp. 235 y ss.).

[104] En esta sentencia, sin embargo, se pone de relieve que el art. 1903 CC no implica la aceptación de una responsabilidad objetiva o por riesgo; una contradicción respecto a otras muchas resoluciones que fundamentan la responsabilidad civil en el riesgo. Otros vestigios pueden encontrarse en la jurisprudencia menor como en la SAP (Madrid) de 19 de diciembre de 2018. Esta resolución no aprecia culpa *in educando* del progenitor, rechazando expresamente el carácter objetivo de la responsabilidad civil de los padres y su consecuente equiparación a la responsabilidad por hecho ajeno, propia del empresario.

[105] Dicha resolución, aplica la responsabilidad objetiva («[...]y ello en virtud de los criterios de la responsabilidad objetiva [...]» a un supuesto de responsabilidad de los padres por la manipulación de unos petardos por su hijo, un tratamiento excesivo que va más allá de la órbita jurídica que impone el art. 1903 II CC. Y es que, el art. 1903 CC no indica que quien cause daños responderá con independencia de que haya o no habido culpa.

en la aplicación de la teoría del riesgo[106], más propia del sector económico y comercial que de una relación paterno-filial. La creación de riesgo se produce por la transgresión del deber de vigilancia que compete a los padres sobre los hijos sometidos a su potestad, sin que se puedan amparar en la mayor o menor falta de capacidad de los menores (STS de 8 de marzo de 2006).

La equiparación por nuestros tribunales de la responsabilidad civil de los padres con otras conductas ligadas al tráfico económico, basadas en el riesgo[107], resulta un poco incoherente y desviada del fundamento intrínseco del art. 1903 CC[108]. Considerar que los padres generan una fuente de peligro por engendrar y criar a un hijo, como si de una industria se tratase[109], necesita de un nuevo replanteamiento o claridad por parte de nuestra jurisprudencia, más aún cuando existen resoluciones contradictorias y variopintas (algunas determinan que el art. 1903 CC no predica una responsabilidad por riesgo, otras que sí, otras aisladas, en cambio, que se está ante una responsabilidad objetiva y, las que menos, que el criterio es culpabilístico). Este afán aclaratorio se sustenta, además, en el actual orden social, jurídico y económico en el que se ambientan los menores hoy día (especialmente los cercanos a la mayoría de edad)[110]. Aunque el resultado sea el mismo, una cosa es la responsabilidad por culpa presunta (que sigue manteniendo su naturaleza subjetiva) y otra la objetiva, que prescinde totalmente del elemento culposo (Yzquierdo Tolsada, 2020, p. 320).

---

[106] Un gran número de sentencias apuntan que la responsabilidad de los padres es una responsabilidad por riesgo o cuasi objetiva, justificándose por la trasgresión del deber de vigilancia que a los progenitores incumbe sobre los hijos sometidos a su potestad con presunción de culpa en quien la ostenta. Ese matiz objetivo pasa a obedecer a criterios puramente de riesgo, sin que sea permitido ampararse en que la conducta del menor, debido a su escasa edad y falta de madurez, no pueda calificarse de culposa, pues la responsabilidad dimana de culpa propia del guardador por omisión del deber de vigilancia.

[107] Esser, J. (1969). *Grundlagen und Entwicklung der Gefährdungshaftung.* Beck. Munich, entiende que la responsabilidad por riesgo hace responder al causante por el peligro que suscita su actividad, esto es, la imposición de las consecuencias resarcitorias a quien domina una fuente de peligros representada por una empresa o explotación.

[108] Advierte Rogel Vide, C. (2018). *Responsabilidad civil de los padres por los hechos dañosos de sus hijos. En torno al artículo 1903 del Código Civil*, Reus, Madrid, p. 31 que con la objetivación de esta materia se está prescindiendo del elemento culpa, al imputarse a los padres la responsabilidad por los hechos dañosos de sus hijos en base exclusiva al mero riesgo, implícito en la actividad misma de éstos.

[109] Hay que traer a colación lo puesto de manifiesto acertadamente por Yzquierdo Tolsada, M. (2016). «¿Por fin menores civilmente responsables? Reflexiones a propósito de las reformas de 2015». *Foro, Nueva época,* vol. 19, núm. 2, cuando señala que «tener un hijo menor y ponerle en la sociedad es lo mismo que tener laboratorios de isótopos radiactivos, fabricar reactores nucleares o fabricar ácido sulfúrico».

[110] Cuestión que se analiza en la segunda parte de este trabajo.

La jurisprudencia viene entendiendo que el art. 1903 *in fine* CC lo que establece es una inversión de la carga de la prueba, es decir, la víctima no tiene que acreditar la negligencia del progenitor, sino que son éstos los que deben probar que actuaron con toda la diligencia que les era exigible, una prueba muy compleja y, que, en aquellos casos en los que se intentó desplegar, los tribunales consideraron que era insuficiente (*v.gr.* SSTS de 29 de mayo de 1996; de 10 de marzo de 2006, entre otras).

Por otro lado, el TS recuerda la necesidad de que el daño ha de ser imputado subjetivamente al menor causante. A pesar del acuciado giro hacia la objetivación, para que esta responsabilidad se haga efectiva debe quedar acreditada la culpa o negligencia en la que incurre el hijo menor, pues sólo entonces, por culpa *in vigilando* o *in educando*, es exigible de forma directa la responsabilidad vicaria del padre o madre. Así, en ningún caso sería posible prescindir totalmente del principio culpabilístico que consagra nuestro CC, de manera que sólo cuando haya culpa en los hijos surgirá la responsabilidad directa de los padres y, siendo un requisito esencial de la culpa la previsibilidad, resulta imprescindible que la acción u omisión negligente del menor, en el desarrollo de una actividad susceptible de crear riesgo de daño para las personas, sea previsible y evitable, habiendo tenido oportunidad los padres de evitar el daño causado por el hijo de haberse ajustado la diligencia que le era exigible, a las reglas de atención y cuidado (STS de 8 de marzo de 2002).

Escasas sentencias adoptan la posibilidad de apreciar la culpa *in vigilando* de los progenitores, algunas entrando en contradicción sobre hechos análogos. La STS de 28 de diciembre de 2001, más que acoger la ausencia de culpa *in vigilando* de los padres, consideró la carencia del elemento culpabilístico del menor causante del daño, en la medida en que los hechos se produjeron en el marco de un juego infantil inocuo, aceptado y común entre los menores de dicha edad (saltar a la comba). Estas resoluciones, en realidad, aplican el criterio de la necesidad de que exista una imputación subjetiva al causante del daño, esto es, si el menor no fue culpable en la producción del resultado, achacable más bien al caso fortuito o al «riesgo general de la vida», no podrá exigirse responsabilidad a sus progenitores *ex* art.1903 CC.

En términos generales del análisis jurisprudencial expuesto en esta parte del trabajo, se puede concluir cuál es la tendencia doctrinal consolidada a lo largo de estos años, quedando articulada sobre la base de las siguientes resumidas notas, no exentas de debate:

- Automatismo en la acogida de la transgresión del deber de vigilancia y educación por parte de los progenitores (culpa *in vigilando* o *in educando*).
- Presunción *iuris tantum* de culpa.
- Inversión de la carga de la prueba del empleo de toda diligencia para prevenir el daño a cargo de los progenitores. Prueba suficiente, lo que la convierte en rigurosa y severa.
- Tendencia a la objetivación: aplicación de una combinación de criterios (responsabilidad por riesgo, cuasi-objetiva, responsabilidad por semiriesgo con proyección de cuasi-objetiva, etc.).
- La responsabilidad de los padres es la regla y la absolución es la excepción.

La mayoría de la jurisprudencia menor, fiel a los postulados de su superior jerárquico, sigue manteniendo hasta nuestros días el criterio de la responsabilidad por riesgo o cuasi-objetiva[111]. Contadas sentencias han indicado lo contrario; a este respecto, la Audiencia Provincial de Barcelona pone de relieve [SAP (Barcelona) de 25 de febrero de 2009] que la «[…] la responsabilidad de los padres por los daños causados por los hechos de los hijos no es una responsabilidad objetiva o por riesgo, sino que exige en cualquier caso una actuación o una omisión culposa por parte de aquéllos, de modo que, ninguna culpa podrá predicarse […]»[112]. La SAP (Barcelona) de 28 de octubre de 2022 va más allá y, con contundencia, declara acertadamente que no cabe aplicar criterios objetivadores, «so pena de mutar la naturaleza de la responsabilidad de los arts. 1902 y 1903 del CC que solo se basa en un reproche culpabilístico». Y es que (continúa), «sustentar que la existencia del daño (pre) supone responsabilidad sin más, desnaturalizaría por completo el régimen general de la responsabilidad aquiliana, tal y como viene configurada en el CC».

---

111 SSAP (Guipúzcoa) de 9 de noviembre de 1999; (Murcia) de 2 de febrero de 2002, de 27 de abril de 2020; (Valencia) de 18 de mayo de 2002, de 14 de marzo de 2014; (Islas Baleares) de 25 de mazo de 2009, de 19 de noviembre de 2019; (Alicante) de 10 de diciembre de 2009; (A Coruña) de 13 de diciembre de 2011; (Almería) de 14 de mayo de 2015; (Jaén) de 12 de julio de 2017; (Madrid) de 19 de diciembre de 2018, de 7 de noviembre de 2022; (Málaga) de 22 de diciembre de 2022, entre otras muchas más.

112 SAP (Barcelona) de 25 de febrero de 2009 [AC\2009\360].

II

REALIDAD SOCIAL DEL TIEMPO Y REALIDAD JURÍDICA*

* Esta sección amplía y profundiza lo ya puesto de manifiestos en VELASCO PERDIGONES, J.C. (2020). «Madurez en el menor de edad: ¿responsabilidad civil? (hacia otra exégesis del art. 1903 CC)», en AA.VV., *Los nuevos retos del derecho de familia.* Tirant lo Blanch. Valencia, pp. 123-137.

CAPÍTULO III

AUTONOMÍA PROGRESIVA DEL MENOR Y DEBILITAMIENTO DE LAS FACULTADES DE LOS PROGENITORES

1. PRELIMINAR

En los últimos tiempos, el concepto de menor de edad ha evolucionado tanto desde la perspectiva social como jurídica. A los efectos analizar la responsabilidad de los progenitores por los actos de sus hijos menores, resulta obligado integrar el decimonónico art. 1903 CC con las actuales concepciones sociales sobre el rol de los menores en nuestra sociedad, su ámbito de actuación individual y el vigente concepto de familia (en el que se inserta). Naturalmente, la responsabilidad de los padres no se entiende si el precepto y los postulados que lo sustenta no se interpreta conforme al contexto y a la realidad social del tiempo en que las normas han de ser aplicadas (art. 3.1 CC).

De este modo, resulta claro que el papel que nuestra sociedad otorga a los menores –y, naturalmente, a sus progenitores en tanto que cuidadores y responsables de su supervisión, educación y socialización son– no es análogo a cuando se promulgó el Código Civil. Los menores cuentan en nuestro medio social actual con un relevante margen de autonomía personal, poder de decisión y libertad para celebrar determinados negocios jurídicos acorde a los usos sociales. En otro plano, nos encontramos con la decadente autoridad de los progenitores y las limitadas posibilidades de vigilancia y educación de sus hijos menores, habiéndose eliminado las herramientas jurídicas que permitían una corrección razonable, moderada y acorde a las circunstancias.

A través del ordenamiento jurídico nacional e internacional se pone de manifiesto que el concepto de menor ha experimentado una notable evolución, así, basadas en la idea de protección del menor y su plena integración en la sociedad, se obliga a todos a situar el cambiante y mutable interés superior del menor como principio rector de cualquier actuación que le afecte[1].

---

[1] *Vid.* Pizarro Moreno, E. (2020). *El interés superior del menor: claves jurisprudenciales*. Editorial Reus. Madrid, p. 16 y ss.

La progresiva libertad y autonomía que el ordenamiento dispensa a los menores, especialmente a aquellos cercanos a la mayoría de edad, hace, consecuentemente, que disminuya la potestad de los progenitores de supervisión, control y educación –exigida hasta extremos irracionales por la jurisprudencia patria– debiendo plantearse la rebaja del grado de diligencia exigible a los padres (Berrocal Lanzarot, 2014, p. 210; López Beltrán de Heredia, 1988, p. 89) o la imputación de responsabilidad civil al menor con aptitud de culpa civil (Llamas Pombo, 2019, p. 3), pudiendo establecerse incluso una graduación de edades para su atribución.

2. AUTONOMÍA PROGRESIVA, INDEPENDENCIA Y MADUREZ DEL MENOR

2.1. Realidad social del tiempo

2.1.1. Ambiente en torno a la Codificación

La agricultura es considerada la principal actividad y fuente de sustento de la familia del siglo XIX[2]. Y es que, más de las ¾ partes de la renta se correspondía con la actividad primaria (un 72,75%) y el 82% de la población vivía en el medio rural (Sánchez de Toca, 1972, p. 58). Estos datos ofrecen un esbozo de cómo se encontraba la sociedad, la familia y sus miembros en el período en el que se promulga el CC. Generalmente, todos los componentes de la unidad familiar, de una u otra forma, debían contribuir a su levantamiento. Esta configuración social y familiar se refleja también el ordenamiento de la época.

Para entender la responsabilidad civil a la que se enfrentan los padres por los hechos ilícitos de sus hijos menores de edad, hay que tomar como punto de partida la configuración jurídica de la relación paterno-filial en este periplo histórico, especialmente las facultades de los padres con respecto a sus hijos menores de edad no emancipados.

El papel e importancia de la figura paterna se encuentra reflejada en la legislación decimonónica traída, como se ha visto, de *Las Partidas*[3] e influenciada por el antecedente romano. A partir de las normas, puede extraerse que la familia del s. XIX es jerarquizada y la autoridad familiar queda circunscrita

[2] Para mayor profundidad a este respecto, *vid.* Tortella Casares, G. (1989). «La economía española, 1830-1900», en VV.AA., *Historia de España. Revolución burguesa, oligarquía y constitucionalismo (1834-1923)*, Tomo VIII, 2ª ed., Labor SA. Barcelona, p. 29.

[3] *Vid.* Leyes I y II, Título XVII de la Partida XIV.

al poder del padre. Así, se identificaba al *paterfamilias* como el gran jefe que ejerce su potestad sobre aquellas personas que de él dependen, definiéndose la patria potestad como aquella autoridad y derechos que competen exclusivamente al titular paterno sobre los hijos no emancipados (García Goyena, Aguirre y Montalbán, 1844, p. 25). La patria potestad tal y como se concibe en el siglo XIX, nada tiene que ver con el poder absoluto e ilimitado que podía ejercer el padre en la época romana, así se pone de manifiesto por los autores de la época[4]. Además, la patria potestad es entendida por los autores decimonónicos como una «relación dulce y de cariñosa subordinación» (Navarro Amandi, 1880, p. 147).

Una de las facultades derivadas de la patria potestad es la obligación de obediencia, respeto y reverencia de los hijos hacia sus padres, habilitándose el expreso derecho de estos últimos al ejercicio del poder de corrección y castigo moderado (Navarro Amandi, 1880, p. 148). Estas últimas facultades hacen que se considere al padre como el jefe de la casa que, investido de magistratura, tiene a los hijos bajo su autoridad y gobierno, con la potestad de corregirlos con castigos moderados y, además, pudiendo utilizar sus servicios sin contraprestación alguna (Gutiérrez Fernández, 1881, p. 697).

La jerarquización familiar y el papel del padre se manifiesta en el ordenamiento decimonónico, prueba de ello es la Ley de 20 de julio de 1862 relativa al matrimonio. En dicha norma se articula el consentimiento familiar para contraer matrimonio por un hijo menor de veintitrés años o la hija que no ha cumplido veinte. Del mismo modo, se antepone preferentemente la autorización del padre para el matrimonio frente a la madre, siendo el espíritu de la norma la de «enaltecer la autoridad del padre» (Gutiérrez Fernández, 1881, p. 278). Estos precedentes jurídicos vienen residualmente traídos del Derecho romano y, en cierto modo, mantenidos en *Las Partidas*[5], para posteriormente adaptarlos a la sociedad del s. XIX.

Algunos principios y facultades, a pesar de fraguarse en la época romana, se mantuvieron en la promulgación del CC en 1889[6], añadiéndose una facultad antes inexistente, la de recabar el auxilio de la autoridad gubernativa para la detención y retención de los hijos no emancipados[7]. Es decir, el texto civil original

---

[4] *V.gr. vid.* Gutiérrez Fernández, B. (1881). *Códigos o Estudios Fundamentales sobre el Derecho Civil Español*, t. I, 5ª ed., Madrid, pp. 653-655.

[5] La Ley XVIII, Título XVIII, Partida IV y la Ley IX, Título VIII, Partida VII, permiten el castigo a los hijos no como se entendía en Roma, sino con «mesura y piedad».

[6] *Vid.* Arts. 154 y 155 CC (texto original).

[7] *Vid.* Art. 156 CC (texto original).

mantuvo la autoridad y potestad del jefe de la familia, con especial preferencia del padre frente a la madre[8], dotándolo de atributos como la corrección, el castigo moderado y la posibilidad de impetrar el auxilio de la autoridad ante «un hijo ingrato, díscolo e inobediente, sobre todo cuando los infelices padres carezcan de todo medio coercitivo eficaz, hará necesario, y aun absolutamente indispensable, prestar a los padres un amparo que aun a trueque de hacer salir de las familia lo que en ella debiera esconderse, ponga límites a aquellos atentados» (Navarro Amandi, 1889, p. 252).

El menor no emancipado era considerado un miembro familiar carente de autonomía, libertad y de ciertos derechos, precisándose la correcta dirección y educación de los titulares de la *patria potestas*. La minoría de edad no era un estatus jurídico propio que le dotase de cierta autonomía y protección, conforme a sus circunstancias, sino que era catalogado *per se* como una persona inmadura y dependiente para afrontar la «complejidad» de la vida del momento, en definitiva, un incapaz. Los textos jurídicos de la época muestran que es a partir de la mayoría de edad[9] cuando existe «la plena madurez en el juicio y, las facultades del hombre para gobernar sus actos y regir sus bienes» (Navarro Amandi, 1889, pp. 417-418).

Las facultades anteriores estarían incompletas si no se garantizara un especial régimen disciplinario, con el objeto de que los sometidos obedezcan a las instrucciones y comportamientos, en definitiva, un mecanismo de coerción para cumplir las normas emanadas de la autoridad paterna. Es decir, para hacer cumplir las facultades que da el ordenamiento a la jefatura familiar, ha de existir un régimen sancionador que consiga que sus destinatarios se sientan coercidos y que, además, las facultades y derechos reconocidos a la autoridad paterna sean respetados[10].

---

[8] La madre ocupa una posición secundaria, siendo el padre considerado como el titular principal en el ejercicio de la *patria potestas*. La madre ostenta dicho plano secundario por el encuadre discriminatorio al que se enfrentaba la mujer del momento. Uno de los llamativos ejemplos es el contenido en el art. 321 CC de 1889; (en dicho precepto se prevé de la necesidad de autorización de los padres para las hijas mayores de edad, pero menores de veinticinco años, para dejar el hogar paterno).

[9] El art. 320 CC de 1889 establece la mayoría de edad y el límite de madurez en los veintitrés años. A lo largo de la Historia este límite ha sido cambiante e incluso se han establecido dispares edades para el ejercicio de distintas potestades en un mismo período temporal.

[10] De hecho, Pedregal y Cañedo, M. (1889) *Texto y comentarios al Código Civil español*, Tomo I, Madrid, p.313, manifiesta que toda idea de autoridad debe de ir unida *per se* la de coerción. Si se inviste de cierta autoridad al padre, el ordenamiento jurídico ha de dotar a este de poder disciplinario. De hecho, el principio de autoridad se encuentra en todas las facetas de la sociedad y, los padres, en la difícil tarea de educar, vigilar y supervisar a sus hijos, precisan de facultades que hagan respetar sus decisiones.

En torno al principio de autoridad y demás facultades derivadas de la patria potestad, se desarrolla la responsabilidad civil contenida en el art. 1903 CC[11]. Dicho precepto viene a concordar con la posición que ostenta la autoridad paterna en relación a las facultades expuestas anteriormente, haciéndose responsable en un primer plano al padre, y sólo en caso de muerte o incapacidad de éste, a la madre, respecto de los ilícitos cometidos por sus hijos menores de edad que viven en su compañía. La exención de responsabilidad pasa por la acreditación del empleo de «toda la diligencia de un buen padre de familia para prevenir el daño».

La responsabilidad de los padres concuerda con la realidad social y familiar del momento, donde estos han de vigilar, dirigir y castigar a los menores de edad que viven en su compañía, para no producir daños a terceros. Cuando el menor vive en compañía de sus padres, estos tienen mayor facilidad para controlar lo que hacen y, un defectuoso control podría generar un eventual daño.

En esta época no resulta anacrónico hacer responsable a unos progenitores que disponen de mecanismos eficientes para la corrección de los hijos, pues teniendo a un hijo bajo su control, si estos causan un daño, será por la carencia de vigilancia y educación, unida a una acusada ausencia del correcto ejercicio del poder disciplinario. Los menores de edad convivientes, al encontrarse sometidos al cuidado y dirección de la jefatura familiar, deben aceptar que los padres ejerzan sobre ellos una vigilancia especial, más aún cuando duermen bajo un mismo techo, con la finalidad de evitar la causación de un mal injusto[12]. Las competencias de vigilancia, control y corrección de los menores se entienden en una sociedad patriarcal, jerárquica y rudimentaria, teniendo en cuenta que el estatus de la minoría de edad no contaba con un régimen jurídico avanzado de protección, como hoy en día puede entenderse.

---

[11] Debe de entenderse la redacción original del año de la promulgación del CC (1889), la cual concuerda casi literalmente con la expuesta en el *Code civil* (1804). Conforme este último, el art. 1384 expone: "[...] *Le père, et la mère après le décès du mari, sont responsables du dommage causé par leurs enfans mineurs habitant avec eux;* [...] *La responsabilité ci-dessus a lieu, à moins que les père et mère, [...] ne prouvent qu'ils n'ont pu empêcher le fait qui donne lieu à cette responsabilité*".

[12] De esta forma, Pedregal y Cañedo (1889, p. 831) considera que en la responsabilidad civil de los padres tiene especial relevancia el poder de vigilancia que ostentan estos sobre sus hijos menores, debiendo de evitarse que por "ignorancia, impremeditación o falta de capacidad", se cause daño. Esta facultad de vigilancia ha de ir complementada con el reconocimiento de la autoridad paterna, ya que de nada sirve vigilar si no existe coerción alguna que reprima o prevenga las injustas conductas.

La lógica jurídica del momento hace que los padres sean responsables por los ilícitos de sus hijos menores que, conviviendo con ellos y disponiendo a su alcance una suerte de mecanismos de vigilancia, control y corrección, no han sabido dirigir a un sujeto entendido por la sociedad del momento como inmaduro. El espíritu de las normas en esta etapa histórica evidencia que para educar hay que corregir y, para vigilar, es necesario dotar al vigilante de suficiente autoridad y poder disciplinario.

2.1.2. Ambiente actual

Obviamente, las condiciones económicas y estructurales de la sociedad y la familia decimonónica difieren de la actual. La familia patriarcal, autoritaria y jerarquizada ha ido paulatinamente perdiendo fuerza con la evolución de los tiempos. Hoy en día, la sociedad en general ha experimentado una importante evolución en derechos y libertades, con mayor incidencia en el caso de los menores de edad. Se ha logrado poner de relieve y transmitir a los menores sus derechos, no ocurriendo lo mismo con sus obligaciones, deberes y responsabilidades[13]. Es más, en el debate de las últimas décadas el eje central gira en torno a la autonomía progresiva que ha ido paulatinamente adquiriendo el menor en el ejercicio de sus derechos, pasando a un plano secundario la importancia de sus deberes, obligaciones y responsabilidades, que naturalmente también implica que sus destinatarios se desarrollen como personas y se preparen para la vida adulta. Y es que, el concepto de autonomía progresiva no sólo permite que los menores adquieran competencias y desarrollen gradualmente sus derechos, sino que, «en la medida que los niños adquieren mayores competencias, aumenta su capacidad de asumir responsabilidades, disminuyendo consecuentemente la necesidad de orientación y dirección de sus padres» (Culaciati, 2021, p. 253).

Frente a una mayor autonomía del menor y de su personalidad, se ha ido limitando la autoridad paterna con el debilitamiento de su poder de vigilancia, control y corrección[14], propiciado por el aumento progresivo de esta autonomía del menor y la necesaria reducción de la intervención de los padres. La legislación actual ha dotado al menor de edad de un estatus jurídico propio, que carecía en tiempos pasados, concediéndole una mayor capacidad de actuación e invistiéndolo en la toma de decisiones importantes cuando tuviere madurez y

[13] *V.gr. vid.* arts. 9.1 *bis* en relación con el art. 9.1 *quinquies* LOPJM.

[14] De hecho, Díaz Alabart (1987, p. 847) coincide en que se ha ido produciendo un claro debilitamiento de la autoridad paterna, siendo ocupada ciertas competencias familiares, como la educación, por parte del Estado y la sociedad.

juicio suficiente. Se ha reconocido al menor de edad (especialmente a aquellos con cierto grado de discernimiento) ámbitos de actuación sobre cuestiones importantes relativas a su persona, se le ha habilitado para el uso de máquinas o instrumentos peligrosos, ejercer la caza, disponer de armas, conducción de ciertos vehículos a motor, trabajar, disponer de teléfonos móviles e interactuar con ellos, etc. (Ruiz Jiménez, 2011, p. 1728)[15]. Estas parcelas competenciales han hecho que se le considere como un sujeto con suficiente capacidad de entendimiento y querer (Gómez Calle, 1995, p. 91), concedida a través de una progresiva autonomía, propiciada por el ordenamiento jurídico que se hace eco de la realidad social y familiar imperante.

2.2. La autonomía progresiva a través de la realidad jurídica

El ordenamiento jurídico internacional y nacional ha ido reconociendo progresivamente a los menores de edad no sólo la titularidad de derechos, sino también a la posibilidad de ejercerlos por sí mismos conforme a su madurez, discernimiento y según la naturaleza del acto jurídico, rompiéndose –con esta autonomía progresiva– el tradicional esquema capacidad-incapacidad que ha imperado durante años (Pérez Gallardo, 2021, pp. 296-297).

A raíz del ordenamiento internacional, se debate por la doctrina el mantenimiento o no de la capacidad de obrar del menor de edad (Cerdeira Bravo de Mansilla, 2021, pp. 81 y ss.) (Barba, 2023, pp. 227 y ss.), teniendo presente el cambio de postulados que ha supuesto a este respecto en el ámbito de las personas con discapacidad, a las que, al igual que al menor (Yzquierdo Tolsada, 2017, pp. 451 y ss.), se le consideraban incapaces. Actualmente, no parece tener sentido seguir manteniendo el binomio minoría de edad-incapacidad, pues la capacidad del menor se ha ido ampliando gradualmente por el ordenamiento al paso de su desarrollo físico e intelectual, desplazándose la representación legal de los progenitores, que actuará en aquellos supuestos en los que sean necesarios (Gete-Alonso y Calera, 2021, pp. 31 y ss.) y respetándose en todo caso las capacidades, inclinaciones y aspiraciones de sus hijos (Barba, 2023, p. 221).

Algunos autores consideran que el fundamento de la autonomía progresiva –impuesta por el ordenamiento– se ubica en la necesidad de que el derecho

[15] Por su parte, Yzquierdo Tolsada (2016, p. 50) afirma que, si los menores están legalmente habilitados para la realización de determinados actos con trascendencia jurídica, estamos ante un sujeto que tiene un importante desarrollo de su personalidad, y, por ende, tiene capacidad suficiente para entender lo que hace y saber que con su conducta puede dañar a un tercero.

tenga presente los procesos de maduración ligados al patrón biológico, a los factores de intervención social y desarrollo cognitivo, debiendo implicar la flexibilización del sistema a partir de las ideas de madurez, desarrollo intelectual, comprensión y discernimiento (PÉREZ GALLARDO, 2021, p. 298). Naturalmente, estos elementos no sólo han de tenerse en cuenta para el ejercicio de los derechos por el menor edad, sino que, la madurez, desarrollo, comprensión y discernimiento son características esenciales para hacerlos más responsables de sus actos. Si el menor dispone de capacidad para el ejercicio de sus derechos conforme a los anteriores atributos, también ha de ajustarse al cumplimiento de sus deberes y ser más responsable en proporción a la evolución de dichas circunstancias.

Por tanto, la cuestión central o eje vertebrador de esta sección es la relativa a la imputabilidad de la conducta del menor y su hipotética responsabilidad, teniendo en cuenta la autonomía progresiva concedida por el ordenamiento y la limitación de la intervención de sus progenitores. Para ello, resulta de interés profundizar en cómo el ordenamiento ha ido concediendo esta progresiva autonomía sin reformarse el art. 1903 CC, como se ha criticado por la doctrina[16]. Y es que, aunque el menor de edad pueda responder *ex* art. 1902 CC siempre que sea susceptible de culpa civil (suficiente discernimiento para comprender el alcance de sus actos y prever sus posibles consecuencias)[17], es hora de plantearse una reflexión profunda sobre la reformulación o flexibilización de la interpretación del art. 1903 CC, pues en muchas ocasiones los progenitores, con menores cercanos a la mayoría de edad, se les veta toda posibilidad de vigilancia, control y, en cierta medida, educación. Si al menor de edad se le dota por el ordenamiento de madurez y autonomía suficiente para llevar a cabo de-

---

[16] *Vid.* BARBA, V. (2023). «Autonomía progresiva e interés de la persona menor de edad», en AA.VV., *Un nuevo Derecho para las familias. A propósito del nuevo Código de las familias de Cuba.* Ediciones Olejnik. Chile, p. 216; CERDEIRA BRAVO DE MANSILLA, G. (2021). «In dubio pro capacítate y favorabilia amplianda, odiosa restringenda» "Viejos" principios para intepretar "nuevas" reglas sobre capacidad y prohibiciones», en AA.VV., *Capacidad y protección de las personas menores de edad en el Derecho.* Ediciones Olejnik. Chile, p. 81.

[17] *Vid.* YZQUIERDO TOLSADA, M. (2017). «Implicaciones de las reformas legales del Sistema de Protección de la Infancia y la Adolescencia en materia de responsabilidad civil (Ley Orgánica 8/2015 y Ley 26/2015)», en AA.VV., *El nuevo régimen jurídico del menor. La reforma legislativa de 2015.* Aranzadi. Cizur Menor (Navarra), p. 451; NAVARRO MENDIZÁBAL, I. (2001). «La responsabilidad civil en la Ley Orgánica de Responsabilidad penal del menor». *Revista ICADE,* pp. 131 y ss.; GÓMEZ CALLE, E., (1995). «La responsabilidad civil del menor». *Revista Derecho Privado y Constitución, nº 7, diciembre,* pp. 87 y ss.; GALLEGO DOMINGUEZ, I. (2009). «Responsabilidad civil de los padres y tutores por daños causados por menores y personas incapacitadas», en AA.VV., *Cuestiones actuales de Responsabilidad Civil,* Editorial Reus. Madrid, p. 18.

terminados actos con trascendencia jurídica –como se verá–, consecuentemente habrá que exigirle un mayor grado de compromiso respecto de sus deberes y responsabilidades, haciéndose responsables de sus propios actos con preferencia a sus progenitores, quedándose reservada su contribución resarcitoria al cumplimiento de determinadas circunstancias.

Así, esta parte tiene por objeto analizar cómo el ordenamiento ha ido concediendo progresivamente al menor de edad parcelas de actuación con trascendencia jurídica, ampliándose su capacidad en atención a su edad y madurez, hasta el punto que puede pensarse que la capacidad es la regla y la limitación la excepción (Cerdeira Bravo de Mansilla, 2021, p. 82)–como ha sucedido con las personas con discapacidad.

2.2.1. Ordenamiento supranacional

A) Convención de Naciones Unidas sobre los Derechos del Niño

El 20 de noviembre de 1989 la Asamblea General de las Naciones Unidas aprobó la Convención Internacional sobre los Derechos del Niño (CDN)[18], ratificada por España el 6 de diciembre de 1990[19], instrumento internacional encaminado al reconocimiento, garantía y protección de los derechos de la infancia de «todo ser humano menor de dieciocho años de edad, salvo que, en virtud de la ley que sea aplicable, haya alcanzado antes la mayoría de edad» (art. 1).

Una de las finalidades marcadas en la CDN es que el menor ha de prepararse para una vida independiente en sociedad[20]. Esto se ha venido traduciendo en la concesión paulatina de una mayor progresión en su autonomía, ser oído y tener en cuenta sus opiniones, para que así el menor pueda ir desarrollando su propia personalidad y se adapte a los desafíos que conlleva la vida en sociedad.

Un pilar fundamental del ordenamiento internacional es que se evite que el menor sea discriminado, entre otros, por ser niño y no adulto. Así, el art. 2.1 CDN establece que los Estados han de respetar los derechos de la convención y han de asegurar su aplicación a cada niño, «sin distinción alguna, independientemente de la raza, el color, el sexo, el idioma, la religión, la opinión política

[18] Resolución 44/25 de 20 de noviembre de 1989.

[19] BOE núm. 313, de 31 de diciembre de 1990.

[20] «Considerando que el niño debe estar plenamente preparado para una vida independiente en sociedad [...]». Preámbulo CDN.

o de otra índole, el origen nacional, étnico o social, la posición económica, los impedimentos físicos, el nacimiento o cualquier otra condición del niño, de sus padres o de sus representantes legales». El citado precepto tiene como misión superar la discriminación que han venido sufriendo los menores por razón de su edad (niño-adulto), evitándose las consecuencias jurídicas atribuidas por la ley a ese hecho: mayoría o minoría de edad, como una categoría que incide de un modo ilegítimo en el reconocimiento jurídico sobre la titularidad y capacidad de ejercer los derechos (Cillero Bruñol, 2016, p. 106). Esta realidad jurídica sustenta la necesaria superación definitiva de la distinción entre capacidad e incapacidad –menor asimilado a incapacidad, mayor de edad, sinónimo de capacidad–, pues afirmar que un menor de edad disponga de menos capacidad que un mayor de edad, no deja de ser un modo de discriminación. La incapacidad del menor para realizar actos con plena eficacia jurídica puede resultar incompatible con los principios que sustentan la Convención, debiendo apostarse por un sistema progresivo en el que se reconozca al menor la facultad de realizar válidamente negocios jurídicos, en consonancia con su madurez y capacidad de discernimiento (Barba, 2023, pp. 227-228). Y es que, no se puede mantener la tesis de la incapacidad del menor de edad a la luz del avance producido en el ámbito de las personas con discapacidad, es como si los menores no quedaran equiparados a cualquier persona en el ejercicio de su capacidad jurídica que, evidentemente, habrá que adecuar a su edad, madurez y discernimiento[21].

La Observación General nº 12 (2009) del Comité de los Derechos del Niño ONU[22] indica que el derecho a la no discriminación es un derecho inherente a la persona, garantizado en todos los instrumentos de derechos humanos, por el que todo niño tiene derecho a no ser discriminado en el ejercicio de sus derechos. Por su parte, la Observación General nº 20 (2016), relativa a la efectividad de los derechos del niño durante la adolescencia, señala expresamente:

> «El Comité ha señalado múltiples formas de discriminación, muchas de las cuales tienen consecuencias particulares para la adolescencia y exigen un análisis intersectorial y la adopción de medidas holísticas específicas. La adolescencia en sí misma puede ser motivo de discriminación. [...] Paradójicamente, se los suele tratar también como si fueran incompetentes

---

21 Según la Observación General nº 12 (2009) del Comité de Derechos del Niño de la ONU, la madurez es la capacidad intelectual y emocional de comprender y evaluar las consecuencias de una determinada cuestión; es la capacidad para expresar opiniones sobre cuestiones de manera razonable e independiente, tomando en consideración los efectos y consecuencias que se van a producir.

22 Comité de los Derechos del Niño. Ginebra, 25 de mayo a 12 de junio de 2009.

e incapaces de tomar decisiones sobre sus vidas. El Comité insta a los Estados a velar por que la totalidad de los derechos de todos los adolescentes de ambos sexos reciban el mismo respeto y la misma protección, y por que se introduzcan medidas amplias y adecuadas de acción afirmativa para reducir o eliminar las condiciones que generen discriminación directa o indirecta contra cualquier grupo de adolescentes por cualquier motivo».

A este respecto, cabe preguntarse si cabe hablar de la discriminación de un menor, con cierta madurez y autonomía, que no se hace responsable civilmente del daño provocado por su actuación. Lo cierto es que podría responder *ex* art. 1902 CC, atendiendo a su imputabilidad civil y capacidad natural[23], pero la práctica demuestra la *vis atractiva* del cauce establecido en el art. 1903 CC, motivado por la marcada objetivación que impone la jurisprudencia y la solvencia de los progenitores para resarcir el daño. Si se deja a un lado la solución *ex* art. 1902 CC, la vetada posibilidad de que el menor participe en la reparación del daño (por ser favorable al demandante la dicción del art. 1903 CC) incidiría, de una u otra forma, en una discriminación por razón de su condición de menoría de edad; el menor, en consonancia a su grado de autonomía y madurez, tendría derecho a participar en el resarcimiento del daño y no ser discriminado por su «incapacidad». Y es que, según la Observación General nº 20 (2016) el menor no puede ser tratado como un incompetente o incapaz para tomar decisiones sobre sus vidas, pero tampoco debe convertírsele en un irresponsable de sus actos teniendo muy presente la progresiva atribución de competencia y capacidad que le concede el ordenamiento.

Otro de los principios que se establecen a lo largo de la CDN es el reconocimiento de la autonomía e independencia de los menores, concibiéndose como un cambio del modelo paternalista al autonomista, vinculado principalmente a través del interés superior del niño. Su máximo exponente se encuentra en los arts. 5 y 12 CDN, los cuales, según la doctrina, propugnan el respeto y promo-

[23] El menor dispone de capacidad natural cuando demuestra tener la suficiente aptitud psíquica para la válida prestación del consentimiento necesario en el ejercicio del derecho y las consecuencias que para el ejercicio de su libertad futura tiene la disposición de ese derecho; en consecuencia, el menor debe tener voluntad para emitir el consentimiento y conocimiento de los efectos jurídicos derivados del mismo. Así, la mayor o menor capacidad natural va a depender de su grado de desarrollo volitivo y cognoscitivo (Sánchez Hernández, 2003, pp. 956-957). La apreciación de la capacidad natural es una cuestión fáctica, que depende tanto de las particulares aptitudes intelectivas y volitivas de la persona como del acto que pretenda llevar a cabo en cada caso concreto (García Garnica, 2004, p. 78).

ción de la autonomía progresiva del niño en el ejercicio de sus derechos[24]. El art. 5 CDN establece:

> «Los Estados Partes respetarán las responsabilidades, los derechos y los deberes de los padres o, en su caso, de los miembros de la familia ampliada o de la comunidad, según establezca la costumbre Local, de los tutores u otras personas encargadas legalmente del niño de impartirle, en consonancia con la evolución de sus facultades, dirección y orientación apropiadas para que el niño ejerza los derechos reconocidos en la presente Convención».

Dicho precepto tiene en cuenta la realidad evolutiva de los menores, debiendo adaptarse aquellos que ostentan responsabilidades sobre éstos a la evolución de sus facultades, es decir, una especie de «medidas de apoyo» que asista a quien necesite desarrollar su propio proceso de toma de decisiones, ayudándoles en su comprensión y razonamiento, y facilitándoles la posibilidad de expresar sus preferencias, con la finalidad de desarrollar su personalidad y el desenvolvimiento en igualdad de condiciones al resto (Barba, 2023, p. 230). Así se deriva también de las Observaciones Generales nº 12 (2009) y 20 (2016). La primera establece:

> «Por consiguiente, el niño tiene derecho a recibir dirección y orientación, que tienen que compensar la falta de conocimientos, experiencia y comprensión del niño y estar en consonancia con la evolución de sus facultades, como se establece en ese artículo. Cuantas más cosas sepa, haya experimentado y comprenda el niño, más deben los padres, tutores u otras personas legalmente responsables del niño transformar la dirección y orientación en recordatorios y consejos y, más adelante, en un intercambio en pie de igualdad. Esta transformación no tendrá lugar en un punto fijo del desarrollo del niño, sino que se producirá paulatinamente a medida que se alienta al niño a aportar sus opiniones».

La asistencia estará condicionada a la autonomía y madurez del menor, teniendo en cuenta que son dos variables subjetivas, que dependen del sujeto, sus circunstancias y condiciones. Ciertamente, la complejidad pasa por combinar la edad, la madurez y autonomía del menor, para determinar si precisa de la asistencia de un tercero (representantes legales) para el ejercicio de su capacidad jurídica puesto que puede ocurrir que un menor de diecisiete años tenga

---

[24] *Vid.* Cillero Bruñol, M. (2016). «La Convención Internacional sobre los Derechos del Niño: Introducción a su origen, estructura y contenido normativo», en AA.VV.,*Tratado del Menor. La protección jurídica de la infancia y la adolescencia.* Aranzadi. Cizur Menor (Navarra), p. 117.

más carencia de conocimientos, experiencia y comprensión que otro de catorce. Así, no podría establecerse una escala de edades en las que se establezcan las parcelas competenciales para el ejercicio de la capacidad jurídica, puesto que la realidad psicológica de los menores resulta mucho más compleja y no todos son iguales en cuanto a condiciones psicofísicas se refiere.

Por otro lado, la Observación General nº 20 (2016) vuelve a reiterar que el art 5 CDN incide en que los progenitores han de dirigir y orientar al menor teniendo en cuenta la evolución de sus facultades, un «principio habilitador que aborda el proceso de maduración y aprendizaje por medio del cual los niños adquieren progresivamente competencias, comprensión y mayores niveles de autonomía para asumir responsabilidades y ejercer sus derechos». Nuevamente se pone de relieve la adaptación de la asistencia al menor al compás de la evolución de sus facultades, atendiendo a su maduración y aprendizaje[25]. Con ello se permitirá la adquisición progresiva de competencias, comprensión y mayor autonomía para asumir responsabilidades, entre las que ha de encontrarse la obligación de reparación de los daños causados por su actuación.

Por tanto, la finalidad del art. 5 CDN no es otra que permitir al menor un desarrollo progresivo de sus competencias para prepararlo para la vida adulta, encaminándose al pleno desarrollo de su personalidad y el desenvolvimiento jurídico en igualdad de condiciones con respecto a los demás, a través de un mayor grado de autonomía. Para que el menor tenga un desarrollo pleno, hay que hacerlo partícipe de sus deberes y responsabilidades, de forma progresiva y en consonancia al citado grado de madurez y autonomía. Tratar al menor de edad –principalmente a los cercanos a la mayoría de edad– como un incapaz para ser responsable civilmente de los daños causados por su acción u omisión culposa impide un pleno desarrollo de su persona, pues no se le hace partícipe en la reparación ni adquiere conciencia de su papel responsable en la sociedad. El menor no se siente coercido a ajustar su conducta porque sabe que quien va a responder por él son sus progenitores. Otra cuestión será la de determinar cuándo habrá que hacer al menor responsable de sus actos y el papel que han de desempeñar los progenitores, cuestión que se deja para más adelante.

El art. 12.1 CDN obliga a los Estados firmantes a garantizar al niño, que esté en condiciones de formarse un juicio propio, el derecho a expresarse libremente en todos los asuntos que les afecten, «teniéndose debidamente en cuenta las

[25] La evolución o progresión de las facultades van a quedar condicionadas a varios factores: *i)* su configuración genética; *ii)* el entorno social, constituido por la familia y los centros educativos en los que se forma y educa, así como por los amigos; y, *iii)* la libertad concedida.

opiniones del niño, en función de la edad y madurez». Sobre este particular, la Observación General nº 12 (2009) indica la necesidad de tener debidamente en cuenta las opiniones del niño en función de su edad y madurez, esto es, su capacidad, que ha de ser evaluada para tener en cuenta sus opiniones. Además, se indica que «[e]l artículo 12 estipula que no basta con escuchar al niño; las opiniones del niño tienen que tomarse en consideración seriamente a partir de que el niño sea capaz de formarse un juicio propio». En relación a las implicaciones del citado precepto, surge la reflexión acerca de aquel menor que tenga interés en reparar el daño provocado como consecuencia de su actuación ilícita, siendo su deseo contribuir a la indemnización porque de acuerdo con su madurez entiende que es el responsable y no han de cargar sus progenitores con la obligación indemnizatoria.

La CDN descansa sobre una concepción distinta de menor, un sujeto de derecho opuesto a la tradicional incapacidad jurídica en la que se precisaba el sometimiento pleno a la dirección de sus progenitores. Según se extrae del texto internacional, la niñez no se define a partir de la dependencia o subordinación a los padres o a terceros, sino concebida como una etapa de desarrollo efectivo y progresivo de la autonomía personal, social y jurídica (Cillero Bruñol, 1997, p. 5). Algunos autores entienden que el art. 5 CDN viene a disponer que el ejercicio de los derechos del niño es progresivo en virtud de la evolución de sus facultades, y que a los padres o de más responsables les corresponde impartir orientación y dirección apropiadas para que el niño ejerza sus derechos (Cillero Bruñol, 2016, p. 118). Sin embargo, no sólo debe considerarse dicha progresividad en la madurez para el ejercicio de sus derechos, sino que, además, ha de ampliarse a sus deberes y responsabilidades, al objeto de conseguir un desarrollo integral y pleno del niño, asimilándolo a cualquier persona en ejercicio de su capacidad jurídica. Conforme con la evolución de sus facultades, el menor podrá ejercitar sus derechos, cumplir con sus deberes y responsabilidades, sin más limitaciones que lo que marque el grado de madurez o evolución (art. 5 CDN).

B) Convenio sobre la protección del niño y cooperación en materia de adopción internacional

El Convenio relativo a la protección del niño y a la cooperación en materia de adopción internacional[26], en sintonía con la autonomía progresiva predicada por la CDN, también tiene en cuenta la edad y madurez del niño para su

[26] BOE núm. 182, de 1 de agosto de 1995.

participación en un proceso de adopción. Así, el art. 4 obliga a las autoridades competentes de cada Estado de origen a asegurarse, en consonancia con la edad y grado de madurez del niño, que:

> *i)* Ha sido convenientemente asesorado y debidamente informado sobre las consecuencias de la adopción y de su consentimiento a la adopción, cuando éste sea necesario;
> *ii)* Se han tomado en consideración los deseos y opiniones del niño;
> *iii)* El consentimiento del niño a la adopción, cuando sea necesario, ha sido dado libremente, en la forma legalmente prevista y que este consentimiento ha sido dado o constatado por escrito; y,
> *iv)* El consentimiento no ha sido obtenido mediante pago o compensación de clase alguna.

De igual forma, el art. 21.2 dota de protagonismo al menor con suficiente edad y grado de madurez, a quien se le consultará y se pedirá consentimiento en relación a las medidas a tomar en los supuestos de retirada del menor de las personas que deseaban adoptarlo o ante una nueva colocación por considerarse que la familia de recepción ya no responde a su interés superior.

C) Carta de Derechos Fundamentales de la Unión Europea

La Carta de los Derechos Fundamentales de la Unión Europea[27], en su art. 24, recoge los derechos del niño, haciéndose especial mención a la edad y madurez. El apdo. 1, en consonancia con lo establecido en el art. 12.1 CDN, indica: [l]os niños tienen derecho a la protección y a los cuidados necesarios para su bienestar. Podrán expresar su opinión libremente. Ésta será tenida en cuenta para los asuntos que les afecten, en función de su edad y madurez. Nuevamente el ordenamiento europeo se hace eco de lo ya establecido en la CDN, apostándose claramente por la voluntad, deseos y preferencias del niño acorde con la evolución de sus facultades, permitiéndose reconfirmar la autonomía progresiva en el ejercicio de los derechos del niño y del principio de participación en la toma de decisiones.

---

[27] DOUE de 30 de marzo de 2010.

D) *Protocolo facultativo de la Convención sobre los Derechos del Niño relativo al procedimiento de comunicaciones de 19 de diciembre de 2011*

El 28 de febrero de 2012, España firmó el Protocolo facultativo de la Convención sobre los Derechos del Niño relativo a un procedimiento de comunicaciones (hecho en Nueva York el 19 de diciembre de 2011), cuyo objeto es establecer un procedimiento de comunicaciones por el que los particulares puedan dirigirse al Comité de los Derechos del Niño para poner de relieve vulneraciones de los derechos contenidos en el ordenamiento internacional relativo a los derechos del niño[28].

Como principio general, que ha de regir en las funciones del Comité de los Derechos del Niño, el instrumento internacional acoge el interés superior del niño, en el que ha de tenerse en cuenta los derechos y opiniones en consonancia con su edad y madurez. Esto es, en el ejercicio de las funciones que se les atribuye al Comité, se ha de tener siempre en cuenta el principio del interés superior del niño y el ejercicio autónomo de sus derechos, así como de sus opiniones, acordes con la evolución de su edad y estado de madurez (Ravetllat Ballesté y Contreras Rojas, 2019).

2.2.2. *Ordenamiento nacional*

A) *Ley Orgánica 1/1996, de 15 de enero*

En España, el desarrollo normativo de la CDN se erigió a través de la Ley Orgánica 1/1996, de 15 de enero, de Protección Jurídica del Menor, de modificación parcial del Código Civil y de la Ley de Enjuiciamiento Civil (LOPJM)[29], reformada a través de la Ley 26/2015, de 28 de julio[30] y las Leyes Orgánicas 8/2015, de 22 de julio[31] y 8/2021, de 4 de junio[32]. La LOPJM supuso un antes y un después en el reconocimiento a los menores como sujetos de derecho (so-

---

[28] Sobre este particular, *vid.* Ravetllat Ballesté, I., y Contreras Rojas, C. (2019). «El Protocolo facultativo de la Convención sobre los Derechos del Niño relativo a un procedimiento de comunicaciones. Estudio a la luz de su aplicabilidad». *Estudios constitucionales,* vol. 7, núm 2.

[29] BOE núm. 15 de 17 de enero de 1996.

[30] Relativa a la modificación del sistema de protección a la infancia y a la adolescencia (BOE núm. 180, de 29 de julio de 2015).

[31] De modificación del sistema de protección a la infancia y a la adolescencia (BOE núm. 175, de 23 de julio de 2015).

[32] Referente a la protección integral a la infancia y la adolescencia frente a la violencia (BOE núm. 134, de 5 de junio de 2021).

bre todo fundamentales[33]) y el reconocimiento de autonomía en su actuación, acometiéndose una reforma profunda en las instituciones tradicionales de protección del menor establecidas en el CC y en la LEC (Alventosa del Río, 2021, pp. 170-171). En cuanto a su estructura, se diferencian dos bloques: por una parte, los derechos del menor y las medidas para su efectividad, junto con las actuaciones a desarrollar por los poderes públicos en casos de desprotección y, por otra, la modificación del derecho sustantivo (CC) y procesal (LEC) para hacer valer la pretensión de dotar al menor de un adecuado marco jurídico de protección.

La Exposición de Motivos de la citada norma hacía valer la realidad social y personal de los menores, indicándose a este respecto: «[l]as transformaciones sociales y culturales operadas en nuestra sociedad han provocado un cambio en el status social del niño y como consecuencia de ello se ha dado un nuevo enfoque a la construcción del edificio de los derechos humanos de la infancia». Dichas transformaciones provocan la reconsideración legislativa de la concepción de la minoría de edad, reformulándose la estructura del derecho a la protección de la infancia imperante en el momento y que se identifica «fundamentalmente con el reconocimiento pleno de la titularidad de derechos en los menores de edad y de una capacidad progresiva para ejercerlos»[34]. Así, se introduce en el ordenamiento la condición «de sujeto de derechos a las personas menores de edad» y se apuesta por que las limitaciones que pudieran derivarse del hecho evolutivo se interpreten de forma restrictiva.

Las reformas operadas a través de la Ley 26/2015, de 28 de julio, y la 8/2021, de 4 de junio, se hacían eco de la evolución del menor veinte años después de la promulgación de la LOPJM: «[...] transcurridos casi veinte años desde su publicación, se han producido cambios sociales importantes que inciden en la situación de los menores y que demandan una mejora de los instrumentos de protección jurídica, en aras del cumplimiento efectivo del citado artículo 39 de la Constitución y las normas de carácter internacional [...]».

El art. 2 (reformado por las Leyes Orgánicas 8/2015, de 22 de julio y 8/2021, de 4 de junio) establece como eje vertebral el interés superior del menor en todas las acciones y decisiones que le conciernan, tanto en el ámbito público como privado, estableciéndose que las limitaciones a su capacidad de obrar «se interpretarán de forma restrictiva y, en todo caso, siempre en el interés

---

[33] La doctrina y jurisprudencia confirma que los menores son titulares de derechos fundamentales, de los derechos de la personalidad y los inherentes a la dignidad desde el momento de su nacimiento (Gete-Alonso y Calera, 2019) (STC de 29 de mayo de 2000).

[34] *Vid.* E.M.

superior del menor». A este respecto, se debate por la doctrina si lo que el legislador ha pretendido es establecer el principio de la capacidad de obrar, en todo caso, excepto para los actos y negocios que se limiten legalmente, o que la norma limitativa de la capacidad de obrar, cuando exista, debe ser sometida a una interpretación restrictiva o, que la incapacidad del menor es la regla y que excepcionalmente tiene capacidad limitada, siendo tal limitación, a una capacidad que es excepcional, la que como tal debe ser interpretada restrictivamente (Cerdeira Bravo de Mansilla, 2021, p. 81). En integración con la CDN, debe apostarse por la defensa de la capacidad como regla y su limitación como excepción, debiendo tenerse en cuenta la evolución, madurez y autonomía del menor.

A los efectos de interpretar y aplicar a cada caso concreto el interés superior del menor, indica el art. 2 los criterios a tener en cuenta:

> «a) La protección del derecho a la vida, supervivencia y desarrollo del menor y la satisfacción de sus necesidades básicas, tanto materiales, físicas y educativas como emocionales y afectivas.
>
> b) La consideración de los deseos, sentimientos y opiniones del menor, así como su derecho a participar progresivamente, en función de su edad, madurez, desarrollo y evolución personal, en el proceso de determinación de su interés superior.
>
> c) La conveniencia de que su vida y desarrollo tenga lugar en un entorno familiar adecuado y libre de violencia. Se priorizará la permanencia en su familia de origen y se preservará el mantenimiento de sus relaciones familiares, siempre que sea posible y positivo para el menor. En caso de acordarse una medida de protección, se priorizará el acogimiento familiar frente al residencial. Cuando el menor hubiera sido separado de su núcleo familiar, se valorarán las posibilidades y conveniencia de su retorno, teniendo en cuenta la evolución de la familia desde que se adoptó la medida protectora y primando siempre el interés y las necesidades del menor sobre las de la familia.
>
> d) La preservación de la identidad, cultura, religión, convicciones, orientación e identidad sexual o idioma del menor, así como la no discriminación del mismo por éstas o cualesquiera otras condiciones, incluida la discapacidad, garantizando el desarrollo armónico de su personalidad».

Por su parte, el art. 2.3 LOPJM advierte sobre la ponderación de los anteriores criterios en función de las siguientes variables:

«a) La edad y madurez del menor.

b) La necesidad de garantizar su igualdad y no discriminación por su especial vulnerabilidad, ya sea por la carencia de entorno familiar, sufrir maltrato, su discapacidad, su orientación e identidad sexual, su condición de refugiado, solicitante de asilo o protección subsidiaria, su pertenencia a una minoría étnica, o cualquier otra característica o circunstancia relevante.

c) El irreversible efecto del transcurso del tiempo en su desarrollo.

d) La necesidad de estabilidad de las soluciones que se adopten para promover la efectiva integración y desarrollo del menor en la sociedad, así como de minimizar los riesgos que cualquier cambio de situación material o emocional pueda ocasionar en su personalidad y desarrollo futuro.

e) La preparación del tránsito a la edad adulta e independiente, de acuerdo con sus capacidades y circunstancias personales.

f) Aquellos otros elementos de ponderación que, en el supuesto concreto, sean considerados pertinentes y respeten los derechos de los menores».

Como se puede observar, la edad y madurez del menor cobra especial relevancia a la hora de su participación en el proceso de ponderación del interés superior. Lo mismo ocurre con sus opiniones, las cuales han de ser tenidas en cuenta –en función de su edad y madurez– tanto en el ámbito familiar como en cualquier procedimiento (ya sea administrativo, judicial o de mediación) en que esté afectado y que conduzca a una decisión que incida en su esfera personal, familiar o social (art. 9.1).

A lo largo de la LOPJM se aclaran los casos en los que se ha de considerar cuándo un menor tiene suficiente madurez, entendiéndose generalmente que un menor tiene suficiente madurez cuando tenga doce años cumplidos [arts. 9.2; 17.6; 20 *bis* 1 m) y 2 b); 21 *bis* 2 b)]. A este respecto, cabe preguntarse si alcanzada dicha edad puede entenderse que el menor dispone de capacidad natural para comprender el alcance de sus actos dañosos y sus posibles consecuencias, así como de hallarse en condiciones para actuar de acuerdo con dicho entendimiento para evitar el daño. Lo cierto es que la norma relaciona la edad de doce años con la madurez, lo que cabe entender que es a partir de dicho momento cuando el menor va adquiriendo conciencia, pero no debemos confundirnos, porque la edad y madurez a la que se refiere la norma es la que ha de tenerse en cuenta para ponderar sus opiniones y deseos, diferente a la requerida para su imputabilidad (a la que no hace referencia el precepto). Sin embargo, esto nos lleva a pensar que, si por regla general el ordenamiento relaciona madurez con la edad de doce años, parece indicar que es el límite temporal a partir del cual el menor comienza a adquirir conciencia, si bien, habrá que estar a las circunstancias personales y concretas de cada menor.

Al objeto de propiciar el desarrollo pleno de la personalidad del menor –que no sólo radica en una habilitación para el ejercicio de sus derechos, sino que, además, implica el cumplimiento de sus deberes y hacerlo más responsable de sus actuaciones– la Ley 26/2015, de 28 de julio, introdujo una serie de preceptos (del art. 9 *bis* al *quinquies*) en los que se definen estos deberes, obligaciones y responsabilidades en tres ámbitos distintos: familiar, escolar y social. Así, el art. 9 *bis* dispone:

> «1. Los menores, de acuerdo a su edad y madurez, deberán asumir y cumplir los deberes, obligaciones y responsabilidades inherentes o consecuentes a la titularidad y al ejercicio de los derechos que tienen reconocidos en todos los ámbitos de la vida, tanto familiar, escolar como social.
>
> 2. Los poderes públicos promoverán la realización de acciones dirigidas a fomentar el conocimiento y cumplimiento de los deberes y responsabilidades de los menores en condiciones de igualdad, no discriminación y accesibilidad universal».

Por tanto, de acuerdo con el apdo. 1 del citado precepto, el menor debe de asumir y cumplir con los deberes, obligaciones y responsabilidades inherentes o consecuentes a la titularidad y al ejercicio de los derechos reconocidos en todos los ámbitos de su vida, de acuerdo siempre a su edad y madurez. Y es que, los menores son concebidos por el espíritu de la Ley 26/2015, de 28 de julio, como ciudadanos «corresponsables de las sociedades en las que participan y, por tanto, no solo titulares de derechos sino también de deberes»[35]. El desarrollo de la personalidad del menor queda incompleto si sólo se le reconoce el ejercicio de sus derechos, su capacidad quedaría reducida para un determinado ámbito y no se equipararía al resto de personas, conforme a su edad y madurez. Por ello, debe hacerse partícipe en el cumplimiento de sus deberes, obligaciones y responsabilidades en todos los ámbitos de la vida, tanto en la familiar, como en la social o escolar.

Por su parte, en cuanto a los deberes relativos al ámbito familiar, el art. 9 *ter* indica la necesaria participación de los menores en la vida familiar con el obligado respeto a sus progenitores, hermanos u otros familiares, debiendo además corresponsabilizarse en el cuidado del hogar y en la realización de las tareas domésticas de acuerdo con su edad, con su nivel de autonomía personal y capacidad, y con independencia de su sexo.

---

[35] *Vid.* E.M.

Especial relevancia tienen los arts. 9 *quater* y *quinquies* que advierten que los menores tienen el deber de respetar: *i)* las normas de convivencia de los centros educativos, estudiar durante las etapas de enseñanza obligatoria y tener una actitud positiva de aprendizaje durante todo el proceso formativo; *ii)* a los profesores y demás empleados de los centros escolares, así como al resto de sus compañeros, evitando situaciones de conflicto y acoso escolar en cualquiera de sus formas, incluyendo el ciberacoso; y, *iii)* a las personas con las que se relacionan y el entorno en el que se desenvuelven, en particular:

> a) Respetar la dignidad, integridad e intimidad de todas las personas con las que se relacionen con independencia de su edad, nacionalidad, origen racial o étnico, religión, sexo, orientación e identidad sexual, discapacidad, características físicas o sociales o pertenencia a determinados grupos sociales, o cualquier otra circunstancia personal o social.
> b) Respetar las leyes y normas que les sean aplicables y los derechos y libertades fundamentales de las otras personas, así como asumir una actitud responsable y constructiva en la sociedad.
> c) Conservar y hacer un buen uso de los recursos e instalaciones y equipamientos públicos o privados, mobiliario urbano y cualesquiera otros en los que desarrollen su actividad.
> d) Respetar y conocer el medio ambiente y los animales, y colaborar en su conservación dentro de un desarrollo sostenible.

Con estas nuevas disposiciones se transmite y se confirma que el menor no sólo es sujeto de derechos, sino que es también sujeto de obligaciones y responsabilidades, superándose el viejo paternalismo en las políticas de infancia en beneficio de una concepción del menor como ciudadanos corresponsables de las sociedades en las que se insertan (Adroher Biosca, 2017, p. 43). Y, como ciudadanos corresponsables que son, este bloque de deberes no se entiende si no se hacen a su vez responsables civiles por sus actos lesivos, pues de qué sirve imponerles un conjunto de deberes cuyo incumplimiento no es coercible, imposibilitándose la forma de hacer valer la función preventiva y punitiva de la obligación resarcitoria. Lo cierto es que dichos preceptos presentan una meridiana claridad: hacer más responsables a los menores en todos los ámbitos de su vida (personal, familiar, escolar o social), y ello no suprime que puedan cargar, de forma directa y con preferencia a sus padres, con la obligación resarcitoria por el daño causado.

La asunción y cumplimiento de los deberes, obligaciones y responsabilidades son consecuencia directa del reconocimiento de la titularidad y ejercicio de los derechos. Por lo tanto, si se le reconocen derechos y una mayor autonomía y libertad (conforme a su edad y madurez) para su ejercicio, han de tener presente que pueden lesionar los intereses de terceros como consecuencia de ese ejercicio y, por tanto, han también de responder. A mayor abundamiento, el apdo. b) art. 9 *quinquies* al imponer el deber del menor de edad de respetar las leyes y normas que les sean aplicables y los derechos y libertades fundamentales de las otras personas, así como asumir una actitud responsable y constructiva en la sociedad, está indicando indirectamente el principio que pesa sobre todo individuo de no dañar los intereses de la colectividad en su conjunto, exigiéndose el mutuo respeto a la persona y bienes de los demás, a saber, no causar daños o evitar que se produzcan (*alterum non laedere*).

B) Ley Orgánica 5/2000, de 12 de enero

La Ley Orgánica 5/2000, de 12 de enero, reguladora de la responsabilidad penal de los menores (LORPM), hace responsables a las personas mayores de catorce años y menores de dieciocho por los hechos tipificados como delitos o delitos leves establecidos en el Código Penal y otras leyes especiales (art. 1.1)[36], estableciéndose un elenco de medidas ordenadas, según la restricción de derechos que supone (art. 7)[37], a aplicar –en relación al régimen y algunos delitos– conforme a la edad del menor infractor (art. 10).

A este respecto, cabe reflexionar acerca de si un menor mayor de catorce años dispone de la madurez suficiente como para responsabilizarlo penalmente de sus actos e imponerle las medidas coercitivas establecidas en la legislación penal. La Observación General nº 24 (2019) ONU, relativa a los derechos del niño en el sistema de justicia juvenil, indica:

> «Los niños que no han alcanzado la edad mínima de responsabilidad penal en el momento de la comisión de un delito no pueden ser considerados responsables en procedimientos penales. Los niños de edad igual o superior a la edad mínima en el momento de la comisión de un

---

36 BOE núm. 11, de 13 de enero de 2000.

37 A saber, dichas medidas pueden consistir en: i) internamiento en régimen cerrado; ii) internamiento en régimen semiabierto; iii) internamiento en régimen abierto; iv) internamiento terapéutico en régimen cerrado, semiabierto o abierto; v) tratamiento ambulatorio; vi) asistencia a un centro de día; vii) permanencia de fin de semana; viii) libertad vigilada; ix) prohibición de aproximación o comunicación con la víctima o familiares u otras personas que determine el Juez; x) convivencia con otra persona, familia o grupo educativo; xi) prestaciones en beneficio de la comunidad; xii) realización de tareas socio-educativas; xiii) amonestación; xvi) prohibición del permiso de conducir ciclomotores y vehículos a motor o el derecho a su obtención; y, xvii) inhabilitación absoluta.

delito, pero menores de 18 años, pueden ser acusados formalmente y sometidos a procedimientos de justicia juvenil [...].

[...] Las pruebas documentadas en los campos del desarrollo infantil y la neurociencia indican que la madurez y la capacidad de pensamiento abstracto todavía están evolucionando en los niños de 12 a 13 años, debido a que la parte frontal de su corteza cerebral aún se está desarrollando. Por lo tanto, es poco probable que comprendan las consecuencias de sus acciones o que entiendan los procedimientos penales.

[...] Se alienta a los Estados partes a que tomen nota de los últimos descubrimientos científicos y a que eleven en consecuencia la edad de responsabilidad penal en sus países a 14 años como mínimo».

En el ámbito estrictamente penal, se considera que un menor de catorce años no dispone de la suficiente madurez y capacidad de pensamiento como para que comprenda las consecuencias de sus acciones o entiendan los procedimientos penales. En consecuencia, siguiendo el criterio lógico, un menor cuya edad se sitúa entre los catorce y dieciocho años puede ser responsable penalmente porque, entiende la Observación General nº 24 (2019), el sujeto tiene capacidad de conocimiento y entendimiento de los efectos de sus acciones y del procedimiento. Por ello, también dispondrá de capacidad natural para conocer el alcance y consecuencias de sus ilícitos civiles, teniendo en cuenta que las consecuencias jurídicas que impone el ordenamiento penal son más graves (privación de derechos fundamentales) que las que pudieran derivarse del civil (estrictamente patrimonial). Es decir, un menor mayor de catorce años resulta disponer de madurez y juicio suficiente para imponérsele medidas restrictivas de sus derechos, pero no para hacerles responsables civiles por sus actos (*ex* art. 1903 CC), catalogándose de inmaduro o incapaz para ello. A pesar de lo anterior, estas premisas no guardan relación con la responsabilidad civil derivada del delito del art. 61.3 LORPM, que establece una responsabilidad solidaria del menor:

> «Cuando el responsable de los hechos cometidos sea un menor de dieciocho años, responderán solidariamente con él de los daños y perjuicios causados sus padres, tutores, acogedores y guardadores legales o de hecho, por este orden. Cuando éstos no hubieren favorecido la conducta del menor con dolo o negligencia grave, su responsabilidad podrá ser moderada por el Juez según los casos».

El art. 61.3 LORPM va más allá de lo recogido en el art. 1903 CC y su consecuente desarrollo jurisprudencial, pues a través de la norma penal se introduce un sistema de responsabilidad civil de mayor alcance y severidad, con una doble finalidad: *i)* amparar mejor el derecho de las víctimas al liberarles de tener que probar la culpa del responsable civil, protegiéndola también frente a la insolvencia del autor; y, *ii)* conseguir una mayor implicación de los padres y demás responsables en el proceso de socialización de los menores, imponiéndoles las consecuencias civiles de las infracciones que cometan por la transgresión del conjunto de deberes que pesa sobre ellos [SSAP (Castellón) de 2 de abril de 2002; (Sevilla) de 3 de junio de 2005; (Palencia) de 19 de mayo de 2006; (La Rioja) de 26 de marzo de 2010, entre otras muchas].

En este caso, el menor de edad –responsable civil derivado de un hecho delictivo– responderá solidariamente junto con sus padres, tutores, acogedores y guardadores legales o de hecho. Al hacerse responsable, aunque sea de forma solidaria, la norma está emitiendo un claro mensaje: el menor de entre catorce y dieciocho años dispone de capacidad natural como para comprender la ilicitud de sus actos y las consecuencias civiles que pueden llevar aparejadas. Si al menor –conforme a las normas penales– se le hace responsable penal de sus hechos delictivos, se le puede imponer penas (incluso graves) restrictivas de sus derechos y va a responder civilmente frente a los daños causados, no existe inconveniente alguno en hacerlo responsable estrictamente civil –al menos solidario– de los daños por vía extrapenal.

Las diferencias entre ambos regímenes (art. 61.3 LORPM y art. 1903 CC) son patentes, debatiéndose entre: *i)* la responsabilidad directa del menor que impone el ordenamiento penal, frente a la ausencia de responsabilidad en el art. 1903 II y V CC; *ii)* la situación del emancipado si se tiene en cuenta que con el instituto de la emancipación se extingue la patria potestad; *iii)* la organización subjetiva para el cumplimiento de la obligación resarcitoria (solidaridad); y, *iv)* la posibilidad de moderación de la responsabilidad de los progenitores cuando no hubieren favorecido la conducta del menor con dolo o negligencia grave (establecida en la LORPM)[38]. Así, resultaría necesario abordar definitivamente una reforma profunda que subsane las contradicciones y disparidades entre el régimen establecido en el art. 61. 3 LORPM y el art. 1903 CC.

C) Ley Orgánica 1/1982, de 5 de mayo

La Ley Orgánica 1/1982, de 5 de mayo, de protección civil del derecho al honor, a la intimidad personal y familiar y a la propia imagen (LOPH)[39] también

---

[38] Para mayor profundidad, *vid.* Colás Escandón, A.M. (2015). *Acoso y ciberacoso escolar: la doble responsabilidad civil y penal.* Bosch. Barcelona, pp. 296-320.

[39] BOE núm. 115, de 14 de mayo de 1982.

ha supuesto la concesión progresiva de importantes parcelas de actuación del menor de edad en relación a sus derechos fundamentales. Dicha norma tiene por objeto la protección civil de los derechos fundamentales contenidos en el art. 18.1 CE (el derecho al honor, la intimidad personal y familiar y la propia imagen) «frente a todo género de intromisiones ilegítimas» (at. 1.1).

El art. 2.2 LOPH determina la no existencia de intromisión ilegítima a tales derechos fundamentales cuando estuviera autorizada por la ley o el titular del derecho hubiere otorgado al efecto su consentimiento expreso, autorizándose a los menores a poder consentir expresamente la intromisión en sus derechos «si sus condiciones de madurez lo permiten» (art. 3.1), quedando exceptuada la intervención de los padres en estas parcelas referentes a los derechos de la personalidad del menor de acuerdo con el reformulado art. 162 CC (a través de la Ley 26/2015, de 28 de julio).

Nuevamente, el ordenamiento parte de la madurez para que el menor pueda decidir acerca de una cuestión de relevancia y trascendencia, vetándose a los padres la posibilidad de intervenir en dicho asunto. La norma toma como punto de referencia la capacidad natural, la aptitud para discernir, comprender y aceptar el alcance de los actos en los que el menor se implique, teniendo en cuenta que no todos los menores tienen el mismo desarrollo intelectivo, volitivo y emocional (Pérez Giménez, 2023, p. 67) como para decidir de una forma tan libre sobre derechos con implicaciones tan relevantes en el plano jurídico. Así, un menor con suficiente madurez podrá autorizar la injerencia en sus derechos sin que intervengan sus representantes legales (art. 162 CC), pues ha de entenderse que son conscientes del alcance de sus actos y de sus consecuencias jurídicas. El reconocimiento del derecho a decidir acerca de la emisión o no del consentimiento para la injerencia en los derechos fundamentales (honor, intimidad personal y propia imagen) trae consigo implicaciones de relevancia, relacionadas íntimamente con la responsabilidad civil. Si el ordenamiento reconoce el derecho a consentir la injerencia, ha de traer de suyo el consecuente deber de respeto a aquellos que no lo consientan y, en su caso, responder civilmente de los daños ocasionados por la vulneración de los derechos.

De igual forma, el problema estriba en la determinación de cuándo un menor posee suficiente madurez para consentir una intromisión a sus derechos, en atención a que la LOPH sólo establece «si sus condiciones de madurez lo permiten»[40]. Al problema de la determinación de la madurez se une aquellos

[40] A modo de ejemplo, la STS de 19 de julio de 2000 (RJ 2000\6753) entendió que un menor de 16 años tenía suficiente madurez para conocer lo que se pedía en un programa erótico de televisión:

supuestos en los que el menor, a pesar de tener suficiente madurez y juicio, su consentimiento no es válido por implicar la autorizada injerencia un menoscabo en su honra o reputación, o bien, ser contraria a sus intereses *ex* art. 4.3 LOPJM. Sobre este particular ha tenido ocasión de pronunciarse el TC, así la STC de 29 de junio de 2009[41] aclara:

> «En suma, para que la captación, reproducción o publicación por fotografía de la imagen de un menor de edad en un medio de comunicación no tenga la consideración de intromisión ilegítima en su derecho a la propia imagen (art. 7.5 de la Ley Orgánica 1/1982), será necesario el consentimiento previo y expreso del menor (si tuviere la suficiente edad y madurez para prestarlo), o de sus padres o representantes legales (art. 3 de la Ley Orgánica 1/1982), si bien incluso ese consentimiento será ineficaz para excluir la lesión del derecho a la propia imagen del menor si la utilización de su imagen en los medios de comunicación puede implicar menoscabo de su honra o reputación, o ser contraria a sus intereses (art. 4.3 de la Ley Orgánica 1/1996)».

Por su parte, la STS de 11 de noviembre de 2021[42] remarca:

> «Las previsiones del art. 3 de la Ley Orgánica 1/1982 se complementan, en cuanto a los menores, por lo dispuesto en el art. 4 de la Ley Orgánica 1/1996 de protección jurídica del menor, que, entre otros extremos, considera intromisión ilegítima en el derecho al honor, a la intimidad personal y familiar y a la propia imagen del menor "cualquier utilización de su imagen o su nombre en los medios de comunicación que pueda implicar menoscabo de su honra o reputación, o que sea contraria a sus intereses incluso si consta el consentimiento del menor o de sus representantes legales (art. 4.3)".
>
> En definitiva, cuando se trata de la difusión de la imagen de menores en medios de comunicación, el consentimiento del menor maduro o de sus

«La consecuencia de toda esta argumentación legal es que en el caso controvertido la validez y eficacia del consentimiento del menor está sometida a que reuniese las condiciones de madurez suficientes. Las dos sentencias absolutorias de instancia así lo afirman, y esta Sala no encuentra en los autos ni la más mínima prueba de lo contrario. El menor tenía entonces 16 años, edad que en los tiempos actuales es suficiente para conocer lo que se pedía en el programa televisivo y su fuerte carga erótica; el menor se nos dice que tenía «novia», lo que corrobora lo acabado de confirmar. De ahí que carezca de buen sentido negar validez y eficacia jurídica a su consentimiento, y afirmar que el programa televisivo en el que el menor participaba en esas condiciones constituye una vulneración de los derechos protegidos por la Ley 1/1982 del actor».

41 RTC 2009\158.

42 RJ 2021\5154.

representantes es insuficiente para legitimar la intromisión si se aprecia el riesgo del daño al interés del menor».

La madurez no puede establecerse a través de un rango o escala de edades, ya que naturalmente las situaciones de los menores difieren. La valoración de la madurez del menor de edad ha de quedar reservada al órgano enjuiciador, que deberá estudiar las circunstancias personales, familiares y sociales que rodean al menor de edad para considerar si su consentimiento fue válido.

D) Ley 41/2002, de 14 de noviembre

La Ley 41/2002, de 14 de noviembre, básica reguladora de la autonomía del paciente y de derechos y obligaciones en materia de información y documentación clínica[43], tiene por objeto «la regulación de los derechos y obligaciones de los pacientes, usuarios y profesionales, así como de los centros y servicios sanitarios, públicos y privados, en materia de autonomía del paciente y de información y documentación clínica» (art. 1).

En su art. 2 prevé que toda actuación médica requiera el previo consentimiento de los pacientes, así como la previa recepción de información adecuada, entre las opciones clínicas posibles. En el caso de los menores de edad resulta de especial trascendencia determinar quién debe recibir la información adecuada y prestar el consentimiento «libre y voluntario» al que se refiere la norma. Sobre este particular, la ley no establece un límite de edad concreto a partir del cual el menor no pueda consentir, previéndose sólo el consentimiento por representación cuando el menor «no sea capaz intelectual ni emocionalmente de comprender el alcance de la intervención», en cuyo caso el consentimiento ha de ser emitido por su representante legal después de haber escuchado la opinión del menor conforme a lo dispuesto en el art. 9 LOPJM. El apdo. 4 art. 9 Ley 41/2022, de 14 de noviembre, aclara que cuando se trate de menores emancipados o mayores de dieciséis años en los que se es capaz de tomar decisiones o se dispone de capacidad intelectual o emocional de comprender el alcance de la intervención, no cabe prestar el consentimiento por representación.

Surge la duda respecto al consentimiento de los menores cuyo límite de edad se sitúa por debajo de los dieciséis años, ya que el art. 9.3 c) Ley 41/2022, de 14 de noviembre, no determina un claro límite de edad, sólo dispone cuando el paciente menor de edad no sea capaz intelectual o emocionalmente de comprender el alcance

---

[43] BOE núm. 274, de 15 de noviembre de 2002.

de la intervención[44]. Y es que, un menor de catorce años, conforme a su madurez y juicio, puede llegar a comprender el alcance y consecuencias de la intervención, no necesitando por ello de la asistencia de un tercero. La norma habilita a los representantes legales a que asistan al menor para otorgar un consentimiento válido cuando por su inmadurez intelectiva o emocional no pueden llegar a conocer las implicaciones de la intervención, pero previamente han de haber escuchado la opinión del menor conforme a lo dispuesto en el art. 9 LOPJM. Y es que, una cosa es la madurez para ser oído y escuchado y a que sus opiniones se tengan en cuenta, y otra la suficiente madurez para comprender intelectual o emocionalmente el alcance de la intervención médica. A nuestro entender, conforme a los postulados de la CDN, en una interpretación a sensu contrario del art. 9.3 c) Ley 41/2022, de 14 de noviembre, y en interpretación restrictiva de las limitaciones a su capacidad *ex* art. 2.1 LOPJM, cuando el paciente menor de edad es capaz intelectual o emocionalmente de comprender el alcance de la intervención, no será necesario el consentimiento por representación de sus progenitores o tutores[45].

En el ejercicio de los derechos fundamentales como puede ser la toma de decisiones que afecten a la integridad física (art. 15 CE), la doctrina constitucionalista defiende que la regla general sea que el menor pueda ejercitarlos por sí mismo, sin perjuicio de que este reconocimiento de la capacidad jurídica iusfundamental no obsta la posibilidad de que por cuestiones fácticas como la falta de desarrollo físico o psíquico, no pueda ejercer alguna de sus facultades (Aláez Corral, 2003, pp. 121-123). En relación con el ejercicio de los derechos fundamentales por los menores, se ha manifestado el Tribunal Constitucional cuando, en la STC 154/2002, de 18 de julio, FJ 9 a) (apoyándose expresamente en el pronunciamiento transcrito en la citada STC 141/2000) ha reconocido que el ámbito de autodeterminación sobre decisiones vitales –el rechazo de una transfusión de sangre a pesar de conllevar peligro para su vida– no sólo se predica del mayor de edad sino igualmente de quien es menor de edad, menor que aparte de titular pleno de la libertad de creencias debe, cuando se trata de opciones personalísimas como la decisión vital de aceptar o rechazar una transfusión sanguínea por razón de creencias y se dispone de madurez suficiente que le habilite, reconocérsele la responsabilidad del ejercicio del derecho fundamental. En dicho supuesto, la atribución de un espacio de libre decisión, con las salvedades que exigiesen otros bienes jurídicos, se justifica en el respeto a

---

44 Esta confusa y ambigua redacción ha sido objeto de críticas por la doctrina, *vid.* De Montalvo Jääskeläinen, F. (2017). «Problemas legales acerca del tratamiento médico de la disforia de género en menores de edad transexuales». *Revista General de Derecho Constitucional, nº 24*, pp. 26-27.

45 Similar opinión comparte Andreu Martínez, M.B. (2018). *La autonomía del menor en la asistencia sanitaria y el acceso a su historia clínica.* Aranzadi. Cizur Menor (Navarra), p. 47.

sus creencias religiosas y, por tanto, en el derecho fundamental que el art. 16.1 CE consagra. Nada obsta para que se generalice el reconocimiento al menor de un margen de libre configuración respecto de las opciones fundamentales de su vida entre las que se encuentra decidir sobre su salud y, en definitiva, sobre su integridad física, siempre que su estado intelectual y emocional se lo permita.

E) Ley Orgánica 2/2010, de 3 de marzo

La Ley Orgánica 2/2010, de 3 de marzo, de salud sexual y reproductiva y de la interrupción voluntaria del embarazo[46] concede la facultad a las mujeres mayores de dieciséis años para interrumpir voluntariamente el embarazo, sin la necesidad del consentimiento de sus representantes legales. Para el caso de las menores de dieciséis años, la norma distingue tres situaciones: *i)* menores de dieciséis años sujetas a patria potestad, que deberá aplicarse el régimen dispuesto en el art. 9.3 c) de la Ley 41/2002, de 14 de noviembre, esto es, el consentimiento por representación cuando el paciente menor de edad no sea capaz intelectual ni emocionalmente de comprender el alcance de la intervención, necesitando de la representación legal una vez ha sido escuchada la opinión del menor; *ii)* las menores en situación de desamparo, cuyo consentimiento corresponderá a la Entidad pública que haya asumido la tutela, y, *iii)* las menores de dieciséis años en situación de desamparo, cuya tutela no ha sido asumida por la Entidad pública, habilitándose a la entidad que asuma la guarda provisional para prestar el consentimiento por representación.

Con respecto a estas tres situaciones surge la reflexión a raíz de lo establecido en el art. 9.3 c) de la Ley 41/2002, de 14 de noviembre, ya que esta norma no establece un rango de edades, sino el necesario consentimiento a otorgar por los representantes legales cuando el paciente menor de edad no sea capaz intelectual o emocionalmente de comprender el alcance de la intervención. Y es que, puede ocurrir que una menor de dieciséis años disponga de suficiente capacidad intelectual para comprender el alcance de la intervención consistente en la interrupción de su embarazo (lo que hemos venido llamando suficiente madurez). Por tanto, una menor de dieciséis años que dispone de capacidad intelectual y emocional suficiente para comprender la intervención, no precisaría del consentimiento de sus representantes. Con esta interpretación, se le concedería el derecho a la interrupción voluntaria del embarazo a todas las mujeres menores sometidas a patria potestad, puesto que el resto, independien-

46 BOE núm. 55, de 4 de marzo de 2010.

temente de su madurez, va a necesitar el consentimiento de la Entidad; una clara discriminación. Esta hipótesis debería desecharse por motivo de que el legislador no habría realizado la remisión al art. 9.3 c) de la Ley 41/2002, de 14 de noviembre, si su voluntad hubiese sido la de dotar de capacidad de decisión a todas las menores con suficiente juicio y madurez.

La citada norma habilita a las menores de edad para la adopción de un acto decisivo y de vital trascendencia, no ya en sus propias vidas, sino en la de un tercero. El grado de autonomía y el poder de decisión que otorga el ordenamiento a las menores se equipara a la de cualquier mayor de edad, especialmente las menores mayores de dieciséis años. Si el marco jurídico dota de una extraordinaria autonomía y poder de decisión a las gestantes para un acto tan trascendental como es poner fin a la vida de un tercero indefenso –bien jurídico por excelencia–, no es razonable que dichas menores sean tratadas como incapaces para responder civilmente de forma directa por sus ilícitos, con preferencia a sus progenitores. Si se les tiene por maduras y con suficiente juicio para tomar una decisión importante que incide en la vida de un inocente, ¿por qué no han de disponer de madurez para que respondan directamente de sus actos dañosos?

F) Ley 4/2023, de 28 de febrero

El pasado 3 de febrero de 2023 entró en vigor la Ley 4/2023, de 28 de febrero, para la igualdad real y efectiva de las personas trans y para la garantía de los derechos de las personas LGTBI[47], que tiene por objeto «garantizar y promover el derecho a la igualdad real y efectiva de las personas lesbianas, gais, trans, bisexuales e intersexuales (en adelante, LGTBI), así como de sus familias» (art. 1.1), estableciéndose unos principios de actuación y medidas para la prevención, corrección y eliminación de toda forma de discriminación (art. 1.2). Además, la norma pretende regular el «procedimiento y requisitos para la rectificación registral relativa al sexo y, en su caso, nombre de las personas, así como sus efectos» (art. 1.3).

En varios preceptos de esta norma reluce la autonomía de los menores de edad para decidir acerca de su integridad e identidad sexual. El reconocimiento de dichas parcelas de actuación trae causa de la STC de 18 de julio de 2019, motivada por una cuestión de inconstitucionalidad planteada por la Sala de lo Civil del Tribunal Supremo respecto al artículo 1 de la Ley 3/2007, de 15 de

---

[47] BOE núm. 51, de 1 de marzo de 2023.

marzo, reguladora de la rectificación registral de la mención relativa al sexo de las personas[48], en relación con la dignidad de la persona y el libre desarrollo de su personalidad, en la medida en que prohibía cambiar la mención registral del sexo y nombre a los menores de edad con suficiente madurez y que se encontrasen en una situación estable de transexualidad. La citada resolución vino a estimar la cuestión de inconstitucionalidad planteada contra el art. 1.1 de la citada Ley, declarándolo inconstitucional por prohibir a los menores de edad «con suficiente madurez y se encuentren en una situación estable de transexualidad» el poder solicitar la rectificación de la mención registral del sexo[49].

El TC se hace eco de una realidad: la adquisición progresiva de mayores grados de entendimiento de los menores de edad conforme van cumpliendo años, aminorándose consecuentemente de sus necesidades de protección [«a medida que cumple años el menor de edad adquiere mayores grados de entendimiento y, por tanto, disminuyen las necesidades específicas de protección, como se desprende de la regulación que hace el Código civil de la emancipación del menor de edad (arts. 314 y ss.)]. Ello conlleva al reconocimiento de un estatus jurídico propio para decidir sobre sus derechos fundamentales desde el momento en que adquieren «suficiente madurez».

Ya con la nueva Ley 4/2023, de 28 de febrero, la suficiente madurez queda incardinada a partir de los doce años edad, al prohibirse –salvo en casos de indicaciones médicas– todas aquellas prácticas de modificación genital en personas menores de dicho límite temporal. Para aquellos que se encuentren entre los doce y dieciséis años, el consentimiento del menor (para interesar un cambio de sexo) es el eje central, siempre que por su edad y madurez pueda prestarlo (art. 19.2), sin la necesaria intervención de sus representantes legales.

En cuanto a la rectificación registral de la mención relativa al sexo, cabe distinguir tres regímenes distintos: *i)* los mayores de dieciséis años, a los cuales se les permite interesar el cambio por sí mismos sin intervención alguna de sus representantes; *ii)* las personas menores de dieciséis y mayores de catorce, que podrán presentar la solicitud por ellos con la asistencia de sus representantes legales; y, *iii)* las personas menores de catorce y mayores de doce, que podrán solicitar autorización judicial para dicha modificación registral. Como puede

---

48 BOE núm. 65, de 16 de marzo de 2007.

49 El derogado precepto establecía: «1. Toda persona de nacionalidad española, mayor de edad y con capacidad suficiente para ello, podrá solicitar la rectificación de la mención registral del sexo. La rectificación del sexo conllevará el cambio del nombre propio de la persona, a efectos de que no resulte discordante con su sexo registral. 2. Asimismo, la persona interesada podrá incluir en la solicitud la petición del traslado total del folio registral».

observarse, existe una clara disfunción legal entre la autonomía que se dota al menor para la modificación genital, que puede realizarla aquel que se encuentre entre los doce y dieciséis años, con suficiente madurez, y la rectificación registral del sexo, que para la misma franja de edad van a precisar la intervención de un tercero, esto es, la asistencia de sus representantes legales o autorización judicial. Evidentemente, la decisión de la modificación genital conlleva a más implicaciones que una simple rectificación registral, por lo que resultaría más acorde exigir para la primera mayores garantías que para la segunda.

G) Parcelas de actuación en el ámbito estrictamente civil

En el plano estrictamente civil es donde más se refleja el grado de autonomía concedida al menor, distinguiéndose por la doctrina, a partir de un criterio sistemático, cuatro ámbitos esenciales de actuación: *i)* los relativos al estado civil; *ii)* aquellos que inciden en la persona del menor; *iii)* los patrimoniales; y, *iv)* los actos del menor para su protección[50].

a) Actos relativos al estado civil

El menor de edad queda habilitado para tomar ciertas decisiones relacionadas con su estado civil, así podrá, si tuviere suficiente madurez y, en todo caso, si fuere mayor de doce años, prestar su consentimiento para ser acogido *ex* art. 173.2 CC. De igual forma, en relación a la adopción, el menor mayor de doce años deberá prestar su consentimiento y, el menor de doce, de acuerdo con su edad y madurez, deberá ser oído por el juzgador (art. 177 CC). En cuanto a la emancipación, a partir de los dieciséis años, el menor ha de consentir si la emancipación parte de quienes ejercen la patria potestad (art. 241 CC) y podrá solicitarla por sí mismo a través de solicitud judicial (art. 244 CC).

Otra de las competencias atribuidas al menor es la referente a la opción y solicitud de la nacionalidad española (arts. 20.2 y 21.3 CC) y del cambio de vecindad civil (art. 14.3.4 CC). Para ambos supuestos, el menor mayor de catorce años podrá emprender dichos actos con la mera asistencia de sus representantes legales.

---

50 *Vid.* Ruiz de Huidobro de Carlos, J.M. (2016). «La capacidad de obrar y la responsabilidad de los menores», en AA.VV., *Tratado del Menor. La protección jurídica a la infancia y la adolescencia.* Aranzadi. Cizur Menor (Navarra), pp. 176-183.

b) Actos sobre la persona

En el ámbito sucesorio, el mayor de catorce años podrá otorgar testamento (arts. 663 y 688 CC), a excepción del ológrafo. Se le habilita para ejercer la patria potestad sobre sus propios hijos con la asistencia de sus representantes (art. 157 CC); podrá relacionarse con sus familiares (arts. 160 y ss. CC), habilitándose a aquel que dispusiera de suficiente madurez para solicitar al Juez que le permita relacionarse con ellos, si existiere impedimento (art. 160.3 CC); deberá consentir, si dispusiere de suficiente madurez, la celebración de contratos que le obliguen a realizar prestaciones personales (art. 162 *in fine* CC); y, ejercer los derechos de la personalidad que pueda desarrollar por sí mismo, también condicionado a su madurez (art. 162 CC).

c) Actos con trascendencia patrimonial

En el plano patrimonial, el mayor de dieciséis años puede consentir en documento público que sus padres renuncien a los derechos de los que es titular, enajenen o graven sus bienes inmuebles, establecimientos mercantiles o industriales, objetos preciosos y valores mobiliarios; de igual forma, podrá consentir que sus progenitores repudien la herencia o legados a su favor (art. 166 CC). En cuanto a la administración ordinaria de los bienes adquiridos por el propio trabajo o industria del menor, este –siempre que sea mayor de dieciséis años– podrá administrar dichos bienes, a excepción de los actos que exceden de la administración ordinaria. Conforme al art. 1329 CC, el menor no emancipado que pueda contraer matrimonio puede otorgar capitulaciones relativas al régimen de separación o de participación.

Asimismo, cualquier menor con capacidad natural podrá realizar actos de naturaleza real como la posesión, ocupación o usucapión; así como, la aceptación de donaciones no onerosas ni condicionales (art. 626 CC)[51].

El máximo exponente en el plano patrimonial lo compone el art. 1263 CC, que habilita a cualquier menor para celebrar contratos, siempre que sean relativos a bienes y servicios de la vida corriente propios de su edad de conformidad con los usos sociales.

El citado precepto ha sido objeto de diversas revisiones, al objeto de adaptarlo a la evolución del concepto de menor. El texto original (1889) muestra la incapacidad del menor para prestar consentimiento válido, disponiéndose:

---

[51] *Vid.* Resolución de la DGRN de 3 de marzo de 1989.

> «No pueden prestar consentimiento: 1.º Los menores no emancipados; 2.º Los locos o dementes y los sordomudos que no sepan escribir; 3.º Las mujeres casadas en los casos expresados por la ley».

Naturalmente, esta disposición no podía ser mantenida en una sociedad moderna que caminaba hacia la realidad democrática, por lo que es sometido a revisión a través de la Ley 14/1975, de 2 de mayo[52], suprimiéndose el tercer inciso relativo al consentimiento de las mujeres casadas. En cuanto al consentimiento del menor, no es hasta el año 2015 con la Ley 26/2015, de 28 de julio, cuando se replantea la modificación del precepto para adaptarlo a una notable realidad: el papel del menor de edad en la sociedad moderna. En realidad, debió haberse adaptado mucho antes, principalmente con la promulgación de la LOPJM en vista de la autonomía progresiva que el texto concedía a los menores.

La redacción otorgada mediante la Ley 26/2015, de 28 de julio, fue un claro cambio de paradigma y de concepción del menor, pues de considerarse una persona incapaz para prestar consentimiento, se comienza a habilitar para que pueda consentir en aquellos contratos que las leyes les permitan realizar por sí mismos o con asistencia de sus representantes, siempre que sea relativos a bienes y servicios de la vida corriente propios de su edad de conformidad con los usos sociales. El precepto parte de la regla general de imposibilitar la prestación del consentimiento por parte del menor y, se establece una excepcional para aquellos contratos permitidos por la ley que pueda realizar (por sí mismo o a través de sus representantes) con la limitación de que sean bienes o servicios de la vida cotidiana acordes con su edad y de conformidad con los usos sociales. Por vez primera, el ordenamiento reconoce la progresión en la consecución de mayor autonomía en el plano contractual del menor, tomando naturalmente como punto de partida las variables de edad y madurez. La nueva dicción lleva a la necesaria reconsideración del papel de los representantes legales, pues parece quedar relegados en un segundo plano, excluyéndose la representación en aquellos supuestos en los que el menor contrate bienes o servicios propios de su edad y relativos a la vida corriente. La concesión de este grado de autonomía al menor confirma la consecuente reducción del poder de representación otorgado a los responsables parentales; esto es, conforme aumenta la madurez del menor, la capacidad de los progenitores ha de ir disminuyendo (García Alguacil, 2017, p. 546).

La última reforma del art. 1263 CC, operada mediante la Ley 8/2021, de 2 de junio, viene a referirse en exclusividad a la capacidad contractual de los menores

[52] BOE núm. 107, de 5 de mayo de 1975.

de edad, al haberse suprimido la referencia a las personas con discapacidad. La redacción adoptada elimina la contundente negación contenida anteriormente («[n]o pueden prestar consentimiento») y apuesta por afirmar que los menores no emancipados pueden celebrar contratos con determinadas limitaciones[53]:

> «Los menores de edad no emancipados podrán celebrar aquellos contratos que las leyes les permitan realizar por sí mismos o con asistencia de sus representantes y los relativos a bienes y servicios de la vida corriente propios de su edad de conformidad con los usos sociales».

De la nueva dicción, –que poco cambia en cuanto a su sentido, y ahora desde la afirmación– se presenta un claro reconocimiento al menor para contratar bienes y servicios ordinarios, delimitado por los siguientes elementos: *i)* siempre que el ordenamiento lo permita (realizarlo por sí mismo o con asistencia); y, *ii)* sean relativos a bienes y servicios de la vida corriente propios de su edad de conformidad con los usos sociales.

Con las sucesivas reformas del art. 1263 CC queda clara la evolución experimentada en el concepto de minoría de edad, reconociéndose a dicho sujeto aptitudes que antes no podía desenvolver por sí mismo y, en las que ahora se le concede capacidad para decidir no sólo sus actos y negocios, sino en cualquier plano conexo. Lo único que puede plantear cierta duda es la limitación relativa a «aquellos contratos que las leyes permitan realizar por sí mismos o con asistencia de sus representantes», que contempla el art. 1263 CC. Y es que, pueden existir normas que veten la posibilidad de contratar al menor sin un sustento coherente, o bien, porque no se hayan reformado o su fundamento no incida en velar por el interés superior del menor. El art. 1263 CC habrá que interpretarlo en concordancia con la autonomía progresiva que enarbola la CDN. Al menor de edad ha de permitirse ejercer su capacidad jurídica, adaptándose ésta a su edad, madurez suficiente y naturaleza del negocio jurídico, esto es, a aquellos que les sean propios por su edad y de conformidad con los usos sociales. Así, si conforme a su edad y madurez, al menor de edad se le reconoce el ejercicio de su capacidad jurídica, y teniendo en cuenta que esta implica tanto derechos como obligaciones, no existen motivos para continuar negando la trascendencia de su responsabilidad civil. El menor ha de responder, con preferencia a sus progenitores o tutores salvo que se acredite culpa o negligencia de éstos, en

---

[53] *Vid.* Martín Briceño, M.R. (2021). «La vulnerabilidad de las personas con discapacidad como consumidores». *Actualidad Civil,* núm. 11, p. 7 y ss.

la medida en que disponga de suficiente madurez y juicio para comprender la ilicitud de sus actos, como si de cualquier otro negocio jurídico se tratase.

d) Actos para su protección

El menor de edad queda plenamente habilitado por el ordenamiento para solicitar y ser parte en aquellos actos que tengan trascendencia para sí. A modo de ejemplo, el menor con suficiente juicio y madurez podrá solicitar al órgano judicial la adopción de medidas personales y patrimoniales para su protección (arts. 158, 167 y 173.3 CC).

En el aspecto patrimonial, las medidas de protección van encaminadas a la conservación y protección de sus derechos, dotándose al menor con suficiente juicio y madurez de competencia para: *i)* revocar donaciones (art. 646 CC); *ii)* denunciar vicios relacionados con una compraventa (art. 1490 CC); *iii)* denunciar la mora (art. 1100 CC); y *iv)* interrumpir la prescripción (art. 1973 CC).

H) Otras normas de relevancia

Otras parcelas del ordenamiento habilitan al menor para obtener licencia para el uso de ciertas armas, la obtención del permiso de conducción para concretos vehículos a motor, entablar una relación laboral o consentir el tratamiento de sus datos personales.

Así, el art. 109.1 y 2 del Real Decreto 137/1993, de 29 de enero, por el que se aprueba el Reglamento de Armas[54], establece que «los mayores de catorce años y menores de dieciocho podrán utilizar las armas de la categoría 3.ª, 2, para la caza y las de la categoría 3.ª, 2 y 3, para competiciones deportivas en cuyos Reglamentos se halle reconocida la categoría «junior», obteniendo una autorización especial de uso de armas para menores».

Por otro lado, el art. 4 y 6 del Real Decreto 818/2009, de 8 de mayo, por el que se aprueba el Reglamento General de Conductores[55] establece un rango de entre 14 y 16 años para la obtención de algunos permisos de conducir (*v.gr.* ciclomotores de dos o tres ruedas, cuatriciclos ligeros, motocicletas, vehículos para personas de movilidad reducida, vehículos especiales agrícolas autopropulsados, etc.).

---

54 BOE núm. 55, de 5 de marzo de 1993.

55 BOE núm. 138, de 8 de junio de 2009.

En el plano laboral, los arts. 6 y 7 del Real Decreto Legislativo 2/2015, de 23 de octubre, por el que se aprueba el texto refundido de la Ley del Estatuto de los Trabajadores[56], configura la capacidad del menor para obligarse laboralmente a partir de los 16 años. Y, en el marco de la protección de datos personales, el art. 7 Ley Orgánica 3/2018, de 5 de diciembre, de Protección de Datos Personales y garantía de los derechos digitales (LOPDGDD)[57] mantiene en los catorce años la edad –en el RGPD se establece una edad de dieciséis[58]– a partir de la cual el menor puede prestar su consentimiento al tratamiento de sus datos personales, necesitándose la asistencia de los progenitores o tutores para aquellos menores con edad inferior a los catorce años.

En estas normas se prescinde del subjetivo criterio de la suficiente madurez y juicio del menor en favor de otro más objetivo, la escala de edades. Tanto un criterio como otro tiene ventajas e inconvenientes, pues la suficiente madurez queda al arbitrio de un tercero, es decir, debe valorarse un conjunto de circunstancias para determinar si el menor puede realizar un determinado acto o no. Por el contrario, la escala de edad presenta una mayor seguridad y no depende de la valoración subjetiva de un tercero, sin embargo, puede ocurrir que un menor con catorce o más años no disponga de suficiente madurez para llevar a término lo autorizado por la norma. La reflexión se plantea en relación al consentimiento del tratamiento de los datos personales, más aún cuando no existe una unanimidad normativa entre lo dispuesto en el RGPD (dieciséis años) y la LOPDGDD (catorce años), pues, en ciertas ocasiones, puede ocurrir que la exposición de los datos personales de los menores suponga un riesgo de vulneración de sus derechos fundamentales.

3. EL PAULATINO DEBILITAMIENTO DE LA AUTORIDAD DE LOS PADRES Y LAS LIMITACIONES EN LAS FACULTADES DE VIGILANCIA, CONTROL Y EDUCACIÓN

En las últimas décadas, los cambios sociales y culturales del individuo y la familia han incidido en una clara transformación del Derecho de familia. El progreso social y político, la actual configuración de la realidad familiar y el nuevo concepto de menor –con el creciente protagonismo como sujeto de

[56] BOE núm. 255, de 24 de octubre de 2015.

[57] BOE núm. 294, de 6 de diciembre de 2018.

[58] Dispone el art. 8.1 RGPD «[...] el tratamiento de los datos personales de un niño se considerará lícito cuando tenga como mínimo 16 años. Si el niño es menor de 16 años, tal tratamiento únicamente se considerará lícito si el consentimiento lo dio o autorizó el titular de la patria potestad o tutela sobre el niño, y solo en la medida en que se dio o autorizó».

derechos fundamentales y la relación de su capacidad con sus condiciones de madurez y discernimiento– han propiciado que el ejercicio de las facultades y potestades de los progenitores cambien. Controvertidas potestades y facultades que se han contenido tradicionalmente en la patria potestad han sido sometidas a una profunda revisión, suprimiéndose el ejercicio de cualquier medida que denote autoridad y jerarquía patriarcal.

La patria potestad se concibe hoy día como un conjunto de facultades-deberes que se conceden a los progenitores para el buen cumplimiento de las obligaciones que la ley impone, en beneficio e interés siempre de los hijos, de acuerdo con su personalidad y con el máximo respeto a sus derechos, encaminada a la protección y velar por sus intereses (Pérez Giménez, 2023, pp. 29-30).

El poder disciplinario a favor de los progenitores, dispuesto por el ordenamiento decimonónico, ha ido desapareciendo progresivamente. Hasta el año 1981[59] estuvo en vigor la facultad de los padres de impetrar el auxilio de la autoridad gubernativa y judicial para retener y detener a los hijos no emancipados (art. 156 CC)[60]:

> «El padre, y en su caso la madre, podrán impetrar el auxilio de la autoridad gubernativa, que deberá serles prestado, en apoyo de su propia autoridad, sobre sus hijos no emancipados, ya en el interior del hogar doméstico, ya para la detención y aun para la retención de los mismos en establecimientos de instrucción o en institutos legalmente autorizados que los recibieren.
>
> Asimismo podrán reclamar la intervención del Juez municipal para imponer a sus hijos hasta un mes de detención en el establecimiento correccional destinado al efecto, bastando la orden del padre o madre, con el visto bueno del Juez, para que la detención se realice.
>
> Lo dispuesto en los dos párrafos anteriores comprende a los hijos legítimos, legitimados, naturales, reconocidos o adoptivos».

De estructura similar y de forma inconcreta se ha mantenido vigente dicha facultad en el art. 154 *in fine* CC: «[l]os progenitores podrán, en el ejercicio de su función, recabar el auxilio de la autoridad». El precepto no indica a qué se refiere «en el ejercicio de su función» y con qué objeto se ha de solicitar el auxilio, pero, quizás, haya de enmarcarse dentro del contenido de la patria potestad para hacer cumplir el elenco de funciones que el ordenamiento concede a los padres con respecto a sus hijos menores, en interés de los mismos (*v.gr.*

---

59 *Vid.* Ley 11/1981, de 13 de mayo.

60 *Cfr.* arts. 10, 15, 17 y 25 CE.

velar por ellos, tenerlos en su compañía, educarlos, preservar su integridad física y mental, etc.).

Como contenido de la patria potestad, el originario texto civil mostraba la realidad familiar, social y personal del menor al conceder al padre, y en su defecto a la madre, la facultad de corregir y castigar moderadamente a los menores (art. 155 CC). Dicha prerrogativa es modificada en el año 1981 para incluir la razonabilidad en la corrección, es decir, la facultad de «corregir razonable y moderadamente a los hijos». Dicha facultad estuvo vigente en el ordenamiento hasta el año 2007, suprimiéndose a través de la Disposición Final primera de la Ley 54/2007, de 28 de diciembre, de Adopción internacional[61]. La eliminación (en el CC) de esta prerrogativa se fundaba en los requerimientos efectuados por el Comité de Derechos del Niño, por la posibilidad de que tales facultades pudieran contravenir el art. 19 CDN, ya que, según el legislador del momento, el citado precepto internacional tiene por objeto «[...] proteger al niño contra toda forma de perjuicio o abuso físico o mental, descuido o trato negligente, malos tratos o explotación, incluido el abuso sexual [...]»[62]. Lo cierto es que el legislador equipara y confunde la corrección «moderada y razonable» con el perjuicio, el abuso físico o mental, los malos tratos o la explotación de los hijos (Hernández Ibáñez, 2020, pp. 136 y ss.), aberraciones que ni en *Las Partidas* tenían cabida ni justificación[63]. El suprimido precepto para nada autorizaba a los padres a someter a los hijos a malos tratos, sino a corregir de manera adecuada, templada, proporcionada y no exagerada para el cumplimiento de la función pedagógica y educativa que el ordenamiento exige; un necesario margen de maniobra que precisan los padres en la difícil tarea de educación y formación de la prole (Pérez Giménez, 2023, p. 123).

Por su parte, Díez-Picazo (1982, p. 5) nos traslada el espíritu del art. 1903 CC, antes de la reforma del principio de autoridad (art. 154 CC), constatando que dicho precepto se enmarca dentro de las competencias propias de un padre controlador de «todo lo que ocurre dentro de su familia y que tiene en sus manos los resortes necesarios para que las cosas ocurran o no». El citado autor se refiere a la autoridad y poder de disciplina existente en el CC como mecanismo propio para hacer valer la potestad otorgada por el ordenamiento de vigilancia y educación.

---

61 BOE núm. 312, de 29 de diciembre de 2007.

62 *Cfr.* con el punto IV de la E.M de la Ley 54/2007, de 28 de diciembre.

63 *Las Partidas* no autorizaban ni justificaban el maltrato, los castigos duros o crueles a los hijos. Y es que, en todo caso «el castigamiento» debía ser «con mesura è con piedad». *Vid.* Ley 18, Título XVIII, Partida 4ª y la 9ª, Título VIII, Partida 7ª.

Los menores precisan disponer de medios de coerción tal y como existen en otros ámbitos de la sociedad, normas habilitadoras de la corrección social que denotan autoridad. Con la existencia de normas que transmiten a sus destinatarios el ajustarse a determinados comportamientos porque, en caso contrario, se despliega una suerte de negativas consecuencias jurídicas, se le muestra al menor que han de aprender las figuras de autoridad para que en el futuro sigan cumpliendo las reglas mínimas de convivencia. Los menores han de aprender que existen figuras de autoridad en todos los ámbitos de la sociedad, y los progenitores han de entender que, si no se ponen límites a la actuación de los hijos, se criarían inseguros e inestables emocionalmente.

Disponer de normas y corregir moderada y razonablemente los comportamientos desviados no implica una merma en las libertades, sino un afianzamiento de la voluntad y capacidad del menor para enfrentarse a la frustración, puesto que, en esa función derivada de la patria potestad de velar por los hijos, se incluye el ayudarles a convertirse en personas independientes y responsables de ellos mismos y de los demás (PÉREZ GIMÉNEZ, 2023, p. 123). La tarea de educación –y el deber de obediencia de los hijos *ex* art. 155 CC– lleva unida la idea de autoridad y de corrección y, si los progenitores no transmiten la idea de autoridad ni se les dota de instrumentos jurídicos para corregir, se está trasladando a los menores que pueden incumplir las reglas porque no habrá consecuencias por su actuación. Si lo hijos deben obedecer a sus padres y, a su vez, éstos han de educarlos, necesitarán para esta compleja tarea disponer de algún medio disuasorio de las conductas inapropiadas de sus hijos.

La doctrina entiende que la responsabilidad civil de los progenitores ha de ir relacionada con el mantenimiento de determinadas facultades por parte de éstos y que, al debilitarse concretos aspectos de la patria potestad, decae «el control y la posibilidad real de los padres de impedir que sus hijos cometan actos dañosos» (NAVARRO MICHEL, 1998, pp. 37-39). De igual forma, LÓPEZ SÁNCHEZ (2001, p. 252) para los denominados «grandes menores» –aquellos a los que el ordenamiento concede más autonomía– considera que los padres conservan una potestad debilitada, ya que se ha ido perdiendo el control sobre los hijos.

Sin embargo, a pesar de la eliminación de la facultad de corrección, parte de la doctrina apuesta por la existencia de un mantenimiento implícito al relacionarse con el deber de educación (art. 154 CC) y el de obediencia de los hijos (art. 155 CC), afirmándose que dicha corrección puede efectuarse siempre que se respete el interés superior del menor, esto es, sin menoscabar su integridad, derechos o dignidad (HERNÁNDEZ IBÁÑEZ, 2020, p. 108) (LINACERO DE LA

Fuente, 2020) (Pous de la Flor, 2014, p. 1391). Además, la jurisprudencia ha admitido el reconocimiento tácito de la facultad de corrección, aceptándose como mecanismo para la educación de los menores. Así, la STS (2ª) de 8 de enero de 2020[64] (reiterada en las SSTS (2ª) de 13 de junio de 2022[65]; de 11 de febrero de 2020[66]) argumenta:

> «[...] el derecho de corrección, tras la reforma del art. 154.2 in fine CC, sigue existiendo como necesario para la condición de la función de educar inherente a la patria potestad, contemplada en el art. 39 CE y como contrapartida al deber de obediencia de los hijos hacia sus padres, previsto en el art. 155 CC, únicamente de este modo, los padres pueden, dentro de unos límites, actuar para corregir las conductas inadecuadas de sus hijos. Si consideráramos suprimido el derecho de corrección y bajo su amparo determinadas actuaciones de los padres tales como dar un leve cachete o castigar a los hijos sin salir un fin de semana, estos actos podrían integrar tipos penales tales como el maltrato o la detención ilegal. Por lo tanto, tras la reforma del art. 154.2 CC , el derecho de corrección es una facultad inherente a la patria potestad y no depende su existencia del reconocimiento legal expreso, sino de su carácter de derecho autónomo, por lo que sigue teniendo plena vigencia. Cosa distinta es la determinación de su contenido y de sus límites tras la supresión formal del mismo».

El derogado artículo no hacía referencia alguna a que los padres, en el ejercicio de la facultad de corrección, tuviesen que atentar contra la integridad del niño o su dignidad; es el propio legislador el que extrae de contexto la dicción literal y adopta una postura adaptada a lo «políticamente correcto». La supresión no deja de ser un acto de debilitación de la autoridad paternal que, ahora, la jurisprudencia pretende resucitar con la compleja labor de ponderación entre su ejercicio y las limitaciones. Es decir, el problema está en el contenido y límites para ejercer dicha corrección, cómo los progenitores –dentro del deber de velar y educar a los hijos, y que éstos les obedezcan– deben ejercer una corrección que no atente contra su integridad, dignidad o interés.

El único instrumento legal expreso que disponen los progenitores es el de poder recabar el auxilio de la autoridad en el ejercicio de sus funciones (art. 154 *in fine* CC), pero también tiene sus matices. A este respecto se pronuncia la citada STS (2ª) de 8 de enero de 2020:«[p]arece obvio que el instrumento que actualmente nos brinda el CC en el art. 154 –«recabar el auxilio de la au-

---

64 RJ 2020\5686.

65 RJ 2022\3412.

66 RJ 2020\473.

toridad»– es inoperante en los casos habituales de aquellos comportamientos tales como llegar tarde a casa, no hacer los deberes y tantas otras conductas que requieran corrección, entendida ésta, claro está, como moderada y razonable, tal y como se preveía en el inciso ahora derogado».

Los padres se encuentran sumergidos en la inseguridad, pues, por un lado, parece que sigue vigente la facultad de corrección derivada de los deberes de educación y obediencia –aun cuando se ha suprimido–, pero sin determinarse el contenido y límites y, por otro, a pesar de estar expresamente prevista la facultad de recabar el auxilio de la autoridad, se desconoce para qué asuntos se podría demandar. La jurisprudencia ofrece algunas indicaciones y observaciones de interés para el complejo ejercicio de esta facultad:

> «En consecuencia, siempre esa posibilidad de corregir está supeditada a la proporcionalidad, razonabilidad y moderación. Por tanto, debe descartarse como línea de principio que ese mencionado derecho a corregir a los hijos implique siempre que pueda golpeárseles y aplicarles castigos físicos. Corregir significa, en la acepción que aquí nos interesa y según el Diccionario de la Lengua, advertir, amonestar, reprender, conceptos que suponen que el fin de la actuación es conseguir del menor que se porte bien, apartarse de una conducta incorrecta, educarle, en definitiva. Y si en tiempos pasados se pensó que un castigo físico podía quedar incluido en este concepto, hoy en día las cosas han cambiado, y los profesionales de la educación están de acuerdo en que los castigos físicos no son pedagógicos y solo sirven para extender y perpetuar conductas violentas».

El ordenamiento no sólo ha ido debilitando paulatinamente el concepto de autoridad, sino que, también, se han limitado considerablemente las facultades de vigilancia y educación de los menores. Los progenitores cada vez tienen menos facultades de vigilar lo que hacen sus hijos para prevenir, entre otras consecuencias, los efectos dañosos de sus conductas. La autonomía progresiva en un amplio espectro de la vida de los menores y la imposibilidad de los padres de actuar trae consigo la reducción de las posibilidades de control parental. En determinados ámbitos, las facultades de vigilancia y control de los progenitores –exigidas por la jurisprudencia para evitar un resultado dañoso– van a quedar vetadas por atentar en determinados supuestos contra los derechos fundamentales. Tal es el caso del uso de teléfonos móviles u otros elementos de la tecnología de la información, que son instrumentos adecuados para cometer ilícitos penales y civiles, de los que puede responder –al menos civilmente– quien tenía el deber de vigilar y educar.

La vigilancia y control parental va a quedar limitada por afectar a determinados derechos fundamentales reconocidos en los instrumentos internacionales y el ordenamiento patrio, especialmente: el derecho a la intimidad, honor y propia imagen (art. 16 CDN[67]; art. 18.1 CE; art. 4.1 LOPJM[68]); la libertad de comunicación y derecho al secreto de las comunicaciones [arts. 18.3 y 20.1 d) CE]; derecho a la información; la libertad ideológica o la libertad de expresión (arts. 16 y 20 CE)[69]. Y es que, estos derechos –y el resto de derechos fundamentales– ha de ser respetado por los progenitores o representantes legales, lo que confirma la difícil tarea de cumplir con el ejercicio de los deberes parentales de educar y velar por los menores. La protección del menor de posibles ataques de terceros o controlarlos para evitar un resultado dañoso pasa por el necesario consentimiento del menor que tuviere suficiente madurez y juicio, al considerarse ilegítimo una intromisión en derechos como la intimidad (*ex* art. 2 y 3 LOPH) (Palacios González, 2014, p. 103). En tal sentido, la STS (2ª) de 10 de diciembre de 2015[70].

> «Ninguna duda puede arrojarse sobre la titularidad por parte de la menor del derecho a la intimidad. [...] tenemos que indicar que el art. 4.1 de la Ley de Protección del Menor 1/1996 dispone que: "Los menores tienen derecho al honor, a la intimidad personal y familiar y a la propia imagen. Este derecho comprende también la inviolabilidad del domicilio familiar y de la correspondencia, así como del secreto de las comunicaciones". El art.4.5 dispone: "Los padres o tutores y los poderes públicos respetarán estos derechos y los protegerán frente a posibles ataques de terceros". Se tiene que aplicar lo dispuesto en el art. 3 de la Ley 1/1982, de 5 de mayo de Protección Civil del Derecho al Honor, a la Intimidad y a la Propia Imagen que establece que el consentimiento deberá prestarse por ellos mismos (menores) si sus condiciones de madurez lo permiten, de acuerdo con la legislación civil, para en los restantes casos otorgarse mediante escrito de su representante legal, quien estará obligado a poner en conocimiento

[67] Art. 16 CDN: «1. Ningún niño será objeto de injerencias arbitrarias o ilegales en su vida privada, su familia, su domicilio o su correspondencia, ni de ataques ilegales a su honra y a su reputación. 2. El niño tiene derecho a la protección de la ley contra esas injerencias o ataques».

[68] Art. 4.1 LOPJM: «Los menores tienen derecho al honor, a la intimidad personal y familiar y a la propia imagen. Este derecho comprende también la inviolabilidad del domicilio familiar y de la correspondencia, así como del secreto de las comunicaciones».

[69] Establece el art. 3 I LOPJM: «Los menores gozarán de los derechos que les reconoce la Constitución y los Tratados Internacionales de los que España sea parte, especialmente la Convención de Derechos del Niño de Naciones Unidas y la Convención de Derechos de las Personas con Discapacidad, y de los demás derechos garantizados en el ordenamiento jurídico, sin discriminación alguna por razón de nacimiento, nacionalidad, raza, sexo, discapacidad o enfermedad, religión, lengua, cultura, opinión o cualquier otra circunstancia personal, familiar o social».

[70] RJ 2015\6401.

previo del Ministerio Fiscal el consentimiento proyectado. Así pues, consideramos que una menor de 15 años de edad, sin que conste en la misma elemento alguno para pensar que no se encuentra en una situación de madurez, tiene que otorgar el consentimiento a los padres o tutor para que por estos se pueda desvelar los mensajes que en la cuenta de su perfil de *facebook* dispone».

A pesar de lo expuesto anteriormente, habría que ponderar los intereses en juego, sobre todo, si se tiene en cuenta que algunos derechos fundamentales pueden ceder en presencia de otros intereses constitucionalmente protegibles por el carácter no ilimitado o absoluto de tales derechos [SSTC de 10 de abril de 2000 (RTC 2000, 98); de 2 de julio de 2001 (RTC 2001, 156); de 23 de marzo de 2009 (RTC 2009, 70); STS (2ª) de 4 de diciembre de 2015 (RJ 2015, 5247)]. Parte de la doctrina mantiene que lo importante no es el modo en que se ha invadido la intimidad de los hijos sino el porqué, es decir, si con la invasión en esa parcela se persigue proteger al menor de un mal mayor en supuestos graves (Colás Escandón, 2017). Lo que ocurre es que no se habla de la injerencia en los derechos para la evitación de un daño a tercero, sino de prevenir un mal a los intereses y bienes jurídicos del menor candidato a dañar. El fundamento es totalmente dispar, pues en uno se pretende preservar los intereses del menor y, en otro, lo que se resguarda es el patrimonio principalmente de sus responsables civiles. La cuestión sería, si es el menor con suficiente madurez y juicio es responsable civil, ¿se podría someter a injerencias sus derechos para salvaguardar su interés patrimonial?

III

REFLEXIONES FINALES

CAPÍTULO IV

DE LA RESPONSABILIDAD CIVIL DE LOS PROGENITORES A LA RESPONSABILIDAD CIVIL DEL MENOR: A MODO DE CONCLUSIÓN

1. PRELIMINAR

Como consecuencia lógica de los capítulos anteriores, esta parte del trabajo pretende servir de reflexión a lo ya expuesto, esto es, la necesaria reformulación de la responsabilidad del menor conforme a la evolución de su madurez, como así se deriva del resto del ordenamiento. Si, efectivamente, los patrones sociales y familiares actuales difieren a los imperantes al momento de la promulgación del CC y, el art. 1903 del citado texto responde a la sociedad y al menor de aquel período, resulta razonable hacer a estos últimos más responsables (en cuanto a la carga indemnizatoria se refiere), conforme a su edad y grado de madurez, con preferencia –si cabe– a la de sus progenitores.

La sociedad, a través de sus normas, envía un claro mensaje: al menor hay que ir dotándole de autonomía progresiva para el ejercicio de su capacidad jurídica, deberes y responsabilidades, con la consecuente limitación progresiva de las facultades de intervención de los progenitores. Conforme progresa la autonomía del menor y su capacidad de decisión, los progenitores van viendo mermadas su capacidad de control. Si el menor dispone de una mayor autonomía para el ejercicio de la capacidad jurídica y se limitan las facultades de los padres –muchas de ellas imposibilitando la vigilancia y control–, ¿no ha de acondicionarse la responsabilidad del menor? ¿Habría que replantear el contenido del art. 1903 o, quizás, no sea necesario y sea más bien una cuestión de adaptación de la jurisprudencia? ¿Cómo ha de delimitarse la responsabilidad?

Sobre el debate de la responsabilidad del menor y de los progenitores se abren al menos cuatro hipótesis de interés:

i) que responda el menor en todo caso;

ii) que se haga responsable a los progenitores como hasta ahora;

iii) que se module la responsabilidad de los menores y los progenitores, distinguiéndose por el grado de autonomía y madurez de los primeros (infantes y menores autónomos); o,

iv) que la víctima se quede sin reparación o afronte las consecuencias del hecho lesivo; solución última que carece de toda lógica jurídica en la medida en que no se acomodaría al principio *alterum non laedere* derivado del art. 1902 CC.

Más allá de esa primera aproximación, parece razonable plantearse si en todo caso deberá responder alguien –ya sea el propio menor, ya sus progenitores o sus tutores. Como bien pone de manifiesto Rogel Vide (2018, p. 40), en el ordenamiento patrio no existe un «derecho subjetivo a la felicidad», no se puede pretender que el perjudicado por un evento dañoso sea resarcido siempre que exista un tercero candidato a absorber las consecuencias del daño, pues la vida misma comporta riesgos[1]. Debe recordarse que la doctrina niega la imputación objetiva del resultado dañoso a la conducta del agente en los supuestos de realización de riesgos habitualmente relacionados al natural existir. Esto se aplica tanto a los riesgos relacionados con formas de comportamiento ordinarias o que se pueden anticipar en el transcurso de la existencia del dañado como a los riesgos relacionados con la existencia humana en general.

La vida en sociedad implica necesariamente ciertos riesgos inherentes a la interacción con otros sujetos, por más que tales peligros deban controlarse y minimizarse por quienes resulten responsables de ello. La simple existencia de menores de edad –ineludible en cualquier comunidad humana– implica ciertos riesgos para terceros, en la medida en que aquéllos van contando progresivamente con la madurez suficiente como para gobernar su persona con plena racionalidad, y pueden así, potencialmente, suponer una fuente de peligro para la indemnidad patrimonial de quienes de una forma u otra se relacionen con ellos.

2. RESPONSABILIDAD DEL MENOR: DEL INFANTE AL AUTÓNOMO

La primera cuestión que se plantea, y pesar de la innegable –y lógica– tendencia de los perjudicados por el hecho dañoso a dirigir su demanda contra los

---

[1] *Vid.* STS de 17 de julio de 2007, que excluyó la responsabilidad de los progenitores por la caída en su domicilio de un amigo al pisar un juguete con ruedas perteneciente a los hijos menores de aquéllos, pues se está ante un supuesto que no pudo preverse y no toda desgracia ha determinar necesariamente que alguien deba responder de ella porque la vida comporta riesgos por sí misma.

progenitores del menor, es la posibilidad de que éste responda personalmente con su patrimonio por sus propios actos, con exclusión a la de sus progenitores. Esta hipótesis encontraría de entrada con un obstáculo extrajurídico, en buena medida, insalvable: la insuficiencia patrimonial del menor –propia de su todavía incompleta integración social. Generalmente, los menores de edad suelen carecer de patrimonio, aunque no siempre es así. Además, habría que tener en cuenta la responsabilidad patrimonial universal de todo deudor, haciéndose responsable con todos sus bienes presentes y futuros (art. 1911 CC), pues tiene toda una vida por delante para satisfacer la carga indemnizatoria a la que pueda estar llamado. Pero, quizás, esta no sea la cuestión.

La responsabilidad –al menos si se sigue manteniendo que es subjetiva– se ha de fundamentar en las condiciones personales que rodean al causante (entre otras), en su capacidad natural para discernir entre el bien y el mal, y no parece que un menor –especialmente los de de escasa edad– dispongan de los elementos necesarios para comprender la licitud e ilicitud de sus actos, así como la adecuación de su conducta a las mínimas reglas que impone la sociedad. Además, en las primeras etapas de la vida –en las que el menor no goza de especial grado de autonomía– resulta normal que la dirección personal y patrimonial sea llevada por los progenitores, al igual que de ordinario se exija un control y vigilancia del menor. En dichas primeras etapas, se encuentra más que justificada que los progenitores controlen y vigilen a sus hijos, dentro de los deberes y facultades que impone la patria potestad, por lo que no ha de ser extraño que respondan los padres.

Ya se ha dicho que las actuales tendencias sociales y normativas apuntan a la plena integración del menor en la sociedad a través de una ampliación en el ejercicio de su capacidad jurídica, reconociéndose un ámbito de actuación propio, desvinculado del correspondiente a sus propios progenitores. Así, como manifiesta la doctrina, resultaría lógico admitir que el menor pueda ser directamente responsable de los daños causados a terceros por vía del art. 1902 CC, siempre que cuente con la madurez suficiente para comprender la ilicitud de sus actos; en definitiva, capacidad de culpa civil de la que bastaría con una conducta objetivamente contraria al estándar de diligencia que deriva del art. 1902 CC (Del Olmo García, 2023, p. 8468), pues el citado precepto no establece ningún limite de edad. Esta situación ha sido puesta de relieve por la jurisprudencia, no negándose la «indudable culpabilidad de los menores»[2]. Muchas sentencias, sin un criterio uniforme, reconocen la imputabilidad civil de los menores conforme avanza su edad y madurez, pero algunas resolucio-

---

2 STS de 8 de febrero de 1983.

nes –como la SAP (Melilla) de 8 de enero de 2008– lo hacen para transferir la responsabilidad a los progenitores:

> «Hoy día se extiende la opinión de que los menores responden civilmente (es decir, responde su patrimonio) de las consecuencias dañosas de sus actos ilícitos, salvo que se trate de sujetos en los que no cabe un verdadero querer, pues estaríamos ante una "no-acción" por falta de entendimiento y voluntad... Parece lejos de toda duda que los hechos en que se sustenta la demanda ocurrieron como consecuencia de una acción imprudente del entonces menor D. Luis Pedro, quien dio un empujón y derribó al suelo a la demandante. Se trataba también de un menor, próximo a la mayoría de edad, con capacidad suficiente para entender que no es licito causar daño a otras personas, y que en tal caso se debe responder por ello. De ahí, que a tenor de lo que se deja expuesto, haya de reputársele como un menor civilmente imputable, que ha de responder de sus actos solidariamente con las otras personas responsables por hecho ajeno, previstas en el artículo 1903 del Código Civil, que en este caso concreto serían sus padres y la empresa de limpieza para la que trabajaba».

Más clara, si cabe, resulta la SAP (Alicante) de 5 de junio de 2019, que se hace eco de la realidad social y la tendencia legislativa actual del reconocimiento de autonomía progresiva a los menores. La resolución presume que los causantes –con edades comprendidas entre los doce y trece años– disponen de suficiente conocimiento de la naturaleza y consecuencias de su conducta. En este caso, se confirma la capacidad de culpa civil de los menores y, por ello, son considerados responsables solidarios junto con sus progenitores, pues de estos últimos también «resulta incuestionable su deber de vigilancia y de evitación de conductas como las descritas»[3]. La resolución lo que no valora es la limitada capacidad de los padres para controlar y vigilar las conductas de sus hijos conforme progresan en autonomía y decisión.

Como se ha visto, el art. 1903 CC presume la culpabilidad de los padres –objetivada progresivamente por el devenir jurisprudencial– por los daños producidos por los menores que están bajo su guarda, por no ejercitar de manera correcta la obligación de vigilar y controlar las actividades del menor, a pesar de las escasas posibilidades que existen cuando el menor goza de cierto grado de autonomía. De esta presunción de culpabilidad se extrae que, aunque el comportamiento del menor sea la consecuencia del daño, los progenitores han debido de contribuir de alguna forma –directa o indirectamente– al resultado

---

[3] *Vid.* otras resoluciones como la STS de 23 de febrero de 2010; SAP (Barcelona) de 21 de noviembre de 2018.

dañoso, achacándoles un defectuoso ejercicio en los deberes que derivan del ejercicio de la patria potestad.

El aumento de la autonomía del menor, conforme a su edad y grado de madurez, el reconocimiento de un especial marco jurídico, y el decaimiento de las potestades de los padres, hace que el mantenimiento del criterio culpabilístico –y mucho menos uno objetivado– de la responsabilidad civil parental disponga de sustento, al menos como se entendía en el siglo XIX. La redacción del art. 1903 CC se ha conservado en esencia desde la promulgación del CC en 1889, por lo que se sigue basando en una estructura social y familiar de otros tiempos. Hoy, el padre debe responder por el mismo fundamento que existía hace más de un siglo. La posición jurídica del menor de edad en la época imperante, y la existencia de otros modelos de familia, hacen que no nos podamos mover sobre idénticos patrones de la responsabilidad parental decimonónica. El padre y la madre encuentran serias limitaciones al deber de vigilancia y control, sobre todo de los menores con suficiente madurez y autonomía, que exige la jurisprudencia. Y es que, realmente no se puede controlar ni vigilar todo lo que rodea a los hijos menores (López Beltrán de Heredia, 1988, p. 15), pues en muchas ocasiones esta limitación de las facultades parentales va a estar legitimada por los derechos y libertades del menor (*v.gr* en el ámbito de las nuevas tecnologías, la intimidad o la inviolabilidad de las comunicaciones).

En tiempos pretéritos, el padre disponía de poder disciplinario para hacer cumplir las reglas, en relación a esas funciones de vigilancia y educación que tenía encomendado por el ordenamiento, haciendo uso de la facultad de corrección y castigo moderado, incluyéndose la detención y retención. Estas potestades quedaron definitivamente derogadas en el año 2007, por entender el legislador que la corrección y el castigo moderado no era lo propio para mantener a los hijos en los límites de sus deberes y en el respeto de los intereses ajenos (Rogel Vide, 2018, p. 13); una interpretación desacertada. Entiende Navarro Michel (1998, pp. 37-39) que el fundamento culpabilístico de la responsabilidad civil va unido con el mantenimiento del poder y autoridad paterna y que, al debilitarse la patria potestad, ha de decaer «el control y la posibilidad real de los padres de impedir que sus hijos cometan actos dañosos». De igual forma, López Sánchez (2001, p. 252) para los denominados «grandes menores», considera que los padres conservan una potestad debilitada, ya que se ha ido perdiendo el control sobre los hijos. Sin embargo, la jurisprudencia actual viene requiriendo de la obligación de vigilancia y control por parte de los padres hacia los hijos [SSTS (1ª) de 11 de marzo de 2000 (RJ 2000,1520); de 24 de marzo de 1979 (EDJ 1979,632), de 17 de junio de 1980 (EDJ 1980,

947); SSAP Barcelona de 3 de marzo de 2005 (AC 2005,516); Valencia de 23 de enero de 2012 (JUR 2012, 171580), entre otras].

Se ha entendido que los deberes de vigilancia y control deben de complementarse con el uso correcto de la disciplina, ya que cuando el menor produce un daño se presume que los progenitores no han sabido desarrollar una correcta labor educativa (culpa *in educando*) o de control (culpa *in vigilando*), precisándose, quizás, de una mínima corrección que sirva de mecanismo disuasorio. Si los padres carecen de poder disciplinario y se limita el control sobre los menores con autonomía, tal vez decaiga el fundamento de la culpabilidad. Para responder por los ilícitos causados por los hijos menores, los progenitores han de estar investidos de autoridad suficiente para mantenerlos en los límites de sus deberes y en el respeto de los intereses ajenos (ROGEL VIDE, 2018, p. 13). La disciplina es considerada como un mecanismo de ayuda a los padres para el correcto ejercicio de sus facultades, además, de entenderse como medio preventivo del daño. En todas las parcelas de la sociedad existe la disciplina y resulta importante transmitir a los menores, en su condición futura de adulto, que existen unas reglas que cumplir y que han de disponer de cierto sentido de la responsabilidad, existiendo un poder disciplinario que reprimirá las conductas no acordes, como en cualquier ámbito de la sociedad.

A fecha de hoy, nuestros textos legales y la jurisprudencia exigen a los padres un excesivo poder de vigilancia y una labor educativa exquisita, pero estas imposiciones en la sociedad vigente se tornan complejas, especialmente cuando el menor se acerca a la mayoría de edad. Los padres no pueden garantizar evitar todo daño provocado por sus hijos con cierto grado de madurez, puesto que a éstos el ordenamiento les ha reconocido parcelas de actuación que antes quedaban reservadas a sus representantes legales. Resulta imposible exigir una férrea vigilancia y un estricto control, principalmente de aquellos que se acercan a la mayoría de edad (DÍAZ ALABART, 1987, pp. 803-805).

La labor educativa de la familia ha quedado desplazada por la recibida en la escuela, el círculo de amigos y otros agentes socializadores como los medios de información a los que acceden los menores. Los progenitores pueden dirigir la educación de sus hijos, pero ésta resulta ser insuficiente para el grado de influencia que reciben de otros sectores. Por mucho que se desee educar a un hijo con unos determinados valores, siempre van a quedar condicionados por sus relaciones sociales, en definitiva, por todos aquellos que se relacionan directa o indirectamente con el menor. Van a ser otros agentes sociales los que condicionen la educación del menor, a modo de ejemplo, aquellos padres que deciden no comprar un teléfono móvil a su hijo hasta una edad cercana a la madurez, pero se encuentran con que los amigos con los que se relaciona el menor ya disponen de dicho aparato. No se diga cuando es el propio colegio el que exige dichos elementos de la tecnología para, entre otras, la realización de actividades[4]. Así, la labor educativa y de vigilancia que pesa sobre los progenitores se ve alterada por la función socializadora de otros agentes externos que directa e indirectamente se relacionan con el menor.

Si las normas jurídicas y la sociedad en general imponen una mayor autonomía del menor de edad, se debilita la autoridad paterna y se limitan las facultades de vigilancia, control y educación, en relación al grado de madurez de los menores, no se puede seguir exigiéndose que la actitud de la comunidad recaiga exclusivamente sobre los padres (Díaz Alabart, 1987, pp. 856-857). Actualmente, ni la educación ni la labor socializadora viene a ostentarla exclusivamente la familia, tal y como sí ocurría en el s. XIX. Tradicionalmente, la guarda, la educación y la vigilancia del menor se ha encomendado básicamente a la familia, principalmente los padres (Gómez Calle, 1995, p. 98), pero hoy este esquema se encuentra alterado por ser desarrollos por otros agentes de la sociedad.

La exigencia de los citados deberes de vigilancia y control puede tornarse compleja y, en algunos supuestos, casi imposibles cuando se está ante un menor cercano a la mayoría de edad (López Beltrán de Heredia, 1988, p. 15). En el caso de los menores que no han alcanzado el suficiente grado de madurez, los padres disponen de una mayor facilidad de control y sometimiento que cuando se está ante menores que rozan la etapa adulta. El menor con mayor grado de

---

4 Afortunadamente, aunque tarde, en España ya se ha abierto el debate sobre el uso de los aparatos de telefonía móvil en los colegios por los menores de edad. Ilustrativa resulta ser la Instrucción de 4 de diciembre de 2023 de la Viceconsejería de Desarrollo Educativo y Formación Profesional de la Junta de Andalucía sobre la regulación de los teléfonos móviles en los centros educativos dependientes de dicha institución, que argumenta la limitación del empleo de teléfonos móviles y otros dispositivos en la prevención de riesgos y seguridad en el uso de internet y las tecnologías de la información y comunicación por parte de las personas menores de edad, con el objeto de garantizar la protección de éstos frente a los abusos y la violencia de todo tipo que se produzcan a través de internet, los dispositivos y teléfonos móviles. A la regla limitadora del uso de los aparatos de telefonía móviles, le sigue una excepción: salvo que «esté expresamente previsto en el proyecto educativo del centro para determinados momentos con fines exclusivamente didácticos y criterios pedagógicos debidamente justificados, teniendo en cuenta en todo caso la edad del alumnado, su maduración y sus características psicoevolutivas». También el Consejo Escolar del Estado, a través de la propuesta de la Comisión Permanente de 25 de enero de 2024, ha tenido a bien proponer abordar la prohibición de los teléfonos móviles en las aulas y promover la recuperación de los juegos tradicionales [*vid.* Consejo Escolar del Estado (25 de enero de 2024) https://www.educacionyfp.gob.es/dam/jcr:5ab2371c-4f3e-4c4d-9090-b3afb18adcf8/cee-propuestas-dispositivos-moviles.pdf (última vez consultado 30 de enero de 2024)].

autonomía puede tomar decisiones relativas a su persona, usar máquinas e instrumentos peligrosos (Ruiz Jiménez, 2011, p. 1728), disponer de teléfonos móviles o utilizar aplicaciones, escapándose del control de los padres ya que de realizarlo podría conculcarse otros derechos del menor (*v.gr.* intimidad personal, no intervención de las comunicaciones, dignidad, etc.), por lo que, si están habilitados para la realización de determinados actos de trascendencia jurídica, ha de disponer de capacidad suficiente como para entender y saber que su conducta puede ser dañosa (Yzquierdo Tolsada, 2016, p. 50).

Las parcelas de competencia y poderes de decisión concedidas por el ordenamiento al menor tienen como fundamento la consideración de un sujeto que progresivamente va adquiriendo suficiencia de entendimiento y voluntad (Gómez Calle, 1995, p. 91), conforme a la evolución de su ser. Por ende, si las normas le habilitan para determinados actos de importante trascendencia jurídica, por tener suficiente entendimiento, el menor ha de comprender que su conducta puede causar daño a tercero y, por ello deberá hacerse responsable si se consuma el efecto lesivo. Esto haría que el menor de cierta edad y madurez vaya adquiriendo capacidad de culpa civil conforme a su evolución[5] (De la Rosa Cortina, 2012, p. 70), a la evolución del ejercicio de su capacidad jurídica, y se le haga, de algún modo, partícipe en las consecuencias de un eventual daño[6], ya que dispondría de la «capacidad cognoscitiva suficiente que permite comprender la acción y prever sus posibles repercusiones, y la capacidad volitiva para actuar en consecuencia» (Navarro Michel, 1998, pp. 111-112).

Del exhaustivo análisis jurisprudencial efectuado, cabe poner de relieve la ausencia de resoluciones que analicen pormenorizadamente y en profundidad la capacidad de culpa civil de los menores cercanos a la mayoría de edad. La STS de 8 de marzo de 2002 condenó solidariamente a un menor de diecisiete años por acreditarse la negligencia del menor «en el desarrollo de una actividad susceptible de crear el riesgo de daño para las personas». La resolución mantiene el razonamiento efectuado en las instancias inferiores e indica la necesaria valoración no sólo de las circunstancias de personas, tiempo y lugar, sino también del sector del tráfico o de la vida social en que la actuación dañosa se proyecta. Así, para determinar la responsabilidad se vislumbra que resulta de interés valorar «las circunstancias personales del agente (de diecisiete años,

[5] *Cfr.* López Sánchez, C. (2001). *La responsabilidad civil del menor.* Dykinson. Madrid; Gallego Domínguez, I. (2009). «Responsabilidad civil de los padres y tutores por daños causados por menores y personas incapacitadas», en AA.VV., *Cuestiones actuales de Responsabilidad Civil*, Editorial Reus, Madrid, p. 18.

[6] Esto se ha apuntado en la STS de 8 de marzo de 2002. En este caso, el menor (de 17 años) se hace responsable solidario al ser civilmente imputable.

siete meses y veintidós días de edad) y (sus) factores psicológicos (capacidad tanto volitiva como intelectual suficiente para comprender la trascendencia de sus actos y los posibles riesgos y resultados de los mismos); por lo que colige que era previsible y evitable el resultado dañoso, de ahí la calificación de la conducta como culposa».

El problema de base estriba en delimitar el momento temporal en el que el menor ha adquirido el grado de autonomía y madurez para hacérsele responsable de sus ilícitos civiles. Para ello, resultaría necesario valorar en cada momento su conducta, teniendo en cuenta las circunstancias de su edad, tiempo, lugar, momento social, ámbito familiar y el deber de cuidado exigible a un menor de edad en sus mismas circunstancias (Gómez Calle, 1995, p.93) o, por el contrario, determinar unos límites de edades a partir de los cuales se puedan hacer responsables civiles de sus actos, distinguiéndose tres etapas de la vida: infantil, madura y adulta.

El texto civil no contiene precepto alguno que establezca una edad concreta para el inicio de la imputabilidad (civil) de una persona, debiendo considerarse el momento en el que ésta dispone de «capacidad cognoscitiva suficiente que permita comprender la acción y prever sus posibles repercusiones», además de capacidad volitiva para actuar en consecuencia (Navarro Michel, 1998, pp. 111-112). Así, cuando el menor de edad dispone de tal capacidad, debe de entenderse como imputable y responsabilizarle de sus actuaciones (López Sánchez, 2001, p. 223). De hecho, como se adelantaba en epígrafes anteriores, no existe inconveniente alguno con que el menor con capacidad natural de entender y querer responda vía art. 1902 CC, ya que en tal precepto sólo se exige, para que surja la obligación resarcitoria, la constatación de un daño indemnizable, interviniendo culpa o negligencia y del que exista un nexo causal. El problema está en la comentada «*vis atractiva*» del régimen establecido en el art. 1903 CC por la seguridad y expectativa que le crea a los perjudicados. Naturalmente, la víctima acudirá a aquella vía que le conceda una mayor garantía, más aún cuando los patrones de la responsabilidad establecida en el art. 1903 difieren del 1902 CC, principalmente por la tendencia objetivadora que realiza la jurisprudencia.

Otra de las cuestiones a reflexionar es el criterio objetivador que impone la jurisprudencia actual al considerar que la responsabilidad civil de los progenitores es por semi-riesgo, fundándose la obligación de responder de los padres por el incumplimiento de los deberes inherentes a la titularidad de la patria potestad[7]. Este riesgo, que ha desencadenado en el daño, se produce a causa del defectuoso deber de vigilancia que los padres tienen sobre los hijos sometidos a su potestad[8]. Los tribunales efectúan una interpretación extensiva del art. 1903 CC[9] para atribuir la responsabilidad de los progenitores, resultando llamativo la inexistencia de resoluciones judiciales que acojan la causa de exoneración prevista en el art. 1903 *in fine* CC, bien porque la acreditación de la actuación diligente de los padres en la prevención del daño se torna compleja, o bien, por aplicación del principio *in dubio pro damnato*, pretendiéndose asegurar la total indemnidad de la víctima por los daños causados (como si los padres fuesen una aseguradora universal de sus hijos).

En definitiva, si la sociedad, mediante sus normas, ha otorgado una mayor autonomía y poder de decisión al menor, reconociéndole ciertos derechos y libertades hasta límites insospechados, y ha debilitado la autoridad paterna con la derogación de potestades que facilitaban la vigilancia y educación, la consecuencia no puede ser que la responsabilidad civil recaiga exclusivamente sobre los padres (Díaz Alabart, 1987, pp. 856-857). Los menores han de hacerse partícipes de sus deberes y responsabilidades, las cuales reforzarán su dignidad en su preparación para el futuro adulto. Como se ha expuesto en epígrafes precedentes, son numerosas las normas que dotan de forma progresiva al menor de edad de capacidad volitiva e intelectiva, mayor libertad y autodeterminación en la toma de decisiones en la medida que va adquiriendo madurez. Si progresivamente se le va concediendo parcelas de actuación en su esfera personal, los menores de edad han de ser imputables de culpa civil conforme a su grado de madurez [(De la Rosa Cortina, 2012, p. 70), (Grimalt Servera, 2017, p. 43), (Yzquierdo Tolsada, 2001, p. 229)[10], entre otros].

---

7 STS de 11 de marzo de 2000.

8 Recuérdese que la actual línea jurisprudencial considera que la responsabilidad de los padres deriva de un insuficiente ejercicio de la patria potestad, y que la creación del riesgo es a causa de la transgresión del deber de vigilancia que a los padres se les impone. Según la doctrina jurisprudencial, la responsabilidad de éstos deriva de su culpa o negligencia en la vigilancia (omisión del deber de vigilancia) o en los defectos de su educación. *Vid.* SSTS de 10 de noviembre de 2006; 8 de marzo de 2006; 11 de marzo de 2000; de 17 de junio de 1980; 24 de marzo de 1979; SAP Valencia de 23 de enero de 2012; SAP Barcelona de 3 de marzo de 2005.

9 En el art. 1903 CC no figura el explícito deber de especial vigilancia, control y educación por parte de los padres. Los tribunales acogen la exención de responsabilidad del último apartado del precepto no para exonerar de responsabilidad, sino para argumentar que si se ha producido el daño es porque los padres no han empleado toda la diligencia en la vigilancia y educación del menor para su prevención.

10 Grimalt Servera entiende que si el ordenamiento jurídico permite a los menores actuar cuando «sus condiciones de madurez son suficientes será porque se les considera con capacidad intelectual y volitiva suficiente, y ello justifica ser responsables civiles [...]». Por su parte, Yzquierdo Tolsada señala que para que una determinada conducta sea considerada como culposa

3. CONSIDERACIONES BREVES Y PROPUESTAS SUCINTAS

En primer lugar, parece razonable evitar cualquier automatismo en la exigencia de responsabilidad a los progenitores por los actos de sus hijos menores de edad. Ya se pusieron de relieve las quiebras lógicas que aparecen en cuanto a la fundamentación de esta responsabilidad en la culpa *in vigilando* o *in educando;* con más razón podrá discutirse el fundamento de esta responsabilidad en lo relativo a los menores de mayor madurez, que por su grado de desarrollo no podrán estar controlados en todo momento por sus progenitores, y que contarán con un grado de autonomía personal lo suficientemente elevado como para actuar con cierta independencia personal respecto de la educación recibida. Podría ser oportuno presumir la culpa respecto de los actos protagonizados por niños de corta edad –que están o debieran estar sujetos, por la propia naturaleza de las cosas, al control constante de los responsables de su guarda–, esta presunción podría no ser tan razonable en cuanto a los actos cometidos por menores cercanos a la mayoría de edad. ¿Sería factible establecer rangos de edades para determinar la madurez y juicio de un menor o un límite de edad para responsabilizarlo civilmente de sus actos?

Resulta en cualquier caso desproporcionado equiparar la responsabilidad vicaria por los actos de los menores a lo propio de actividades que resultan siempre peligrosas *per se*, como igualmente resulta inaplicable en esta materia el principio *cuius commoda eius incommoda*, ajeno, por la propia naturaleza de las cosas, a la crianza de los hijos menores de edad. Si la responsabilidad objetiva se ha basado, tradicionalmente, en la necesidad de garantizar la reparación a quien resulte perjudicado por una actividad potencialmente peligrosa por más que no se hubiera incurrido en culpa ni en negligencia, y en el citado principio *cuius commoda eius incommoda*, según el cual a quien corresponden los beneficios corresponden los inconvenientes, resultaría difícil determinar el fundamento de una responsabilidad tal para los progenitores. La crianza de los hijos no puede considerarse una actividad potencialmente peligrosa, ni mucho menos equiparables a patrones como el ejercicio de la caza o la producción de energía nuclear; menos aún resulta posible equipararlas a aquellas actividades económicas, tendentes a la obtención de lucro, que puedan conllevar potenciales riesgos para terceros.

---

o negligente, es necesario que el agente sea subjetivamente imputable, es decir, que tenga una libre voluntad y capacidad de entender y querer lo que está haciendo, y por ello, el menor de edad maduro ha de ser responsable.

La responsabilidad civil de los padres debe tener en cuenta el nuevo concepto y evolución de la minoría de edad. No parece razonable que se siga exigiendo un sistema de responsabilidad civil parental cuyo fundamento y espíritu se ha fraguado en el modelo familiar del s. XIX. Actualmente, la minoría de edad ha avanzado hacia un estatus que toma como base el grado de madurez y juicio del menor, apostándose por la autodeterminación, la libertad y el consiguiente desarrollo de su personalidad. Resulta incoherente que exista una paulatina ampliación de la participación del menor de edad maduro en sus propias decisiones y actividades, y se le exima de responsabilidad civil. Además, es un contrasentido que el ordenamiento considere al menor con capacidad y entendimiento para ciertas cuestiones de relevancia y que los responsables de todo daño sean directamente los padres.

La responsabilidad civil paterno-filial no se concibe sin las facultades correctivas y educativas concedidas en origen al titular de la patria potestad. Si ha existido una evolución legislativa en pro de los derechos y la autodeterminación del menor de edad, se ha debilitado la facultad de autoridad y disciplinaria de los padres, no puede continuar imponiéndoseles a estos las obligaciones de vigilancia y educación, ya que éstas no sólo dependen de ellos, sino de toda la sociedad. La pérdida del poder de disciplina (corrección moderada y razonablemente) de los padres, aunque la jurisprudencia indique su vigencia, supone la difusión de la coercibilidad para hacer cumplir sus directrices, traduciéndose consecuentemente en una carencia de autoridad.

Se considera necesaria la propuesta de un sistema de responsabilidad civil que tenga en cuenta el suficiente juicio y madurez del menor de edad, para, al menos, hacerlo copartícipe de sus deberes y responsabilidades como así se deduce del ordenamiento de protección de menores (art. 9 *bis* LOPJM).

3.1. ¿Reformulación del art. 1903 CC?

La siguiente cuestión que se ha de plantear es si, a la vista de las consideraciones anteriores, resulta necesaria una reforma integral del art. 1903 CC o, más bien, un cambio de rumbo en la interpretación jurisprudencial, teniendo en cuenta la disparidad de patrones entre el régimen civil (arts. 1902 y 1903 CC) y el penal (art. 61.3 LORPM).

Naturalmente, la responsabilidad civil que rodea al menor de edad ha de fundarse en la culpa. Resulta ilógico mantener equiparado este particular sistema de responsabilidad civil al que se emplea en sectores económicos en los que los patrones de peligrosidad y riesgo no son similares a la relación paterno-filial. Los hijos menores de edad no pueden equipararse a la actividad económica generadora de riesgo a la cual se ha atribuido tradicionalmente responsabilidad objetiva por los daños causados a terceros. En nuestra compleja sociedad actual, la patria potestad se presenta como una «suma de deberes», lo que hace inaplicable el citado aforismo *cuius commonda, eius incommoda*, propio de otros ámbitos (Rogel Vide, 2018, p. 36). Tampoco parece razonable que, en todo caso, los progenitores deban quedar exonerados de responsabilidad por los actos de sus hijos menores que se encuentren bajo su guarda, pues podría perjudicar a la indemnidad de la víctima. Lo que sí ha de ajustarse es cuándo han de responder los progenitores, teniendo presente la evolución del ejercicio de la capacidad jurídica del menor que impone el ordenamiento en otros sectores del tráfico.

Como se ha mantenido a lo largo del trabajo, consideramos que será la edad y madurez la que determine el sistema de responsabilidad civil, diferenciándose dos situaciones: *i)* aquellos menores que carecen de una aptitud psíquica de entendimiento y voluntad para decidir y comprender la ilicitud de sus actos y la adecuación de su conducta; y, *ii)* los que sí disponen de cierto grado de discernimiento y madurez para ello.

Los primeros necesitarán de una especial vigilancia y control, así como de un mayor empleo en la labor educativa, ya que están formando su ser para el vivir en sociedad. En este caso, los progenitores tienen una mayor responsabilidad parental, ya que deben de efectuar un control más exhaustivo de unos menores de los que su capacidad de discernimiento y voluntad no está formada. Además, a estas edades tempranas, los padres cuentan con un mayor grado competencial para vigilar a su hijo, ya que por su edad y madurez no van a poder desarrollar la gran mayoría de derechos que le concede el ordenamiento, principalmente, porque se exige para su ejercicio las citadas cualidades de «edad y madurez». Así, los progenitores responderían si existe un reproche culpabilístico basado en su defectuosa vigilancia o educación, salvo que probasen el empleo de toda diligencia para la prevención del daño, acreditación compleja debido al necesario celo en el control del hijo en las primeras etapas de la vida.

En cuanto a los segundos, quizás, habría que plantearse una reformulación del art. 1903 CC –en armonía con lo dispuesto en el art. 61.3 LORPM– debiendo añadirse la responsabilidad de aquellos menores de cierto grado de madurez y discernimiento. Sin embargo, la realidad del menor está patente tanto en la sociedad como en el ordenamiento, y así lo han puesto relieve algunas resoluciones judiciales al hacerlos responsables solidarios a por sus ilícitos; pues se aumentan las probabilidades de reparación de la víctima al existir más personas sobre las que pedir la reparación. Que los padres sean responsables *ex* art. 1903 CC no limita que puedan contribuir solidariamente a la obligación indemnizatoria aquellos hijos menores que dispongan de madurez y juicio suficientes, pues realmente son éstos los que han ejecutado materialmente el acto. Sin embargo, establecer una responsabilidad solidaria podría ser poco relevante, habida cuenta de que serán los progenitores quienes contarán, en la inmensa mayoría de los casos, con la solvencia necesaria para responder frente al perjudicado.

3.2. Propuestas: A modo de recapitulación

3.2.1. Responsabilidad de los progenitores y del menor

Una de las hipótesis que se puede plantear es mantener la responsabilidad culposa de los progenitores, con una flexibilización de la prueba de la diligencia exigible para la prevención del daño y, a su vez, la participación de los menores. Además, los padres no pueden actuar como aseguradora universal de sus hijos menores en beneficio del derecho de resarcimiento de la víctima, puesto que todo deudor, independientemente de su edad, responde de forma universal con sus bienes presentes y futuros *ex* art. 1911 CC y, la exigencia de una responsabilidad dual subsidiaria o solidaria, garantizaría además la indemnidad de la víctima.

Para el caso de estar ante un menor sin capacidad natural, lo más razonable es que la carga indemnizatoria recaiga directamente sobre sus padres por culpa *in vigilando* o *in educando*. La persona que no vigiló la conducta de quien estaba a su control, y podía hacerlo porque el ordenamiento limita el ejercicio de su capacidad jurídica del menor en las primeras etapas de su vida, tenga la carga indemnizatoria. No obstante, los llamados a indemnizar deberían exonerarse si acreditan el empleo de toda diligencia en la vigilancia y educación o la imposibilidad real de evitar el resultado dañoso. Además, resultaría interesante plantearse que de forma subsidiaria el menor responda con sus bienes presentes y futuros (*ex* art. 1911 CC) cuando se exonere a los principalmente llamados o en consideración a una eventual insolvencia de los progenitores, tal y como prevé el ordenamiento italiano. Esta solución garantizaría la indemnidad de la víctima puesto que, en caso de insolvencia, dispondrá de otro sujeto que tiene toda la vida para resarcir el daño.

Por su parte, los menores que poseen el discernimiento suficiente como para comprender el alcance y significado de sus actos deberían hacerse responsables en primer término, estando reservada la responsabilidad de sus progenitores si han intervenido en el desencadenamiento del resultado dañoso a través de algún tipo de culpa. Así, los padres podrían acreditar que han hecho todo lo posible para evitar el daño, en vista de la imposibilidad o dificultad de vigilar al menor o, que se ha desplegado toda la diligencia necesaria para procurarle una educación óptima. En esta hipótesis, directamente estaría llamado a responder quien ha ejecutado materialmente el acto, el menor de edad con suficiente madurez y juicio, con preferencia a la de sus padres. La carga de la obligación indemnizatoria puede imponerse de forma solidaria o subsidiaria, tras no acreditarse por los obligados el empleo de la diligencia debida o imposibilidad de evitar el resultado dañoso. Apostar por la solidaridad tendría dos motivos fundamentales: *i)* la adaptación a lo dispuesto en el art. 61. 3 LORPM; y, *ii)* apostar por la indemnidad en el resarcimiento de la víctima. Respecto a la última, ya se ha dicho que los padres no pueden suplir el papel de aseguradora universal de los daños de sus hijos, a quienes no sólo se les ha de atribuir progresivamente derechos, sino también deberes y responsabilidades; además, el causante responde universalmente con sus bienes presentes y futuros, qué mejor garantía que esta. Igual, también haya que cuestionar que la responsabilidad *ex* art. 61.3 LORPM para que sea considerada subsidiaria en vez de solidaria.

En definitiva, a modo de *lege ferenda*, se propondrían dos regímenes distintos: *i)* uno para menores de edad sin suficiente juicio y madurez; y, *ii)* otro para aquellos que sí cuentan con tales atributos. Para el primer grupo, apostaría por un sistema de responsabilidad civil de culpa presunta de los progenitores, que puedan exonerarse si acreditan la diligencia empleada en la evitación del daño o su imposibilidad y, en el que participen los causantes materiales del daño de forma subsidiaria para el caso de imposibilidad, exoneración o insolvencia de los progenitores. Para el segundo, se apostaría por una responsabilidad por culpa presunta del menor de edad con suficiente grado de madurez y juicio, pudiendo hacerse responsable subsidiario a los progenitores que tienen a cargo su hijo, en relación a su intervención culposa en el ejercicio de sus deberes parentales (Guinea Fernández, 2018). Se partiría de una presunción de culpa tanto de los menores como de sus progenitores, en los que cabría la exoneración. Si se acredita por los progenitores que emplearon toda la diligencia que les era exigible conforme a las circunstancias de personas, tiempo y lugar o las imposibilidades reales de vigilancia o educación del menor maduro, los padres se extraerían de la llamada indemnizatoria. En el caso contrario, se imputaría la responsabilidad a los progenitores, pero de forma subsidiaria cuando el principal no pueda cumplir.

Cuestión distinta será la de cuándo se está ante un menor con suficiente edad y madurez como para responsabilizarlo civilmente de sus actos. Sobre este aspecto, esencialmente, se abren dos posibilidades distintas: *i)* la configuración de unos límites de edades que establezcan la imputabilidad del menor a través de edades mínimas o mediante una escala; y, *ii)* no atender a una edad mínima ni escalas de edades sino al grado psicofísico del menor, es decir, a las circunstancias concretas de cada sujeto.

3.2.2. Responsabilidad del menor mediante una edad mínima o escala de edades

La primea hipótesis que se plantea es condicionar la madurez del menor a una edad límite, pero el problema está en determinar cuál ha de ser dicha franja. Podría resultar razonable a estos efectos que el límite de edad fuese a los doce años, si se tiene en cuenta los límites mínimos que prevé nuestro ordenamiento a los efectos de conceder relevancia a los actos y a la voluntad de los menores, pero realmente no existe una clara uniformidad en el ordenamiento. Quizás más razonable sea acoger la edad establecida para la responsabilidad penal *ex* art. 1 LORPM. La citada norma hace responsables penales y, en su caso, civiles solidarios *ex* art. 61.3 a los menores a partir de los catorce años, por lo que se presupone que con dicha edad ostentan la capacidad natural necesaria no sólo para comprender el alcance del ilícito penal, sino también la transcendencia patrimonial que suponen sus actos lesivos.

Por otro lado, se podrían establecer diferentes franjas de edad con su correspondiente transcendencia jurídica en lo que a responsabilidad civil se refiere, tal y como prevé el ordenamiento alemán (§828). La doctrina patria diferencia a estos efectos varias situaciones[11]: *i)* un tramo de edad que va desde el nacimiento hasta los siete años de edad, denominado infancia, en el que los menores no dispondrían de la capacidad natural necesaria para comprender la trascendencia de sus actos; *ii)* entre los siete y los doce años, que correspondería al juez analizar la capacidad del interesado en atención a su desarrollo intelectivo y a su grado de madurez; y *iii)* para los menores que contaran con más de

[11] *Cfr.* SERRANO CHAMORRO, M.E. (2011). «La responsabilidad civil del menor de edad: supuestos de moderación», *Actualidad Civil núm. 15;* DÍAZ ALABART, S. (1987). «La responsabilidad por los actos ilícitos dañosos de los sometidos a patria potestad o tutela», *ADC*, p. 857, entre otros muchos.

doce años de edad se presupondría que son plenamente capaces, en la medida en que su madurez psicofísica vendría a asemejarse a la de un adulto (Paños Pérez, 2010, p. 12). Algunos autores consideran que un parámetro óptimo para fijar las condiciones habituales de madurez y desarrollo intelectual de la persona ha de ser la edad, ya que, entienden, que es el «elemento determinante por antonomasia de la capacidad de obrar», catalogando la opción en la que se tenga en cuenta cada caso concreto como «inviable, ineficaz e insegura» (Oliva Blázquez, 2014, pp. 29 y ss.).

Sin embargo, los criterios anteriores podrían resultar adecuados desde el prisma de la seguridad jurídica (Batuecas Caletrío, 2015), pero el establecimiento de una edad determinada o el mantenimiento de una rígida separación de edades para la imputabilidad civil, sin atenderse a las condiciones subjetivas del autor, las circunstancias sociales, culturales, económicas, tiempo y lugar podría conllevar a la conculcación del interés superior del menor. Y es que, puede argumentarse que en el ordenamiento penal se contiene una edad mínima por la que se hacen responsables, pero también se arbitran las causas de exención de responsabilidad (art. 5.1 LORPM) y, en las que, en definitiva, se han de valorar las circunstancias personales del menor para determinar su imputabilidad. Es decir, son numerosas situaciones en las que las normas dejan a la libre valoración de las circunstancias del menor para calificarlo de maduro y así aplicarle las consecuencias jurídicas previstas. Cada menor dispone de unas condiciones únicas e irrepetibles con respecto a otro menor de idéntica edad, y sus condiciones emocionales y psicofísicas no pueden encerrarse en límites de edades o al menos si se establece una edad, que se disponga además de otras previsiones legales que hagan determinar su inimputabilidad civil como así se prevé en el ordenamiento penal.

3.2.3. Responsabilidad del menor conforme a su grado madurez y autonomía

Un buen número de normas no especifican el límite de edad del menor a partir de la cual dispone de suficiente capacidad natural y se han de desplegar las consecuencias jurídicas, sino que el condicionado del «suficiente juicio y madurez» ha de valorarse subjetivamente por aquel que tenga que hacerlo valer o pretender. Esto puede crear cierta inseguridad, pero, aunque se establezca una edad límite o franja de edades para hacerlo responsable civilmente, se habrá que valorar una serie de condiciones personales para determinar una eventual exención de la responsabilidad, pues la imputación en todo caso y sin atender a las circunstancias del individuo, podría resultar un sistema injusto y en contra del interés superior del menor. A nadie se le ocurre que, por ejemplo, en el ordenamiento penal se haga siempre, y en todo caso, responsable a un sujeto por el mero hecho de sobrepasar el límite de edad que habilita a su imputabilidad, sino que, a pesar de haberse sobrepasado, han de tenerse en cuenta sus circunstancias personales para valorar una eventual exención de responsabilidad criminal.

En definitiva, en lo que a responsabilidad civil del menor respecta, se considera más ajustado al ordenamiento imperante que la imputabilidad no quede sometida a unas limitaciones basadas en la edad del sujeto, sino que la capacidad natural del menor sea valorada atendiendo concretamente a sus circunstancias personales, así como al resto de parámetros establecidos en el art. 1104 CC, esto es, personas, tiempo y lugar.

BIBLIOGRAFÍA

ADROHER BIOSCA, S. (2017). «La reforma del sistema de protección a la infancia y adolescencia por Leyes 8/2015 y 26/2015: razones, proceso de elaboración y principales novedades», en AA.VV., *El nuevo régimen jurídico del menor. La reforma legislativa de 2015.* Aranzadi. Cizur Menor (Navarra), pp. 33-65.

ALÁEZ CORRAL, B. (2003). *Minoría de edad y derechos fundamentales.* Tecnos. Madrid.

ALBERRUCHE DÍAZ-FLORES, M.M. (2015). «Pactos entre progenitores para distribuir su responsabilidad por los actos de sus hijos». *Revista La Ley Derecho de Familia, nº 5.*

ALPA, G. (2020). *Manuale di Diritto Privato. 11ª ed.* CEDAM. Milano.

ALVENTOSA DEL RÍO, J. (2021). «Regulación y problemática derivada de la capacidad del menor en el ámbito sanitario español», en AA.VV., *Capacidad y protección de las personas menores de edad en el Derecho.* Ediciones Olejnik. Chile.

ANCESCHI, A. (2007). *Rapporti tra genitori e figli. Profili di responsabilità.* Giufrè Editore. Milano.

ANDREU MARTÍNEZ, M.B. (2018). *La autonomía del menor en la asistencia sanitaria y el acceso a su historia clínica.* Aranzadi. Cizur Menor (Navarra).

ATIENZA NAVARRO, M.L. (2012). «La responsabilidad civil de los padres por los hechos dañosos de sus hijos menores de edad», en AA.VV., *Responsabilidad Civil en el ámbito de las relaciones familiares.* Aranzadi. Cizur Menor (Navarra), pp. 435-473.

BARBA, V. (2023). «Autonomía progresiva e interés de la persona menor de edad», en AA.VV., *Un nuevo Derecho para las familias. A propósito del nuevo Código de las familias de Cuba.* Ediciones Olejnik. Chile, pp. 197-241.

BATUECAS CALETRÍO, A. (2015). «El control de los padres sobre el uso que sus hijos hacen de las redes sociales», en AA.VV. *En torno a la privacidad y la protección de datos en la sociedad de la información.* Comares. Granada, pp. 137-170.

BARBIERATO, D. (2014). «Art. 2047», AA.VV., (G.Alpa y G. Iudica), *Codice Civile Annotato con la giurisprudenza.* Egea. Milano.

– «Art. 2048», AA.VV., (G.Alpa y G. Iudica), *Codice Civile Annotato con la giurisprudenza,* Egea, Milano.

Bertrand de Greuille y Tarrible citado en Rogel Vide, C. (2018). *Responsabilidad civil de los padres por los hechos dañosos de sus hijos. En torno al artículo 1903 del Código Civil*, Reus, Madrid.

Berrocal Lanzarot, A.I., «La responsabilidad civil de los padres en la educación de los hijos», en AA.VV., *Ampliando derechos educativos y de conciencia.* Dykinson, pp. 193-212.

Bordon, R. (2006) *Il nesso di causalità*, Utet, Torino.

Busnelli, F.D. (1982). «Capacità e incapacità di agire del minore», *Dir. Fam.per.*

Carbone, E. (2008). «La responsabilità aquiliana del genitore tra rischio típico e colpa fittizia», *Rivista di Diritto Civile,* pp. 1-16.

Castán Tobeñas, J. (1952). *Derecho civil español,* Reus, Madrid.

Castresana, A. (2001). *Nuevas lecturas de la responsabilidad aquiliana.* Ediciones Salamanca.

Cerdeira Bravo de Mansilla, G. (2021). «In dubio pro capacítate y favorabilia amplianda, odiosa restringenda» "Viejos" principios para intepretar "nuevas" reglas sobre capacidad y prohibiciones», en AA.VV., *Capacidad y protección de las personas menores de edad en el Derecho.* Ediciones Olejnik. Chile, pp. 75-115.

Cillero Bruñol, M. (1997). «Infancia, Autonomía y Derechos: una cuestión de principios». *Boletín del Instituto Interamericano del Niño,* núm. 234.

– (2016). «La Convención Internacional sobre los Derechos del Niño: Introducción a su origen, estructura y contenido normativo», en AA.VV., *Tratado del Menor. La protección jurídica de la infancia y la adolescencia.* Aranzadi. Cizur Menor (Navarra), pp. 85-120.

Colás Escandón, A.M. (2015). *Acoso y ciberacoso escolar: la doble responsabilidad civil y penal.* Bosch. Barcelona.

– (2017). «La defensa del interés del menor en el conflicto entre el derecho a la intimidad de los menores de edad y los derechos y obligaciones derivados de la patria potestad de sus progenitores. *Revista Aranzadi Doctrinal,* núm. 9.

Concepción Rodríguez, J.L. (1997). *Derecho de daños,* Bosch, Barcelona.

Corsaro, L. (1988). «Funzione e ragioni della responsabilità del genitore per il fatto illecito del figliominore», *Dottrina e Varietà Giuridiche,* pp. 225-235.

Culaciati, M.M. (2021). «Capacidad de las personas menores de edad en el ámbito patrimonial», en AA.VV. *Capacidad y protección de las personas menores de edad en el Derecho.* Ediciones Olejnik. Chile, pp. 251-271.

De Ángel Yagüe, R. (1984). «De las obligaciones que nacen de culpa o negligencia», en AA.VV. *Comentarios a las Reformas del Derecho de Familia, vol. 2.* Madrid.

– (1990). «Comentario del Código Civil», Ministerio de Justicia. Madrid.

– (1991) Tratado de responsabilidad civil, 3ª ed. Civitas. Madrid.

– (1993) «Elementos o presupuestos de la responsabilidad civil (I). La conducta. La culpabilidad», en Sierra Gil de la Cuesta, I (Coord.), Tratado de responsabilidad civil, t. I, 2ª ed., Bosch. Barcelona.

– (2008), «Elementos o presupuestos de la responsabilidad civil (I). La conducta. La culpabilidad», en Sierra Gil de la Cuesta, I (Coord.), *Tratado de responsabilidad civil, t. I*, 2ª ed. Bosch. Barcelona.

Del Olmo García, P. (2023). «Artículos 1903 y 1904», en AA.VV., A. Cañizares Laso (Dirª.), *Comentarios al Código Civil, t. V. Arts. 1583 a Disposiciones adicionales.* Tirant lo Blanch. Valencia, pp. 8465-8489.

De la Rosa Cortina, J.M. (2012). *Responsabilidad civil por daños causados por menores.* Tirant lo Blanch. Valencia.

De Montalvo Jääskeläinen, F. (2017). «Problemas legales acerca del tratamiento médico de la disforia de género en menores de edad transexuales». *Revista General de Derecho Constitucional, nº 24*, pp. 1-28.

Del Prato, E. (2021). *Le basi del diritto civile, 4ª ed.* Giappichelli. Torino.

Díaz Alabart, S. (1987). «La responsabilidad por los actos ilícitos dañosos de los sometidos a patria potestad o tutela», *ADC*, pp. 795-894.

Díez-Picazo, L. (2000). *Derecho de daños,* Civitas. Madrid.

– (2011). *Fundamentos de Derecho civil patrimonial,* Thomson Reuters. Cizur Menor (Navarra).

– (1982). «Notas sobre la reforma del Código Civil en materia de patria potestad», *Anuario de Derecho Civil.*

Díez-Picazo, L. y Gullón, A. (1997). *Sistema de Derecho civil, vol. IV,* 7ª ed. Tecnos. Madrid.

Espín Cánovas, D. (1978). *Manual de Derecho civil español, vol. III. Obligaciones y contratos*, 5ª ed., RDP. Madrid.

Esser, J. (1969). *Grundlagen und Entwicklung der Gefährdungshaftung.* Beck. Munich.

Fischetti, M.R. (1996). «La responsabilità extracontrattuale dei genitori. Modalità fatto illecito», *Arch.civ.*

Fraccon, A. (2003). *Relazioni familiari e responsabilità civile.* Giufrè Editore. Milano.

Gallego Dominguez, I. (2009). «Responsabilidad civil de los padres y tutores por daños causados por menores y personas incapacitadas», en AA.VV., *Cuestiones actuales de Responsabilidad Civil*, Editorial Reus. Madrid.

García Garnica, M.C. (2004). *El ejercicio de los derechos de la personalidad del menor no emancipado.* Aranzadi. Cizur Menor (Navarra).

García Alguacil, M.J. (2017). «Injerencia en el ámbito de los derechos de la personalidad del menor tras las leyes del 2015: ¿autonomía o intervención?», en AA.VV., *El nuevo régimen jurídico del menor. La reforma legislativa de 2015.* Aranzadi. Cizur Menor (Navarra), pp. 537-555

García Goyena, F. (1852). *Concordancias del Código Civil español (III-IV).* Madrid.

García Goyena, F., Aguirre, J., y Montalbán, J. (1884). *Febrero ó Librería de Jueces, Abogados y Escribanos, comprensiva de los Códigos Civil, Criminal y Administrativo, tanto en la parte teórica como en la práctica, con arreglo en un todo a la legislación vigente*, t. I, Madrid.

García Ormaechea, R. (1928). *Jurisprudencia del Código Civil recopilada y articulada al mismo (1889-1926),* Madrid.

García Vicente, E. (1984). «La responsabilidad civil de los padres por actos del hijo menor: causas de exoneración», *ADC.* pp. 1033-1052.

García-Ripoll-Montijano, M. (1991). «Responsabilidad civil de los padres por el delito de su hijo mayor de edad penal pero menor de edad civil. Responsabilidad de la Compañía aseguradora no condenada en vía penal. Cosa juzgada. Sentencia de 22 de enero de 1991», *Cuadernos Civitas de Jurisprudencia Civil, núm. 25,* pp. 219 y ss.

Gete-Alonso y Calera, M.C. (2019). «Los derechos del menor y personas discapacitadas en el entorno digital», en AA.VV., *Internet y los Derechos de la Personalidad.* Tirant lo Blanch. Valencia.

– (2021). «Conceptuación de la capacidad: del paternalismo a la autonomía», en AA.VV., *Capacidad y protección de las personas menores de edad en el Derecho.* Ediciones Olejnik. Chile, pp. 21-44.

Gómez Calle, E. (2006). «Responsabilidad de padres y centros docentes», en AA.VV. *Tratado de responsabilidad civil.* Thomson Reuters, Cizur Menor (Navarra), pp. 1233-1332.

– (2013). «Los sujetos de la responsabilidad civil. La responsabilidad por hecho ajeno», en Busto Lago, J.M., y Reglero Campos (Coords.) *Leccciones de responsabilidad* civil. Thomson Reuters, Cizur Menor (Navarra), pp. 137-160.

– (1995). «La responsabilidad civil del menor», *Derecho Privado y Constitución*, nº 7, septiembre-diciembre.

Grimalt Servera, P. (2017). *La responsabilidad civil por los daños causados a la dignidad humana por los menores en el uso de las redes sociales*. Comares. Granda.

Guinea Fernández, D.R. (2018). «Responsabilidad civil del menor: cuestiones controvertidas». *La Ley. Derecho de familia.*

Gutiérrez Fernández, B. (1881). *Códigos o Estudios Fundamentales sobre el Derecho Civil Español*, t. I, 5ª ed., Madrid.

Hernández Ibáñez, C. (2020). «La supresión de la facultad de corregir razonable y moderadamente a los hijos y pupilos: ¿Un craso error del legislador? *Revista de Derecho Civil,* vol. 7, núm. 1, pp. 103-139.

Jannarelli, A. (2009). «Regimi speciali di Responsabilità», en AA.VV., *Istituzioni di Diritto Privato, 16ª ed.* Giappichelli. Torino, pp. 946-957.

Lacomba, J.A. (1972). «Estructura demográfica y social en la España del siglo XIX», en AA.VV., en *Historia social de la España del siglo XIX*, Ed. Guadiana, Madrid.

Larroumet, C. (2012). «Incoherencias de la responsabilidad civil de los padres por el hecho de sus hijos en derecho francés», en AA.VV., *La responsabilidad civil en las relaciones familiares.* Dykinson. Madrid.

Lasarte Álvarez, C. (2017). *Derecho de familia. Principios de Derecho civil VI,* 16ª ed., Marcial Pons. Madrid.

Lasso Gaite, J.F. (1970). *Crónica de la codificación española, vol. II.* Ministerio de Justicia, Madrid.

León González, J.M. (1969). «La responsabilidad civil por los hechos dañosos del sometido a patria potestad», en AA.VV., *Estudios de Derecho civil en honor al profesor Castán Tobeñas, t. IV.* Pamplona.

Linacero de la Fuente, M.A. (2020). *Tratado de Derecho de familia. Aspectos sustantivos, 2ª ed.* Tirant lo Blanch. Valencia.

Llamas Pombo, E. (2021), Manual de Derecho civil. Volumen VII. Derecho de daños. Wolters Kluwer. Madrid.

– (2019). «Daños causados por los menores de edad». *Práctica de Derecho de Daños,* nº 138.

López Beltrán de Heredia, C. (1988). *La responsabilidad civil de los padres por los hechos de sus hijos.* Tecnos. Madrid.

López Sánchez, C. (2001). *La responsabilidad civil del menor.* Dykinson. Madrid.

Manresa Navarro, J.M. (1911). *Comentarios al Código Civil español, t. XII,* 2ª ed., Madrid.

Martín Briceño, M.R. (2021). «La vulnerabilidad de las personas con discapacidad como consumidores». *Actualidad Civil,* núm. 11, p. 7 y ss.

Martín Casals, Ribot y Solé Feliú. (2006). «Children as Tortfeasors under Spanich Law», *Children in Tort Law, Part I: Children as Tortfeasors. Tort and Insurance Law, vol. 17,* Viena, Springer-Verlag.

Montaneri, P.G. (2001). *Manuale della responsabilità civile*, UTET, Torino.

Moréteau, O. (2008). «Capítulo 6: Responsabilidad por otros», en AA.VV., M. Martín-Casals (Coord.). *Principios de Derecho Europeo de la Responsabilidad Civil.* Aranzadi. Cizur-Menor (Navarra), pp. 157-166.

Navarro Amandi, M. (1880). *Código Civil de España*, Madrid, 1880.

Navarro Michel, M. (1998). *La responsabilidad civil de los padres por los hechos de sus hijos,* J.M. Bosch. Barcelona.

O'Callahan, X. (1991). *Compendio de Derecho civil, t. IV. Derecho de familia.* RDP. Madrid.

Oliva Blázquez, F. (2014). «El menor maduro ante el derecho». *Eidon: revista de la fundación de ciencias de la salud.* núm. 41, pp. 28-52.

Palacio Atard, V. (1978). *La España del siglo XIX (1808-1898)*, Espasa-Calpe. Madrid.

Palacios González, M.D. (2014). «La tensión entre educar, proteger y promover la autonomía personal: el ejercicio de los derechos de la personalidad por los menores de edad», en AA.VV., *Congreso IDADFE 2011.* Madrid, pp. 79-114.

Pantaleón Prieto, F. (1984). «Comentario a la STS (Sala 1ª) de 22 de septiembre de 1984», CCJC, núm. 6, 164.

Paños Pérez, A. (2010). *Responsabilidad civil de los padres por los daños causados por menores e incapacitados*. Atelier. Barcelona.

Patti, S. (1984). «L'illecito del 'quasi maggiorenne' e la responsabilità dei genitori: il recente indirizzo del Bundesgerichtshof», *Rivista Diritto Commerciale e Diritto generale delle obbligazioni*, vol. 82, A.

Pedregal y Cañedo, M. (1889). *Texto y comentarios al Código Civil español*, t. I, Madrid.

Pérez Gallardo, L.B. (2021). «Autonomía progresiva y capacidad para testar de las personas menores de edad», en AA.VV., *Capacidad y protección de las personas menores de edad en el Derecho.* Ediciones Olejnik. Chile, pp. 295-312.

Pérez Giménez, M.T. (2023). *La obligación de velar de los padres. La inescindible armonía entre el deber de proteger y la autonomía del menor maduro.* Aranzadi. Cizur Menor (Navarra).

Pizarro Moreno, E. (2020). *El interés superior del menor: claves jurisprudenciales.* Editorial Reus. Madrid.

Pothier. (1827). *Traité des obligations, t. I.* París.

Pous de la Flor, M.P. (2014). «La controvertida eliminación de la facultad de corrección de los progenitores». *Revista Crítica de Derecho Inmobiliario,* núm. 73, pp. 1376-1401.

Ravetllat Ballesté, I., y Contreras Rojas, C. (2019). «El Protocolo facultativo de la Convención sobre los Derechos del Niño relativo a un procedimiento de comunicaciones. Estudio a la luz de su aplicabilidad». *Estudios constitucionales,* vol. 7, núm 2.

Roca Trías, E., y Navarro Michel, M. (2020). *Derecho de daños. Textos y materiales, 8ª ed.* Tirant lo Blanch. Valencia.

Rodríguez Guitián, A.M. (2009). *Responsabilidad civil en el Derecho de familia: especial referencia al ámbito de las relaciones paterno-filiales*, Thomson Reuters. Pamplona.

Rogel Vide, C. (2018). *Responsabilidad civil de los padres por los hechos dañosos de sus hijos. En torno al artículo 1903 del Código Civil*, Reus, Madrid.

Ruiz de Huidobro de Carlos, J.M. (2016). «La capacidad de obrar y la responsabilidad de los menores», en AA.VV., *Tratado del Menor. La protección jurídica a la infancia y la adolescencia.* Aranzadi. Cizur Menor (Navarra), pp. 157-216.

Ruiz Jiménez, J. (2011). «Responsabilidad civil de los menores: una cuestión para el debate», *RCDI*, núm. 725.

Sánchez de Toca, J. (1859). *El régimen parlamentario y sufragio universal*. Madrid.

Sánchez Hernández, C. (2003). «Capacidad natural e interés del menor maduro como fundamentos del libre ejercicio de los derechos de la personalidad», en AA.VV., *Estudios jurídicos en homenaje al profesor Luis Díez-Picazo, t. I.* Thomson Civitas. Madrid, pp. 951-974.

Sánchez Román, F. (1899). *Estudios de Derecho Civil, t. IV,* Madrid, p. 1017.

Santamaría, J. (1958). *Comentarios al Código Civil, vol. II.* RDP. Madrid.

Santos Briz, J. (1977). *La responsabilidad civil. Derecho sustantivo y derecho procesal,* 2ªed., Montecorvo, Madrid.

– (1984). «Artículos 1903 y 1904», en AA.VV. *Comentarios al Código Civil y Compilaciones Forales.* RDP. Edersa. Madrid, pp. 560-603.

Serrano Chamorro, M.E. (2011). «La responsabilidad civil del menor de edad: supuestos de moderación», *Actualidad Civil núm. 15.*

Tarquini, A. (1971). «La responsabilità civile per danni cagionari dall'incapace o dal minore», *Rivista giuridica circ. trasp.*

Tortella Casares, G. (1989). «La economía española, 1830-1900», en AA.VV., *Historia de España. Revolución burguesa, oligarquía y constitucionalismo (1834-1923)*, Tomo VIII, 2ª ed, Labor SA. Barcelona.

Trigo Represas, F.A. (1991). *Responsabilidad civil del abogado*. Hammurabi. Buenos Aires.

Velasco Perdigones, J.C. (2018). «La interrupción de las obligaciones solidarias en la responsabilidad civil extracontractual. Especial mención a la solidaridad derivada del contrato de seguro». *Práctica derecho de daños: Revista de Responsabilidad Civil y Seguros, 136.*

– (2020). «Madurez en el menor de edad: ¿responsabilidad civil? (hacia otra exégesis del art. 1903 CC)», en AA.VV., *Los nuevos retos del derecho de familia.* Tirant lo Blanch. Valencia, pp. 123-137.

Visintini, G. (1996). *Trattato breve della Responsabilità Civile.* CEDAM. Milano.

Yzquierdo Tolsada, M. (2001). *Sistema de responsabilidad civil, contractual y extracontractual*, Dykinson, Madrid.

– (2016). «¿Por fin menores civilmente responsables? Reflexiones a propósito de las reformas de 2015». *Foro, Nueva época,* vol. 19, núm. 2.

– (2017). «Implicaciones de las reformas legales del Sistema de Protección de la Infancia y la Adolescencia en materia de responsabilidad civil (Ley Orgánica 8/2015 y Ley 26/2015)», en AA.VV., *El nuevo régimen jurídico del menor. La reforma legislativa de 2015.* Aranzadi. Cizur Menor (Navarra), pp. 413-462.

– (2020). *Responsabilidad civil extracontractual. Parte general. Delimitación y especies. Elementos. Efectos o consecuencias,* 6ª ed., Dykinson. Madrid.

RESOLUCIONES JUDICIALES

Tribunal Constitucional

- STC de 29 de junio de 2009
- STC de 18 de julio de 2002
- STC de 29 de mayo de 2000
- STC de 18 de julio de 2019
- STC de 10 de abril de 2000
- STC de 2 de julio de 2001
- STC de 23 de marzo de 2009

Tribunal Supremo

- STS de 27 de junio de 1894
- STS de 18 de mayo de 1804
- STS de 24 de marzo de 1979
- STS de 29 de diciembre de 1998
- STS de 10 de noviembre de 1990
- STS de 3 de diciembre de 1991
- STS de 15 de diciembre de 1994
- STS de 10 de diciembre de 1996
- STS de 8 de marzo de 2006
- STS de 30 de junio de 1995
- STS de 8 de marzo de 2002
- STS de 11 de octubre de 1990
- STS de 11 de octubre de 1990
- STS de 3 de diciembre de 1991
- STS de 17 de junio de 1980
- STS de 8 de febrero de 1983
- STS de 10 de marzo de 1983
- STS de 22 de septiembre de 1984
- STS de 11 de octubre de 1990

- STS de 22 de enero de 1991
- STS de 7 de enero de 1992
- STS de 22 de septiembre de 1992
- STS de 24 de mayo de 1996
- STS de 13 de octubre de 1998
- STS de 10 de octubre de 1999
- STS de 11 de marzo de 2000
- STS de 19 de julio de 2000
- STS de 28 de diciembre de 2001
- STS de 8 de marzo de 2002
- STS de 8 de marzo de 2006
- STS de 10 de marzo de 2006
- STS de 10 de noviembre de 2006
- STS de 4 de marzo de 2009
- STS de 23 de febrero de 2010
- STS de 11 de noviembre de 2021
- STS (2ª) de 10 de diciembre de 2015
- STS (2ª) de 4 de diciembre de 2015

Audiencias Provinciales

- SAP (A Coruña) de 13 de diciembre de 2011
- SAP (A Coruña) de 7 de febrero de 2020
- SAP (Alicante) de 10 de diciembre de 2009
- SAP (Almería) de 14 de mayo de 2015
- SAP (Asturias) de 23 de octubre de 2001
- SAP (Barcelona) de 15 de noviembre de 2021
- SAP (Barcelona) de 21 de noviembre de 2018
- SAP (Barcelona) de 25 de abril de 2016
- SAP (Barcelona) de 25 de febrero de 2009
- SAP (Barcelona) de 27 de febrero de 2004
- SAP (Barcelona) de 28 de octubre de 2022
- SAP (Barcelona) de 29 de octubre de 1999
- SAP (Barcelona) de 5 de mayo de 2008
- SAP (Barcelona) de 3 de marzo de 2005
- SAP (Castellón) de 26 de enero de 1999
- SAP (Castellón) de 2 de abril de 2002
- SAP (Córdoba) de 5 de diciembre de 2001
- SAP (Granada) de 25 de septiembre de 2020
- SAP (Guipúzcoa) de 27 de mayo de 2016
- SAP (Guipúzcoa) de 9 de noviembre de 1999
- SAP (Huelva) de 16 de mayo de 2005
- SAP (Huelva) de 22 de octubre de 2018
- SAP (Islas Baleares) de 19 de noviembre de 2019

- SAP (Islas Baleares) de 25 de marzo de 2009
- SAP (Jaén) de 12 de enero de 2006
- SAP (Jaén) de 12 de julio de 2017
- SAP (Jaén) de 24 de septiembre de 2010
- SAP (La Rioja) de 26 de marzo de 2010
- SAP (Madrid) de 12 de junio de 2008
- SAP (Madrid) de 16 de junio de 2020
- SAP (Madrid) de 18 de diciembre de 2017
- SAP (Madrid) de 19 de diciembre de 2018
- SAP (Madrid) de 27 de octubre de 2008
- SAP (Madrid) de 7 de noviembre de 2022
- SAP (Málaga) de 12 de diciembre de 2006
- SAP (Málaga) de 13 de febrero de 2023
- SAP (Málaga) de 22 de diciembre de 2022
- SAP (Málaga) de 30 de abril de 2020
- SAP (Murcia) de 2 de febrero de 2002
- SAP (Murcia) de 27 de abril de 2020
- SAP (Ourense) de 28 de febrero de 2005
- SAP (Palencia) de 19 de mayo de 2006
- SAP (Palma de Mallorca) de 25 de marzo de 2009
- SAP (Sevilla) de 3 de junio de 2005
- SAP (Sevilla) de 30 de noviembre de 2007
- SAP (Sevilla) de 9 de junio de 2009
- SAP (Tarragona) de 24 de octubre de 2008
- SAP (Valencia) de 14 de marzo de 2014
- SAP (Valencia) de 14 de mayo de 2009
- SAP (Valencia) de 17 de marzo de 2008
- SAP (Valencia) de 18 de mayo de 2002
- SAP (Valencia) de 19 de diciembre de 2019
- SAP (Valencia) de 20 de julio de 2007
- SAP (Valencia) de 30 de diciembre de 2008
- SAP (Valencia) de 30 de diciembre de 2009
- SAP (Valencia) de 23 de enero de 2012
- SAP (Valencia) de febrero de 2019
- SAP (Zaragoza) de 27 de diciembre de 1994
- SAP (Zaragoza) de 31 de marzo de 2003
- SAP (Zaragoza) de 31 de marzo de 2003

COLECCIÓN DE MONOGRAFÍAS DE DERECHO CIVIL

Dirección de D. Mariano Yzquierdo Tolsada

I. PERSONA Y FAMILIA

- I.1. El mantenimiento de la familia en las situaciones de crisis matrimonial (2002). Yolanda B. Bustos Moreno
- I.2. Mediación familiar. Prevención y alternativa al litigio en los conflictos familiares (2003). Lucía García García
- I.3. Aspectos civiles de la sustración internacional de menores. Problemas de aplicación del Convenio de la Haya de 25 de octubre 1980 (2003). Blanca Gómez Bengoechea
- I.4. Masas patrimoniales en la sociedad de gananciales. Transmisión de su titularidad y gestión entre los cónyuges (2004). Montserrat Pereña Vicente
- I.5. La adopción internacional en el derecho español (2004). María Aránzazu Calzadilla Medina
- I.6. Cohabitación y matrimonio (la experiencia escocesa) (2007). Luis Arechederra
- I.7. Derecho a la identidad y filiación: Búsqueda de orígenes en adopción internacional y en otros supuestos de filiación transfronteriza (2007). Blanca Gómez Bengoechea
- I.8. Autonomía, libertad y testamentos vitales (2009). Ana Isabel Berrocal Lanzarot y José Carlos Abellán Salort
- I.9. La protección de los derechos del menor de edad frente a los contenidos discriminatorios por razón de género en los medios de comunicación (2012). M.a Carmen Núñez Zorrilla
- I.10. La autorización al tratamiento de información personal en la contratación de bienes y servicios (2012). M.a Rosa Llácer Matacás
- I.11. Tratamiento legal de las filiaciones no biológicas en el ordenamiento jurídico español: adopción "versus" técnicas de reproducción humana asistida (2013). Daniela Jarufe Contreras
- I.12. La verdad biológica en la determinación de la filiación. Maricela Gonzáles Pérez de Castro
- I.13. Autorregulación de la crisis de pareja. (Una aproximación desde el Derecho civil catalán) (2013). Gemma Rubio Gimeno
- I.14. Los mecanismos de guarda legal de las personas con discapacidad tras la Convención de Naciones Unidas (2013). Sofía de Salas Murillo
- I.15. La asistencia. La medida de protección de la persona con discapacidad psíquica alternativa al procedimiento judicial de incapacitación (2014). Mª Carmen Núñez Zorrilla
- I.16. El régimen de participación en las ganancias desde una perspectiva europea (Atención especial a la reciente modificación del Derecho catalán) (2014) Susana Navas Navarro
- I.17. Derecho de relación entre los hijos y el progenitor no custodio tras el divorcio (2014). Marcela Acuña San Martín
- I.18. Litigios internacionales sobre difamación y derechos de la personalidad (2015). Clara Isabel Cordero Álvarez
- I.19. El protocolo familiar *mortis causa* (2015). Tatiana Cucurull Poblet
- I.20. Los reconocimientos de complacencia en el Derecho Común español (2017). Ana Silvia Gallo Vélez
- I.21. Realidad, ilusión y delirio en el derecho de filiación (2017). Luis Arechederra
- I.22. La guarda de hecho (2017). Patricia A. Lescano Feria
- I.23. Una aproximación a la representación voluntaria desde sus límites institucionales (2019). Roncesvalles Barber Cárcamo
- I.24. Matrimonio civil y libertad religiosa en España (2020). Luis Arechederra
- I.25. El allegado (2021). Mª Isabel de la Iglesia Monje
- I.26. La responsabilidad ganancial frente al acreedor por la actuación conyugal individual (2022). Alberto Fabar Carnero
- I.27. Nuevo paradigma en el ejercicio de la capacidad jurídica: apoyos voluntarios a las personas con discapacidad (2022).Alba Paños Pérez
- I.28. De la patria potestad a la custodia de los hijos (2023). Joel Harry Clavijo Suntura

II. OBLIGACIONES Y CONTRATOS

- II.1. La rendición de cuentas en el Código civil con especial examen en la tutela (2003). Eva M.a Martínez Gallego
- II.2. La opción de compra (2003). Camino Sanciñena Asurmendi

II.3. Evicción parcial en la compraventa en el Código Civil Español (2004). María Martínez Martínez
II.4. El contrato para persona a designar. Nuevas perspectivas (2004). Mónica Navarro Michel
II.5. Relajación formal de la donación (2004). Margarita Isabel Poveda Bernal
II.6. El nuevo regimen legal de saneamiento en la venta de bienes de consumo (2005). Margarita Castilla Barea
II.7. La cláusula penal ante la armonización del derecho contractual europeo (2009). Germán de Castro Vítores
II.8. La usura: evolución histórica y patológica de los intereses (2011). Francisco Javier Jiménez Muñoz
II.9. El contrato para persona por designar y la cláusula de reserva de nombrar (2011). Agustín Luna Serrano
II.10. La dación en pago en Derecho español y en Derecho comparado (2012). M.a Raquel Belinchón Romo
II.11. Cuestiones sobre la compraventa en el Código Civil. Principios europeos y Draft (2012). María del Carmen Gómez Laplaza
II.12. El contrato de transporte aéreo de pasajeros: sujetos, estatuto y responsabilidad. Un análisis de la jurisprudencia española (2013). Belén Ferrer Tapia
II.13. La alteración sobrevenida de las circunstancias contractuales. Manuel García Caracuel (2014)
II.14. La Cesión de Creditos (2014). Carlos Cuadro Pérez
II.15. Derechos y deberes de los consumidores en los hoteles (2015). Paula Castaños Castro
II.16. Del consumidor informado al consumidor real. El futuro del Derecho de Consumo europeo (2016). Teresa Hualde Manso
II.17. La compraventa con pacto de supervivencia (2016). Fernando García-Mom Quirós
II.18. El contrato de vitalicio en el Derecho Civil gallego (2016). Ángel Manuel Mariño De Andrés
II.19. Cesión de finca a cambio de edificación futura (2017). Concepción Gema Contreras Del Llano
II.20. Relaciones contractuales de la cadena alimentaria: estudio desde el análisis económico del Derecho (2019).Teresa Rodríguez Cachón

III. RESPONSABILIDAD CIVIL

III.1. Sistema de Responsabilidad Civil contractual y extracontractual (2001). Mariano Yzquierdo Tolsada
III.2. Responsabilidad civil: Los «otros perjudicados» (2002). Miguel Gómez Perals
III.3. El aseguramiento de la responsabilidad civil por daños al medio ambiente (2002). José Ignacio Hebrero Álvarez
III.4. Daños corporales y Carta Magna. Repercusión de la doctrina constitucional sobre el funcionamiento del sistema valorativo (2003). Mariano Medina Crespo
III.5. La culpa de la víctima en la producción del daño extracontractual (2003). María Medina Alcoz
III.6. La asunción del riesgo por parte de la víctima. Riesgos taurinos y deportivos (2004). María Medina Alcoz
III.7. Nuevas formas de gestión hospitalaria y responsabilidad patrimonial de la Administración (2004). Pedro Rodríguez López
III.8. Responsabilidad del promotor por daños en la edificación (2004). Miguel Gómez Perals
III.9. El riesgo de desarrollo: un supuesto paradójico de la responsabilidad por productos (2005). Ramiro José Prieto Molinero
III.10. La reparación del daño en forma específica. El puesto que ocupa entre los medios de tutela del perjudicado (2013). Paloma Tapia Gutiérrez
III.11. La responsabilidad civil en el ámbito de la cirugía estética (2016). Vanesa Arbesú González
III.12. Responsabilidad extracontractual del estado frente a los particulares por incumplimiento judicial del derecho europeo (2020). Carmen Muñoz García
III.13. Autonomía Progresiva y Responsabilidad Civil del Menor (2024). Juan Carlos Velasco Perdigones

IV. PROPIEDAD Y DERECHOS REALES

IV.1. Vías pecuarias y propiedad privada (2002). M.a Ángeles Parra Lucán

IV.2. La posesión mediata e inmediata (2002). Cristina Fuenteseca
IV.3. La división de la cosa común en el Código Civil (3.a ed., 2006). José M.a Abella Rubio
IV.4. La normativa posesoria de la liquidación y su generalización (2005). Miguel L. Lacruz Mantecón
IV.5. Propiedad Horizontal: Sujetos obligados a la contribución de los gastos generales (2006). Carmen Muñoz García
IV.6. El Derecho de propiedad privada en los bienes de interés cultural (2006). Luis A. Anguita Villanueva
IV.7. La inmatriculación por título público (2006). Margarita Herrero Oviedo
IV.8. Aspectos críticos en la estructura de la hipoteca inmobiliaria (2006). Rosa M.a Anguita Ríos
IV.9. La ocupación imposible. Historia y régimen jurídico de los inmuebles mostrencos (2011). Miguel L. Lacruz Mantecón
IV.10. Derechos de vuelo y subsuelo. Doctrina registral y jurisprudencial (2011). José Arturo Matheu Delgado
IV.11. El embargo y la titularidad de los bienes embargados (2012). José Antonio García Vila
IV.12. Régimen jurídico civil de los animales de compañía (2014). Cristina Gil Membrado
IV.13. Titularidad de los montes (2017). Sofía de Salas Murillo
IV.14. La propiedad horizontal de hecho (2019). Maria Pilar Morgado Freige
IV.15. Retos del derecho civil. Derecho a la vivienda ampliar imagen (2022). Ana Lambea Rueda
IV.16. La eficacia frente a terceros del retracto voluntario (2022). Fernando Díaz Vales
IV.17. Tanteos y retractos legales en el Derecho Civil común (2024). Begoña Flores González

V. DERECHO DE SUCESIONES

V.1. El legado alternativo (2003). Carlos Cuadrado Pérez
V.2. El cónyuge supérstite en la sucesión intestada (2003). Marta Pérez Escolar
V.3. La Cautela gualdense o Socini y el artículo 820.3.° del Código Civil (2004). Luis Felipe Ragel Sánchez
V.4. Seguro de vida y derecho de sucesiones (2005). María del Pino Acosta Mérida
V.5. Los derechos sucesorios del cónyuge viudo en la nulidad, la separación y el divorcio (2006). Mª Ángeles Fernández González-Regueral
V.6. El principio *Nemo pro parte testatus pro parte intestatus decedere potest.* Evolución y significado (2006). Esteve Bosch Capdevila
V.7. La Sucesión «Mortis Causa» de los Títulos Nobiliarios. Incluye jurisprudencia actualizada (1978-2006) (2007). Manuel de Peralta y Carrasco
V.8. Ser Heredero. Una defensa del criterio subjetivo (2009). Jesús Ignacio Fernández Domingo
V.9. La sustitución fideocomisaria sobre la legítima estricta en presencia de incapacitados (2010). María Teresa Martín Meléndez
V.10. El derecho de acrecer entre coherededos (2011). Laura Zumaquero Gil
V.11. El legado de la legítma estricta en el derecho común español (2012). Juan C. Menéndez Mato
V.12. El largo camino hacia la libertad de testar (2012). Aurelio Barrio Gallardo
V.13. La sucesión nobiliaria (2013). Marcial Martelo de la Maza García
V.14. La compatibilidad jurídica entre el derecho del estado en la sucesión intestada y como titular de bienes vacantes (2013). Belén del Pozo Sierra
V.15. La preferencia de los acreedores del causante (2013). Carmen Piedad Pita Broncano
V.16. La partición realizada por contador partidor testamentario (2014). Manuel Espejo Ruiz

VI. TEORÍA GENERAL DE LA NORMA

VI.1. La irretroactividad: Problemática general (2006). Beatriz Verdera Izquierdo

GRACIAS POR CONFIAR EN NUESTRAS PUBLICACIONES

Al comprar este libro le damos la posibilidad de consultar gratuitamente la versión ebook.

Cómo acceder al ebook:

- ☞ **Entre en nuestra página web,** sección Acceso ebook (www.dykinson.com/acceso_ebook)
- ☞ **Rellene el formulario** que encontrará insertando el código de acceso que le facilitamos a continuación así como los datos con los que quiere consultar el libro en el futuro (correo electrónico y contraseña de acceso).
- ☞ Si ya es **cliente registrado**, deberá introducir su **correo electrónico y contraseña habitual**.
- ☞ Una vez registrado, **acceda a la sección Mis e-books de su cuenta de cliente**, donde encontrará la versión electrónica de esta obra ya desbloqueada para su uso.
- ☞ Para consultar el libro en el futuro, ya sólo es necesario que se identifique en nuestra web con su correo electrónico y su contraseña, y que se dirija a la sección Mis ebooks de su cuenta de cliente.

CÓDIGO DE ACCESO

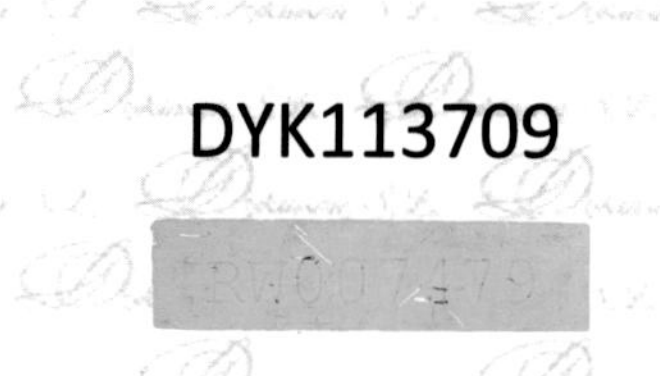

Rasque para ver el código

Nota importante: Sólo está permitido el uso individual y privado de este código de acceso. Está prohibida la puesta a disposición de esta obra a una comunidad de usuarios.